Qualitätsentwicklung und Kompetenzförderung in der beruflichen Bildung

Qualitätsentwicklung und Kompetenzförderung in der beruflichen Bildung

Ergebnisse der Fachtagung Bau, Holz, Farbe und Raumgestaltung 2008

Herausgegeben von
Sabine Baabe-Meijer
Werner Kuhlmeier
Johannes Meyser

Bibliografische Information der Deutschen Nationalbibliothek
Die Deutsche Nationalbibliothek verzeichnet diese Publikation in der
Deutschen Nationalbibliografie; detaillierte bibliografische Daten sind im
Internet über http://dnb.d-nb.de abrufbar.

© 2008 Sabine Baabe-Meijer, Werner Kuhlmeier, Johannes Meyser
Satz und Umschlagdesign: Das Buchteam
Herstellung und Verlag: Books on Demand GmbH, Norderstedt
ISBN 978-3-8370-6668-5

Inhalt

Sabine Baabe-Meijer, Werner Kuhlmeier und
Johannes Meyser

Vorwort

Qualitätsentwicklung und Kompetenzförderung sind ein grundlegendes Anliegen beruflicher Bildung. Wie diese zu bestimmen und
zu messen sind, welche Standards in den Berufsfeldern Bautechnik,
Holztechnik sowie Farbtechnik und Raumgestaltung gesetzt werden, inwieweit sie spezifisch auf das berufliche Lernen in den Berufsfeldern ausgerichtet werden müssen und ob sie die Lernprozesse positiv beeinflussen können, sind zentrale Fragestellungen. Dabei sind
sowohl die Ausgangsbedingungen, die Lernenden, die Lehrkräfte,
das Unterrichts- und Ausbildungsgeschehen, wie auch die Entwicklung der einzelnen Lernorte und die Lernortkooperation in den Blick
zu nehmen.

Die vorliegenden Beiträge befassen sich deshalb damit, welche
Qualitätsentwicklungssysteme in den verschiedenen Bundesländern
angewendet werden (*Qualität entwickeln*) und wie Unterricht und
Ausbildung auf der Umsetzungsebene zur Qualitätssteigerung bei-
tragen (*Kompetenzen fördern*). Ein weiterer Schwerpunkt richtet sich
darauf, welchen Anteil zentrale Abschlussprüfungen am Qualitätsauf-
bau haben, wie Prüfungsaufgaben entwickelt und wie die Leistungen
von Auszubildenden bewertet werden können (*Leistungen erfassen*).
Zudem stellen die Artikel zum nachhaltigen und energieeffizienten
Bauen, zum Zusammenwirken der Lernorte und zur internationalen
Zusammenarbeit von beruflichen Schulen einen weiteren Aspekt der
Qualität beruflicher Bildung (*nachhaltig handeln*) vor.

Mit den vorliegenden Beiträgen, die die Ergebnisse der Fachtagung Bautechnik, Holztechnik, Farbtechnik und Raumgestaltung im Rahmen der
15. Hochschultage Berufliche Bildung 2008 in Nürnberg umfassen, werden neben aktuellen Forschungsergebnissen auch vielfältige Beispiele
guter Praxis in den Berufsfeldern präsentiert, die deutlich machen, wie

bedeutsam das Qualitätsthema für die berufliche Bildung in diesen Berufsfeldern ist. Dabei zeigt sich, dass differenziert zu bestimmen ist, was Qualität im Einzelnen und bezogen auf die Berufsfelder, unterschiedlichen Bildungsgänge und Zielgruppen bedeutet. Der Tagungsband kann dazu beitragen, einen Verständigungsprozess darüber weiterzuführen, welche Qualitätsziele verfolgt und welche Maßnahmen ergriffen werden sollten, um wirksam die Qualität von Unterricht und Ausbildung zu verbessern. Zudem werden Möglichkeiten der Qualitätsprüfung vorgestellt und diskutiert, wie gute Ansätze verstetigt werden können. Es zeigt sich, dass viele Fragen nur mit Blick auf die besonderen Bedingungen und Anforderungen der Fachrichtungen zu beantworten sind. Gleichzeitig wird deutlich, dass es noch einigen Forschungsbedarf gibt. So liegen für diese beruflichen Fachrichtungen derzeit nur wenige eingehende empirische Untersuchungen zur Qualität von Unterricht und Ausbildung vor, die die Wirksamkeit auch hinsichtlich der eingesetzten didaktisch-methodischen Konzepte aufdecken. Ebenso zeigt sich, dass die Implementierung von Programmen zur Qualitätsentwicklung in den einzelnen Bundesländern sehr unterschiedlich verläuft und nicht immer eine genügend große Transparenz gegeben ist. Dies hat jedoch einen nicht zu unterschätzenden Einfluss auf den Erfolg oder Misserfolg von Verbesserungsmaßnahmen und das Engagement von Lehrern und Ausbildern. Ebenso ist noch ein großer Forschungsbedarf hinsichtlich der Qualitätsstandards für die berufliche Bildung in diesen Berufsfeldern festzustellen. Die Darstellungen aus der Praxis belegen aber ebenso, dass es eine Vielzahl von gelungenen Beispielen gibt, die das engagierte Handeln der Ausbilder und Lehrer verdeutlichen und die dazu beitragen, die Qualität der Ausbildung in den Berufsfeldern Bautechnik, Holztechnik sowie Farbtechnik und Raumgestaltung zu sichern und zu erweitern.

Konrad J. Richter

Externe Evaluation – Baustein für Schulentwicklung in Nordrhein-Westfalen

1. Rechtliche Voraussetzungen

1.1 Schulgesetz NRW

In der Novellierung des Schulgesetzes von 2006 hat die Landesregierung in Nordrhein-Westfalen die Qualitätsanalyse als grundsätzliche Aufgabe von Schulaufsicht festgeschrieben. Das Schulgesetz (SchulG) legt in § 86 fest: „(4) Die Schulaufsichtsbehörde kann sich jederzeit über die Angelegenheiten der Schulen und Studienseminare informieren und dazu Unterrichtsbesuche und Besuche von Seminarveranstaltungen durchführen. (5) Die Befugnisse nach Absatz 4 stehen auch den für die Qualitätsanalyse an Schulen zuständigen Mitarbeiterinnen und Mitarbeitern bei der oberen Schulaufsichtsbehörde zu. Sie sind hinsichtlich ihrer Feststellungen bei der Durchführung der Qualitätsanalyse und deren Beurteilung an Weisungen nicht gebunden (…)".

Und nach § 3 Abs. 4 SchulG sind „Schülerinnen und Schüler sowie Lehrerinnen und Lehrer (…) verpflichtet, sich nach Maßgabe entsprechender Vorgaben der Schulaufsicht an Maßnahmen zur Qualitätsentwicklung und Qualitätssicherung zu beteiligen (…). Dabei sind die Schulaufsichtsbehörden verpflichtet, die Schulen in ihrer Selbstständigkeit und Eigenverantwortung zu beraten und zu unterstützen."

1.2 Zielsetzung

Die Zielsetzung der Qualitätsanalyse ist in der Verordnung über die Qualitätsanalyse an Schulen in Nordrhein-Westfalen festgeschrieben. Da heißt es unter „(1) Qualitätsanalyse dient dem Ziel, die Qualität von Schulen zu sichern und nachhaltige Impulse für deren Weiterentwicklung zu geben (...)". Die Ergebnisse sollen für gezielte Maßnahmen der Qualitätsverbesserung in den einzelnen Schulen sowie für entsprechende Unterstützungsleistungen der Schulaufsichtsbehörden und Steuerungsmaßnahmen des Ministeriums genutzt werden."

Die Qualitätsanalyse soll somit Schulen in ihren Entscheidungs- und Entwicklungsprozessen unterstützen und voranbringen. Sie soll dazu beitragen, dass Schulen ihre:

- Stärken als solche erkennen,
- Schwächen erkennen und zur Verbesserung nutzen,
- Unterrichtsqualität erkennen, einschätzen, stärken und fördern,
- Unterrichtsentwicklung betreiben,
- Schulentwicklung initiieren.

Sind diese Ziele auch die der Schule und im Schulprogramm festgeschrieben, liegt zudem das Bestreben aller Beteiligten darin, sie auch zu verwirklichen, dann ist es notwendig, diese Ziele in Abständen intern zu evaluieren.

1.3 Schulprogrammarbeit

Schulen sollen sich öffentlich für ihr Handeln verantworten (MSW 1997b), indem sie ihr grundlegendes Konzept, die pädagogischen Ziele und deren Wege im Schulprogramm beschreiben. „Ein Schulprogramm beschreibt die grundlegenden pädagogischen Ziele einer Schule, die Wege, die dorthin führen, und Verfahren, die das Erreichen der Ziele überprüfen und bewerten. Es ist damit das zentrale Instrument der innerschulischen Verständigung und Zusammenarbeit, die darauf zu richten sind, die Qualität der Bildungs- und

Erziehungsarbeit weiterzuentwickeln und auf einem hohen Niveau nachhaltig zu sichern" (MSW 1997). Auf dieser Grundlage überprüft die Schule in regelmäßigen Abständen den Erfolg ihrer Arbeit selbst durch interne Evaluation (vgl.: SchulG § 3 Abs. 2).

Die Struktur des Schulprogramms enthält als Grundbestandteile:

- Die Schuldarstellung (Elemente z.B. Leitbild einer Schule, pädagogische Grundorientierungen und Erziehungsauftrag, Bericht über die bisherige Entwicklungsarbeit),
- Eine Planung der Schulentwicklung (mit den Elementen Entwicklungsziele, Arbeitsplan, Fortbildungsplanung, Planungen zur Evaluation) (MSW 2005).

Dabei sind die Felder Unterricht und Erziehungsarbeit unter Einbeziehung des Prinzips der umfassenden Förderung aller Schülerinnen und Schüler in besonderer Weise zu berücksichtigen (vgl.: www.learnline.nrw.de/angebote/schulprogramm). Somit enthält dieses Programm Gegenstandsbereiche einer Schule, die zu einer externen Evaluation wesentliche Beiträge liefern kann. Ist das Schulprogramm bei einer externen Evaluation zu berücksichtigen, dann müssen sich Qualitätsbereiche und auch Qualitätsaspekte und Qualitätskriterien zur Beurteilung des Unterrichts auf das Schulprogramm beziehen. Das Schulgesetz legt lediglich fest: "Das Schulprogramm ist ein zentraler Bestandteil der Qualitätsentwicklung und Qualitätssicherung" (SchulG § 3 Abs. 2).

2. Struktur der Qualitätsanalyse

2.1 Ablaufstrukturen

Hat eine Schule in NRW einen Termin zur Qualitätsanalyse erhalten, wird sie von den Qualitätsprüfern über das Prozedere und den Ablauf informiert. Es liegt im Ermessen des Schulleiters, ob er das Lehrerkollegium, die Eltern, die Betriebsvertreter, die Schüler und Vertreter des Schulträgers an der Informationsveranstaltung beteiligt oder ob er die Information selbst weitergibt.

Das Ablaufverfahren der Qualitätsanalyse ist wie folgt strukturiert:

Tabelle 1: **Struktur der Qualitätsanalyse**

Zeit	12 Wochen vor der QA	8 Wochen vor der QA	4 Wochen vor der QA	QA 3-4 Tage	3-4 Wochen nach der QA
Schule	Schriftliche Information über die Teilnahme an der QA	Vorstellung des Teams und Information über • Konzept • Instrumente • Kriterien • Ablauf • Schulrundgang	Zusendung des Schulportfolios darin: Schulspezifische Daten, Konzepte, Dokumente	Unterrichtsbeobachtung (mind. 50% des Kollegiums) Interviews • Schulleitung • Kollegium • Elternvertretung • Schülervertretung • weiteres Personal • duale Partner	Evt. Stellungnahme zum Entwurf des Berichts
Teilnehmer/ Adressat	• Schulleitung	• Schulleitung • Kollegium • Elternvertretung • Schülervertretung • weiteres Personal • Schulträger • duale Partner	• Schulleitung		• Schulleitung
Team	Kontaktaufnahme mit der Schule		• Datenauswertung des Schulportfolios • Vorbereitung der Interviews		• Erstellung des Qualitätsberichts • Versand an die Schule und Schulaufsicht

2.2 Instrumente der Qualitätsanalyse

Die Analyse wird mit standardisierten Frage- und Erhebungsbögen und anderen Verfahren durchgeführt und an allen Schulformen werden die gleichen Instrumente eingesetzt:

- Schulportfolio mit Dokumentenübersicht
- Schulrundgang
- Gesprächsleitfäden
- Unterrichtsbeobachtungsbogen
- Zusammenfassende Bewertung – Qualitätsprofil.

Das Schulportfolio ist eine Daten- und Dokumentensammlung, die jede Schule ca. 4 Wochen vor dem Schulbesuch den zugeordneten Dezernat des Regierungsbezirks zur Verfügung stellen muss. Dieses Portfolio bildet die Grundlage zur ersten vorläufigen Orientierung der Qualitätsprüfer und dient der Vorbereitung des Besuchs im Rahmen der Qualitätsanalyse und enthält Rahmendaten und Dokumente zur schulischen Situation und zur pädagogischen Arbeit der Schule (vgl.: MSW 08/2007).

Obwohl viele Daten bekannt sein sollten, liefert jede Schule Angaben zu folgenden Bereichen:

I. Angaben zur Schule
II. Gesonderte Angaben zu Schülerinnen und Schülern
III. Abschlüsse
IV. Gesonderte Angaben zu Lehrerinnen und Lehrern
V. Merkmale des Schulstandortes
VI. Gebäude- und Raumsituation
VII. Unterrichtsversorgung – Mangel- und Überhangfächer
VIII. Kurzüberblick zur Schul- und Unterrichtsarbeit
IX. Kurzüberblick zur Schulentwicklung und Evaluation.

Auf 12 Seiten werden den Schulen aus diesen Bereichen Antworten und Angaben abverlangt, die auch aus den Schulstatistiken bekannt sein sollten. Diesen Daten sind zehn Dokumentationen obligatorisch, acht Dokumentationen wenn vorhanden und 15 Dokumentationen zum Schulbesuch der Qualitätsprüfer hinzuzufügen. Falls einige dieser Materialien in der Schule nicht zur Verfügung stehen, wird um eine kurze Erläuterung am Ende des Portfolios gebeten.

Die zehn obligatorischen Dokumentationen sind:

1. Schulprogramm
2. Arbeitsplan zur Umsetzung des Schulprogramms
3. Fortbildungsplan
4. Themen schulinterner Fortbildungen aus den letzten drei Schuljahren
5. Schul- und Hausordnung
6. Geschäftsverteilungsplan/ Organisationsplan
7. Stellenbesetzungsplan
8. Dokumente zur internen Evaluation (Schwerpunkte aus Unterrichts- oder Erziehungsarbeit u. a.)
9. Dokumente der Teilnahme an Modellvorhaben (z.B. Selbständige Schule, EU-Programme etc.)
10. Jahresterminplan für das laufende Schuljahr.

Ein Fragebogen für den Schulrundgang gibt den Qualitätsprüferinnen und -prüfern Gelegenheit, sich über den baulichen Zustand des Schulgebäudes und Schulgeländes zu informieren sowie über die sächliche Ausstattung der Schule. Zum Schulrundgang wurde der Schulträger seitens der Schulleitung eingeladen.

Die Gesprächsleitfäden sind für die Qualitätsprüfer die inhaltliche Grundlage für die Interviews mit Schulleitung, Lehrkräften, Eltern, Schülerinnen und Schüler und dem nicht lehrenden Personal an der Schule.

Der Unterrichtsbeobachtungsbogen ist das Herzstück der Qualitätsanalyse zur Evaluierung von Unterricht. Er berücksichtigt die in der empirischen Unterrichtsforschung nachgewiesenen Merkmale von gutem Unterricht und gibt Aufschluss über die Unterrichtsqualität.

2.2.1 Das Qualitätstableau

Die Veröffentlichung des Qualitätstableaus soll Schulen im Vorfeld der Qualitätsanalyse konkrete Anhaltspunkte für die eigene Schulentwicklung geben. Es soll auch dazu beitragen, dass der Dialog zwischen Schule und Schulaufsicht im Anschluss an die Ergebnisse der Qualitätsanalyse auf eine einheitliche Grundlage gestellt wird. Es ist auch Bezugsrahmen für die externe Evaluation von Schulqualität, gibt aber auch Impulse für die interne Evaluation. Das vorliegende „Qualitätstableau für die Qualitätsanalyse an Schulen in Nordrhein-Westfalen" fasst Kriterien und Standards in sechs Qualitätsbereiche, denen jeweils 28 Qualitätsaspekte zugeordnet sind. Konkretisiert werden die Qualitätsaspekte durch insgesamt 153 Qualitätskriterien.

Es stellt sich die Frage, wie kann dieses Qualitätstableau zu einer objektiven und der einzelnen Schule gerecht werdenden Beurteilung führen? Wie werten die Qualitätskriterien die Individualität des „Mikrokosmos Schule"?

Sieht man sich zu den Qualitätsaspekten die zugehörigen Qualitätskriterien an, so stellt man fest, dass hier Schulform übergreifend Erwartungen an alle Beteiligten der Schule gestellt werden, die mit der evaluierten Schule nicht immer in Einklang gebracht werden können.

Das folgende Beispiel soll zeigen, dass die vorgefertigten Indikatoren des Qualitätsaspektes „Unterricht – fachliche und didaktische Gestaltung" festgelegte Erwartungen zu erfüllen haben und die Individualisierung des Unterrichts nicht berücksichtigen.

Tabelle 2: **Das Qualitätstableau NRW**

1 Ergebnisse der Schule	2 Lernen und Lehren	3 Schulkultur	4 Führung und Schulmanagement	5 Professionalität der Lehrkräfte	6 Ziele und Strategien der Qualitätsentwicklung
1.1 Abschlüsse	2.1 Schulinternes Curriculum	3.1 Lebensraum Schule	4.1 Führungsverantwortung der Schulleitung	5.1 Personaleinsatz	6.1 Schulprogramm
1.2 Fachkompetenzen	2.2 Leistungskonzept – Leistungsanforderung und Leistungsbewertung	3.2 Soziales Klima	4.2 Unterrichtsorganisation	5.2 Weiterentwicklung beruflicher Kompetenzen	6.2 Schulinterne Evaluation
1.3 Personale Kompetenzen	2.3 Unterricht – Fachliche und didaktische Gestaltung	3.3 Ausstattung und Gestaltung des Schulgebäudes und -geländes	4.3 Qualitätsentwicklung	5.3 Kooperation der Lehrkräfte	6.3 Umsetzungsplanung/ Jahresarbeitsplan
1.4 Schlüsselkompetenzen	2.4 Unterricht – Unterstützung eines aktiven Lernprozesses	3.4 Partizipation	4.4 Ressourcenmanagement		
1.5 Zufriedenheit der Beteiligten	2.5 Unterricht – Lernumgebung u. Lernatmosphäre	3.5 Außerschulische Kooperation	4.5 Arbeitsbedingungen		
	2.6 Individuelle Förderung und Unterstüzung				
	2.7 Schülerbetreuung				

QA

Qualitätsanalyse NRW

16

Tabelle 3: **Indikatoren des Qualitätsaspektes „Unterricht –
fachliche und didaktische Gestaltung"**

2.3.1	Geeignete Problemstellungen zeichnen die Ziele des Unterrichts vor und bestimmen die Struktur der Lernprozesse	++	+	-	--	O
a	Durch die Lehrkraft, die Schüler/innen oder Materialien wird eine rahmende bzw. sinnstiftende Problemstellung deutlich gemacht.	++	+	-	--	O
b	Die Aufgaben sind in der Form alltäglicher, beruflicher bzw. wissenschaftspropädeutischer Anwendungen angelegt.	++	+	-	--	O
c	Es werden Aufgaben gestellt, die problembezogenes Denken bzw. entdeckendes Lernen fördern.	++	+	-	--	O

2.3.2	Inhalt und Anforderungsniveau des Unterrichts entsprechen dem Leistungsvermögen der Schüler/innen.	++	+	-	--	O
a	Die Aufgabenstellungen sind inhaltlich klar und verständlich.	++	+	-	--	O
b	Ziele und Inhalte der Aufgaben erstrecken sich auf das zu erwartende Anforderungsniveau und fordern fachliche Leistungsbereitschaft heraus.	++	+	-	--	O
c	Die Aufgaben entsprechen der beobachtbaren Leistungsfähigkeit der Schüler/innen.	++	+	-	--	O

Kann während einer Informationsphase in einer Lerngruppe, in der
Schüler sich durch Materialien kämpfen, beobachtet werden, ob das
zu erwartende Anforderungsniveau sich auf die Inhalte und Ziele des
Unterrichtes oder sogar der Unterrichtsreihe erstrecken und diese
fachliche Leistungsbereitschaft herausfordern? Kann diese normierte
Beobachtung einen objektiven Eindruck über den tatsächlichen Unterricht geben? Die Gespräche der Schulleitung am Ende der Qualitätsanalyse mit den Qualitätsprüfern haben gezeigt, dass sie von
dieser Normierung der Indikatoren nicht abweichen und weder Kommentare noch Hinweise zur Verbesserung entgegen nehmen.

„Der Indikatorenkatalog geht auf die Besonderheiten der Einzelschule überhaupt nicht ein; er schlägt sämtliche Schulen über denselben Leisten. Was eine gute Schule ausmacht, bestimmt einem Rezeptbuch gleich das Qualitätstableau. Welche Ziele und Schwerpunkte die Schule sich im Schulprogramm setzt, wie sie ihre Qualität verbessern und sichern will, ist nahezu irrelevant; das Schulprogramm kommt nur mittelbar zur Geltung, und zwar dann, wenn es bei der schulinternen Evaluation, deren Ergebnisse nach § 3 Abs. 6 Satz 2 Qualitätsanalyse-Verordnung bei der Qualitätsanalyse einzubeziehen sind, thematisiert. In den insgesamt 153 Indikatoren des Qualitätstableaus wird das Schulprogramm nur sechsmal erwähnt." (AVENARIUS 2008).

3. Das Ergebnis

Der Qualitätsbericht, der das BK Hennef mit viermonatiger Verspätung erreichte, fasst seine Beurteilung in den so genannten „Zentralen Befunde" zusammen:

„Das Berufskolleg Hennef ist eine gut organisierte Schule mit geregelten Abläufen, verlässlichen Absprachen, Regeln und Ritualen. Es herrscht ein sehr gutes Arbeitsklima und die Zufriedenheit mit der Schule ist bei allen beteiligten Gruppen ausgesprochen hoch.

Ein offener, respektvoller Umgang und ein freundlicher Ton bestimmen das Miteinander aller Beteiligten. Dies und eine durchweg gute Ausstattung bieten die positiven Rahmenbedingungen für das Lernen. In der Schule sind gute Rahmenbedingungen für Lehr- und Lernprozesse geschaffen. Die in dem Berufskolleg gestaltete Kommunikationskultur und die vielen Teilnahmemöglichkeiten an Entscheidungsprozessen tragen mit zu einer konstruktiven Arbeitsatmosphäre bei. Damit ist eine hohe Zufriedenheit aller Beteiligten verbunden. Diese ist dem Qualitätsprüferteam durchgängig von allen Gesprächspartnern vermittelt und vom Team auch während der Schulbesuchstage wahrgenommen worden. In den Bereichen, in denen nach der Bewertung des Qualitätsprüferteams auf der Grundlage des Qualitätstableaus NRW Entwicklungsbedarf gesehen wird, hat die Schule teilweise bereits selbst Handlungsbedarf gesehen, Planungen

eingeleitet oder Initiativen entwickelt. Die Schule erhält in 10 von 28 Qualitätsaspekten, die bewertet wurden, die Bewertungskategorie „eher stark als schwach" (Bewertungsstufe 3), in 12 Qualitätsaspekten sogar die Bewertung „vorbildlich" (Bewertungsstufe 4).
Die Aspekte

- 2.2 „Leistungskonzept – Leistungsanforderung und Leistungsbewertung",
- 2.6 „Individuelle Förderung und Unterstützung" und
- 4.2 „Unterrichtsorganisation"

wurden mit Stufe 2 „eher schwach als stark" bewertet." (Qualitätsbericht 2007)
Die Zusammenfassung zeigt die Bewertungsstufen in den sechs Qualitätsbereichen und den entsprechenden Qualitätsaspekten.

Tabelle 4: **Bewertungsstufen BK Hennef**

QB 1 Ergebnisse der Schule	Stufe 4	Stufe 3	Stufe 2	Stufe 1	nicht bewertet
1.1 Abschlüsse					x
1.2 Fachkompetenzen					x
1.3 Personale Kompetenzen	4				
1.4 Schlüsselkompetenzen		3			
1.5 Zufriedenheit der Beteiligten	4				
Lernen und Lehren – Unterricht	Stufe 4	Stufe 3	Stufe 2	Stufe 1	nicht bewertet
2.1 Schulinternes Curriculum		3			
2.2 Leistungskonzept – Leistungsanforderung und Leistungsbewertung			2		
2.3 Unterricht – fachliche und didaktische Gestaltung		3			
2.4 Unterricht – Unterstützung eines aktiven Lernprozesses		3			
2.5 Unterricht – Lernumgebung und Lernatmosphäre		3			
2.6 Individuelle Förderung und Unterstützung			2		
2.7 Schülerberatung/Schülerbetreuung	4				
QB 3 Schulkultur	Stufe 4	Stufe 3	Stufe 2	Stufe 1	nicht bewertet
3.1 Lebensraum Schule	4				
3.2 Soziales Klima	4				
3.3 Ausstattung und Gestaltung des Schulgebäudes und Schulgeländes		3			

	Stufe 4	Stufe 3	Stufe 2	Stufe 1	nicht bewertet
3.4 Partizipation	4				
3.5 Außerschulische Kooperation	4				
QB 4 Führung und Schulmanagement	Stufe 4	Stufe 3	Stufe 2	Stufe 1	nicht bewertet
4.1 Führungsverantwortung der Schulleitung	4				
4.2 Unterrichtsorganisation			2		
4.3 Qualitätsentwicklung		3			
4.4 Ressourcenmanagement	4				
4.5 Arbeitsbedingungen					x
QB 5 Professionalität der Lehrkräfte	Stufe 4	Stufe 3	Stufe 2	Stufe 1	nicht bewertet
5.1 Personaleinsatz	4				
5.2 Weiterentwicklung beruflicher Kompetenzen	4				
5.3 Kooperation der Lehrkräfte		3			
QB 6 Ziele und Strategien der Qualitätsentwicklung	Stufe 4	Stufe 3	Stufe 2	Stufe 1	nicht bewertet
6.1 Schulprogramm	4				
6.2 Schulinterne Evaluation		3			
6.3 Umsetzungsplanung/Jahresarbeitsplan		3			

3.1 Handlungsanweisungen der Qualitätsprüfer

Zu den drei mit der Bewertung „eher schwach als stark" versehenen Aspekten bietet der Qualitätsbericht Handlungsanweisungen an.

Leistungskonzept – Leistungsanforderung und Leistungsbewertung: Die Schule soll ein Leistungskonzept erarbeiten, in dem Grundsätze der Leistungsbewertung ausgewiesen sind. Insgesamt sollte die Transparenz der Leistungsbewertung gesteigert werden, z.B. auch dadurch, dass die fachliche Selbstkontrolle der Schüler einen höheren Stellenwert erhält, so dass auch die Fähigkeit zur Selbsteinschätzung gefördert wird. Es sind Elemente einer solchen Standardisierung vorhanden, sie sollten aber im Sinne der Qualitätskriterien systematisiert werden.

Individuelle Förderung und Forderung: Im Bereich der Förderung und Forderung ist das Augenmerk auf eine Entwicklung zu richten, die den Schülerinnen und Schülern mehr Möglichkeiten der inneren Differenzierung ermöglicht. Bei der inneren Differenzierung könnten für einzelne Bearbeiter (und nicht kollektiv) solche Handlungssituationen aufgegriffen werden, die ihnen jeweils auch individuell in der Praxis als Problem erschienen waren und deren Bewältigung insofern auch einen individuellen Lernfortschritt bedeuten könnte.

Unterstützung des aktiven Lernprozesses: Durch die Unterrichtsbeobachtungen wird deutlich, dass Verfahren, die einen aktiven Lernprozess fördern, nicht genügend zur Anwendung kommen. Gruppen- oder Partnerarbeit, aber auch schülerzentrierte Lernprozesse im Plenum waren zwar bisweilen anberaumt, wirkten aber nicht schlüssig und waren eher auf Einzelarbeit ausgerichtet. Für die Entwicklung selbstständigen Arbeitens zeigte sich ein deutlicher Entwicklungsbedarf. Handlungsorientierte Ansätze, die die Planung und Überprüfung eines Lösungswegs vorsehen, konnten in den Besuchen wenig beobachtet werden. Zwar haben sich die Lehrer und Lehrerinnen durch Fortbildung Kompetenzen im Methodentraining erworben, davon muss aber zukünftig mehr in die praktische fachliche Unterrichtsarbeit einfließen.

Unterrichtsorganisation/ Vertretungsregelung: Bei der Unterrichtsorganisation werden die Vorschriften eingehalten. Es sollten aber sinnvolle Vertretungsregelungen durch moderne Kommunikationsmittel besser genutzt und weiter entwickelt werden (vgl.: Qualitätsbericht 2007).

Einige dieser von den Qualitätsprüfern vorgelegten Handlungsfelder sind durch interne Evaluationen schon vorher festgestellt worden und wurden von der Schule bereits abgearbeitet, bevor der Qualitätsbericht die Schule erreichte. Die anderen sind gemäß der Qualitätsanalyse Verordnung – QA-VO v. 27. April 2007 in einer Lehrer- und Schulkonferenz erörtert worden, Beschlüsse wurden gefasst und Maßnahmen zur Verbesserung eingeleitet, die an einem pädagogischen Tag gemeinsam von allen Kolleginnen und Kollegen entworfen wurden. Diese Verbesserungspotenziale wurden dann mit der Schulaufsicht abgesprochen und in einen Zielkatalog aufgenommen.

4. Fazit

Die Qualitätsanalyse Verordnung (QA-VO) regelt die Beurteilung aller Schulformen in Nordrhein-Westfalen gleich im Rahmen einer Qualitätsanalyse. Dabei „werden Qualitätsteams eingesetzt, die die Qualität und die der Schulen auf der Grundlage eines standardisierten Qualitätstableaus ermitteln" (QA-VO 2007). Die Qualitätsprüfer sind „bei der Durchführung der Qualitätsanalyse hinsichtlich ihrer Feststellung und deren Beurteilung an Weisungen nicht gebunden" (QA-VO 2007) und können somit die Evaluation nach ihrem Gutdünken gestalten. Eine Beachtung der Individualität der einzelnen Schule und ihre im Schulprogramm festgelegten Verpflichtungen und Intentionen finden zu wenig Berücksichtigung. „Qualitätsanalyse dient dem Ziel, die Qualität von Schulen zu sichern und nachhaltige Impulse für deren Weiterentwicklung zu geben" (QA-VO 2007). „Ob man dieses Ziel dadurch erreicht, dass man die Schulen an die Kandare eines vorgefertigten, kaum ein Detail außer Acht lassenden, für alle Schulen gleichermaßen verbindlichen Qualtitätsmusters nimmt (...), wage ich füglich zu bezweifeln" (AVENARIUS 2008).

Literatur

AVENARIUS, H. (2008): Wie die Schulautonomie durch externe Evaluation ausgehöhlt wird. In: Verband Der Lehrerinnen Und Lehrer An Berufskollegs In NRW e.V. (Hrsg.): Die Berufskollegs stärken heißt die berufliche Bildung zu stärken. Krefeld, 49 – 58.

MINISTERIUM für Schule und Weiterbildung des Landes Nordrhein-Westfalen (Hrsg.) (08/2007):Qualitätsanalyse Nordrhein-Westfalen. Impulse für die Weiterentwicklung von Schule. Düsseldorf.

MINISTERIUM für Schule und Weiterbildung des Landes Nordrhein-Westfalen [Hrsg.] (1997b): Entwicklung von Schulprogrammen. RdErl. des Ministeriums für Schule und Weiterbildung vom 25.6.1997, 14-23 Nr. 1.

MINISTERIUM für Schule und Weiterbildung des Landes Nordrhein-Westfalen [Hrsg.] (2005): Schulprogrammarbeit. RdErl. d. Ministeriums für
Schule und Weiterbildung v. 16.9.2005 – 521 – 6.01.04-32328.

SCHULGESETZ für das Land Nordrhein-Westfalen (Schulgesetz
NRW – SchulG) vom 15. Februar 2005 (GV. NRW. S. 102) zuletzt geän-
dert durch Gesetz vom 27. Juni 2006 (GV. NRW. S. 278).

VERORDNUNG über die Qualitätsanalyse an Schulen in Nordrhein-
Westfalen (Qualitätsanalyse-Verordnung – QA-VO) vom 27. April 2007
(GV. NRW. 2007 S. 185).

BERICHT ZUR QUALITÄTSANALYSE Berufskolleg Hennef 2007.

Internet:

http://www.learnline.nrw.de/angebote/schulprogramm

http//www.schulministerium.nrw.de/BP/Schulsystem/Qualitaetssicherung/
Qualitaetsanalyse/Das_Qualitaetstableau.pdf

Sabine Baabe-Meijer

Instrumente der Schulentwicklung in Schleswig-Holstein und Hamburg

1 Einleitung

Mit der Weiterentwicklung berufsbildender Schulen geht seit mehreren Jahren das Bestreben nach einer Verbesserung der Qualität der Arbeit in den Schulen und deren systematische Absicherung einher. In diesem Zusammenhang sind in nahezu allen Bundesländern Überlegungen und Maßnahmen zur Stärkung der Eigenständigkeit der berufsbildenden Schulen in die Wege geleitet worden. Damit verbunden ist eine stärkere Einbindung in die Verantwortung der Schulentwicklung. In Hamburg sind entsprechende Maßnahmen unter dem Stichwort ‚Selbstverantwortete Schule' zu subsumieren (vgl. Behörde für Bildung und Sport 2006a), in Schleswig-Holstein wird vorrangig die Weiterentwicklung berufsbildender Schulen zu regionalen Berufsbildungszentren (RBZ) befördert. Beiden Ansätzen ist gemein, dass den Schulen mehr Eigenverantwortung und mehr Selbständigkeit übergeben werden.

Kaum eine Schule ist nicht aus ihrem Inneren heraus in die Schulentwicklung einbezogen. Zu denken ist hier an Schulprogrammarbeit, an Teamentwicklung, an die Einführung und Umsetzung neuer Rahmenlehrpläne, die in Lernfelder strukturiert sind. Im Folgenden geht es zunächst um offizielle Entwicklungen in Hamburg und in Schleswig-Holstein, die durch administrative, äußere Reformen in die Wege geleitet wurden.

BECKER/ SPÖTTL benennen 2008 die folgenden Kernelemente aktueller Reformen ‚von außen', die durch eine Verlagerung von Verantwortung in fünf Verantwortungsbereichen gekennzeichnet sind. Demnach sind Verlagerungen auszumachen bei der „Steuerungsverantwortung, Bildungsverantwortung, Personalverantwortung, Finanz-verantwortung, Qualitätsverantwortung" (BECKER/ SPÖTTL, 44). Ein-zelne Entwicklungen innerhalb dieser Verantwortungsbereiche sollen exemplarisch für die beiden Bundesländer aufgezeigt werden.

2. Instrumente der Qualitäts- und Schulentwicklung an berufsbildenden Schulen in Hamburg und in Schleswig-Holstein

,Qualität' bezeichnet in einer wertungsfreien Beschreibung die Be-schaffenheit bzw. Eigenschaft eines Gegenstands. Zumeist wird der Qualitätsbegriff jedoch in einem präskriptiven Kontext verwendet und weist dann spezifische Merkmale aus, an deren Vorhandensein die Güte des Gegenstands gemessen werden soll (vgl. EULER 2005, 13). Im schulischen Kontext werden Qualitätsverständnisse auf un-terschiedliche Bezüge ausgerichtet. So wird beispielsweise unter-schieden zwischen der Qualität der Institution, eines Bildungsganges bzw. Bildungsprogramms, des Unterrichts oder der Lehrperson, wo-bei die jeweils untergeordneten Kategorien in die übergeordneten integriert werden können. Um Qualität in beruflichen Schulen zu entwickeln bedarf es Instrumente, die von Bundesland zu Bundesland variieren. In nachstehender Tabelle werden ausgewählte Instrumente der Schul- und Qualitätsentwicklung in Hamburg und in Schleswig-Holstein gegenübergestellt.

Tabelle 1: Instrumente der Schul- und Qualitätsentwicklung

Instrument der Schul- und Qualitätsentwicklung	Hamburg	Schleswig-Holstein
Stärkung der Eigenverantwortung der Schulen	SvS (selbstverantwortete Schule, seit August 2006); neues Schulgesetz in 2006, in dem der Wirtschaft im Schulbeirat erheblich mehr Mitspracherecht eingeräumt wird; ProReBes (Umsetzung ab 2006/2007)	Weiterentwicklung berufsbildender Schulen zu regionalen Berufsbildungszentren (RBZ) als rechtsfähige Anstalten öffentlichen Rechts
Fremdevaluation/Schulinspektion	Schulinspektion (seit 1.08.2006)	EVIT (Externe Evaluation im Team, seit 2004 in allgemein bildenden Schulen, im berufsbildenden Bereich in der Erprobungsphase)
Qualitätsentwicklung und -überwachung	Orientierungsrahmen Qualitätsentwicklung der BBS (Behörde für Bildung und Sport, 2006) Zuständigkeiten: HIBB, Landesinstitut für Lehrerbildung und Schulentwicklung Hamburg (LI), Referat Qualitätsentwicklung und Evaluation	Umwandlung des früheren Instituts für Praxis und Theorie in der Schule (IPTS) in das IQSH (Institut für Qualitäts-entwicklung an Schulen, Schleswig-Holst.) Einrichtung einer Qualitätsagentur (April 2006)
Fortbildung der Lehrkräfte	,Schulportfolio Qualifizierungsplanung'; Fortbildungspflicht für LKs an berufsbildenden Schulen: 45 Stunden pro Lehrkraft und Schuljahr außerhalb der Unterrichtszeit	Fortbildungsoffensive 2006, Erlass: ,Jede Stunde zählt'; Fortbildungen nach Möglichkeit außerhalb der Unterrichtszeit
Beurteilungswesen	Regelbeurteilung jeder Lehrkraft in Intervallen von vier Jahren	Mitarbeitergespräche mit Vorgesetzten ohne Beurteilungscharakter
Einführung von Qualitätsmanagement-Systemen		Implementation eines Qualitätsmanagements nach Vorbildern aus der Industrie, z.B. DIN EN ISO 9000 an der Walther-Lehmkuhl-Schule in Neumünster; Einführung eines Qualitätsmanagements an der BS Ravensberg/Kiel (2007)

3. Qualitätsentwicklung an berufsbildenden Schulen in Hamburg

3.1 Institutionelle Vorgaben und Rahmenbedingungen

Den normativen Rahmen für alle Maßnahmen bietet der Orientierungsrahmen Qualitätsentwicklung an Hamburger Schulen der Behörde für Bildung und Sport (BBS) aus dem Jahre 2006. Er wurde in Anlehnung an das Modell der ‚European Foundation for Quality Management' (EFQM) entwickelt. Darauf aufbauend werden drei Dimensionen unterschieden:
- Führung und Management,
- Bildung und Erziehung,
- Wirkungen und Ergebnisse.

Im Sinne des EFQM-Modells werden Führung und Management als grundlegende Voraussetzungen für Schulqualität aufgefasst. Diese Dimension wird den pädagogischen Kernprozessen und den Wirkungen und Ergebnissen vorangestellt. Sie ist wiederum in die folgenden Qualitätsbereiche aufgeschlüsselt (vgl. BBS 2006b):
- Wirkungen und Ergebnisse,
- Führung wahrnehmen,
- Personal entwickeln,
- Finanz- und Sachmittel gezielt einsetzen,
- Profil entwickeln und Rechenschaft ablegen.

Der Punkt ‚Rechenschaft ablegen' wird u.a. im Rahmen der Schulinspektion umgesetzt, die in Hamburg seit dem 01.08.2006 durchgeführt wird.

Es sind vor allem zwei Stellen, die mit der Qualitäts- und Schulentwicklung an Hamburger berufsbildenden Schulen befasst sind:
- das Landesinstitut für Lehrerbildung und Schulentwicklung Hamburg (LI), insbesondere das Referat Qualitätsentwicklung und Evaluation,
- das Hamburger Institut für Berufliche Bildung (HIBB)

Das HIBB ist hervorgegangen aus der Umstrukturierung der früheren Abteilung Berufs- und Weiterbildung und deckt den Bereich Berufsbildung ab. Die Gründung erfolgte zum 1. Januar 2007 als Landesbetrieb nach § 26 LHO. Das HIBB ist wesentlich mit der Umsetzung von Pro-ReBes, dem Projekt der Reform der Beruflichen Schulen befasst. Den Ausgangspunkt für die Reform bildet der Bürgerschaftsbeschluss vom November 2004. Das Hauptziel der – nicht unumstrittenen Reform, die den Einfluss der Wirtschaft auf die Berufliche Bildung merklich stärkt (vgl. u. a. BÜNDNIS 90/ DIE GRÜNEN GAL-HAMBURG 2006) – ... ist eine Qualitätsverbesserung der beruflichen Bildung in Hamburg, die auf einer echten Partnerschaft zwischen der Wirtschaft mit ihren Ausbildungsbetrieben und dem Staat mit seinen Beruflichen Schulen beruht. Dabei steht der Kompetenzzuwachs der Schülerinnen und Schüler im Vordergrund, um ihre Chancen auf dem Arbeitsmarkt zu erhöhen." (http://www.prorebes.hamburg.de/index.php, Änderungsdatum: 21.02.2007).

3.2 Entwicklungen von selbstverantworteten Schulen in den Berufsfeldern Bau-Holz-Farbe (Hamburg): Gewerbeschule 6 und Gewerbeschule 19

Die ‚Selbstverantwortete Schule' (SvS) wurde zum Schuljahr 2006/07 auch im Bereich der beruflichen Bildung eingeführt. Durch diesen Status soll den Schulen eine verstärkte Selbständigkeit und größerer Gestaltungsspielraum vor Ort eingeräumt werden. Als vorrangiges Ziel nennt die Behörde für Bildung und Sport eine grundlegende Verbesserung der Qualität schulischer Arbeit. Es soll den Schulen ermöglicht werden, wesentlich leichter ein eigenes pädagogisches Profil zu entwickeln, das Personal zunehmend selbst auszuwählen und in Budgetfragen zu entscheiden (vgl. BBS 2006a, 7). In Hamburg sind es vor allem die Gewerbeschule 6 für Holztechnik, Farbtechnik, Raumgestaltung und Textilgestaltung (G6) und die Gewerbeschule für Bautechnik (G19), die mit der beruflichen Bildung in den Berufsfeldern Bau-Holz-Farbe befasst sind. Auch diese Schulen haben den Status der Selbstverantworteten Schule für Veränderungen genutzt.

Auffällig ist es, dass beide Schulen ihre Arbeit in den vergangenen

Jahren vor allem in den Bereichen der Weiterbildung, der Zusammenarbeit mit der Technischen Universität Hamburg Harburg, der Universität Hamburg und der Berufsvorbereitung ausgebaut haben. Letzteres ist vor allem mit den seit Mitte der 1990er Jahre in den Bauberufen zurückgehenden Ausbildungszahlen bis zum Jahre 2005 und der Zunahme der Zahl der Jugendlichen ohne Ausbildungsplatz begründet, wobei diese Tendenz vorwiegend aufgrund wirtschaftlicher Veränderungen in jüngster Zeit in eine andere Richtung weist.

Zu den Innovationsbestrebungen an der Gewerbeschule 6 (G6), die nicht zuletzt durch den Status der SvS ermöglicht bzw. befördert werden, gehören die folgenden:

- Bereits seit dem Jahr 1993 produziert die Schule im Rahmen des Fifty-Fifty-Projektes mit einer schuleigenen Solaranlage einen Teil des Stroms für die Schule. Dieses ist nur ein Beispiel dafür, dass an der Schule großer Wert auf umweltverträgliche Verfahren und Vorgehensweisen gelegt wird.
- Ökologisches Profil und Nachhaltigkeit werden vor allem auch im produkt- und handlungsorientierten Unterricht der G6 angestrebt.
- Realisierung eines Projektes zum interkulturellen Austausch mit Afrika, aus dem mittlerweile ein eigener Verein, das "Forum zum Austausch der Kulturen" hervorgegangen ist (www.gsechs-forum.de). Beide Projekte wurden bereits vor Einführung des Status als 'Selbstverantwortete Schule' auf den Weg gebracht.
- Weiterbildung für Lehrkräfte an der G6 ermöglicht in Hamburg die Teilnahme an einem Maschinenlehrgang, welcher vom Landesinstitut für Lehrerbildung und Schulentwicklung (Li) angeboten wird.
- Kooperation mit Hochschulen, die mit der Lehrerbildung für den Unterricht in den Berufsfeldern Bau-Holz-Farbe befasst sind, d.h. die Universität Hamburg und die Technische Universität Hamburg-Harburg.

In der Abteilung Holztechnik gilt die Orientierung an produktorientierten, projektartigen Lernformen als weitgehend erreichtes didaktisches Ziel in der Tischlerausbildung. Nach dem Abschluss des Modellversuchs 'Integriertes Lernortsystem für moderne Fertigungsverfahren in der Holztechnik (CNC, CAD/CAM)' sind dessen Inhalte in die Regelausbildung zum Tischler bzw. Holztechniker integriert worden. Die folgende Abbildung zeigt ein Regal, das im Rahmen der Ausbildung an der Fachschule für Holztechnik unter Nutzung von CNC-Technik produziert wurde (vgl. Homepage der G6: http://www.gsechs.de/).

Abb. 1: Regalsystem, Fachschule für Holztechnik,
(Homepage der Gewerbeschule 6)

Auch die Staatliche Gewerbeschule Bautechnik 19 (G19) kooperiert mit den universitären Einrichtungen. Sie war beispielsweise an der Umsetzung des internationalen Modellversuchs ‚SmartLife' (2003 bis 2007) und dem damit verbundenen Aufbau des „Zentrums für zukunftsorientiertes Bauen" (ZzB) im Ausbildungszentrum Bau Hamburg (AZB) beteiligt.

Im Rahmen eines Kooperationsprojektes zwischen der G19, dem ZzB, der Technischen Universität Hamburg-Harburg und der Universität Hamburg wurden von Studierenden des Studienganges ‚Lehramt an der Oberstufe – Berufliche Schulen' Unterrichtsmaterialien entwickelt und die Integration der sieben so genannten ‚Hauptmodelle' des ZzB in den Unterrichtsalltag der G19 und des Ausbildungszentrums vorbereitet.

Die Abbildung 2 zeigt das Hauptmodell ‚Holzrahmenbau' im Niedrigenergiestandard im Zentrum für zunkunftsorientiertes Bauen, das im Rahmen des Kooperationsprojektes entstanden ist und als Lernsituation im Unterricht umgesetzt wurde (HOLLE 2007, 22; vgl. auch den Beitrag von Holle in diesem Band).

Abb. 2: Richtfest für das modellierte Bauvorhaben ‚Holzrahmenbau'
(Foto: Jens Schwarz, ZzB, in: Holle 2007, 22).

Außerdem war die G19 als Partnerschule in dem Modellversuch ‚Schulgenaue Qualifizierung' (SchuQua) involviert, der vom Arbeitsbereich Berufliche Schulen des Landesinstituts für Lehrerbildung und

Schulentwicklung Hamburg in Kooperation mit drei Hamburgischen beruflichen Schulen von August 2002 bis Juli 2005 durchgeführt wurde (vgl. http://www.schuqua.de/). Als Selbstverantwortete Schule bietet die G19 verschiedene Fort- und Weiterbildungsmaßnahmen an, die durch diesen Status erheblich einfacher zu organisieren und zu realisieren sind. Zu diesem Zweck wurde der Verein Bildung für Bau und Umwelt e. V. (BBU) gegründet. Es werden unter anderem die folgenden Kurse angeboten:

- Englisch für den Bau mit baubezogenem Vokabular und für die typischen Situationen der Baustelle,
- Einsatz von EDV auf der Baustelle, dem Abbundplatz und in der Polierbude für Anfänger und Erfahrenere,
- Schulungen in AUTO-CAD2000LT/Windows, CADKON und einem Hochbau-Statik-Programm für Architektur- und Konstruktionsbüros.

In den Berufsvorbereitungsklassen der G19 wird stark praxisorientiert gearbeitet. In den Werkstätten der Schule stellen die Schüler unter Bedingungen, die an diejenigen in gewerblichen Produktions- und Dienstleistungsbetrieben angelehnt sind, Produkte her, die sie selbst vermarkten können. Für den beruflichen und privaten Bedarf werden im Produktionsbetrieb der Schule beispielsweise Möbel für Schulen, Kindergärten und Arbeitsplätze hergestellt. Die Schaffung der erforderlichen Voraussetzungen obliegt dem Verein „Partner Schule e.V." Besonders im BV-Bereich wird auf eine intensive Schulsozialarbeit unter Einbeziehung der BeratungslehrerInnen und in Kooperation mit den PsychologInnen der Schülerhilfe großer Wert gelegt (vgl. Homepage der G19: http://www.hh.schule.de/g19/).

4. Qualitätsentwicklung berufsbildender Schulen in Schleswig-Holstein

4.1 Einrichtung von Regionalen (Berufs-)Bildungszentren

Die Schul- und Qualitätsentwicklung beruflicher Schulen in Schleswig-Holstein wird wesentlich durch die Einführung von Regionalen Bildungszentren (RBZ) befördert. Bis zum 31.07.2006 wurden die ersten RBZ zunächst in Form eines Modellprojekts erprobt. Entsprechend dem 2007 in Kraft getretenen Schulgesetz sollen berufliche Schulen künftig in rechtsfähige Anstalten des öffentlichen Rechts umgewandelt werden können. Sie erhalten einen Verwaltungsrat und eine Geschäftsführung, die durch die Schulleitung wahrgenommen wird. Mit dem RBZ-Status werden den Schulen erheblich größere Gestaltungsspielräume eingeräumt. Hierzu gehört u. a. wirtschaftlich eigenverantwortliches Handeln und verstärkte Autonomie bei der Personalauswahl. Seit dem 01. Januar 2008 ist die Eckener-Schule in Flensburg das erste RBZ des Landes (vgl. http://www.schleswig-holstein.de/MBF/DE/ Service/Presse/PI/2008/Januar2008/III__RBZFlensburg.html__nnn=true). Sie und weitere 14 Projektschulen erarbeiten Lösungen in den folgenden Erprobungsfeldern (vgl. BECKER/ SPÖTTL/ DREHER 2006, 88):

- Unterrichtsorganisation und -gestaltung (Schwerpunkt Teamentwicklung),
- Organisationsentwicklung (Schwerpunkt: Einführung eines Qualitätsmanagements, Abteilungsleiter als Führungskräfte),
- Organisationsstruktur (Schwerpunkt: Neue Gremienstruktur, Rechnungswesen, Anpassungen an die neue Rechtsform),
- Weiterbildungsfähigkeit (Schwerpunkt: Entwicklung von Weiterbildungsangeboten in Abstimmung mit den Partnern in der Region),
- Kooperation (Schwerpunkt: Kooperation mit anderen Schulen und Weiterbildungsträgern).

4.2 Vorteile des Status eines RBZ im Unterricht, dargestellt an der Abteilung Bautechnik der Beruflichen Schulen in Mölln

Zu den Projektschulen, die als RBZ geführt werden, gehören die Beruflichen Schulen in Mölln. Insbesondere im Bereich Bau wurden innovative Unterrichtsformen entwickelt, die durch eine gelungene Kooperation zwischen den Lehrkräften der Berufsschule und den Leitern und Ausbildern der Überbetrieblichen Ausbildungsstätte (ÜAS) ermöglicht wurden. Die Kompetenzen, die der Berufsschule durch den Status des RBZ zuteil werden, erleichtern und fördern diese Form der Kooperation außerordentlich. Vor allem ist die Kooperation zwischen der ÜAS und den Lehrkräften, die für die berufsschulische Ausbildung in der Fachrichtung Bautechnik zuständig sind, bemerkenswert. Die Zusammenarbeit bestand bereits unabhängig von der Teilnahme an dem Modellversuch. So entwickelte sich eine Lernortkooperation, welche die Baugrundstufe, die Fachstufen des Zimmerer- und Maurerhandwerks sowie die Berufsfachschule Bautechnik einbezieht. Schritt für Schritt werden Themenbereiche, die von beiden Institutionen theoretisch bzw. handwerklich unterrichtet werden, aufeinander abgestimmt und die pädagogische Vorgehensweisen angeglichen, ohne die Notwendigkeit der einzelnen Institutionen in Frage zu stellen (vgl. BERUFLICHE SCHULEN/ BAUGEWERBEINNUNG DES KREISES HERZOGTUM LAUENBURG 2006, 2).

Lernortkooperation hat sich als ein Weg erwiesen, um Probleme wie hohe Abbrecherquoten, fehlende Motivation oder schlechte Prüfungsergebnisse erfolgreich anzugehen. Dies belegen kontinuierliche Erfolge im Maurer- und im Zimmererhandwerk seit mehreren Jahren. Diese Form der Zusammenarbeit und des flexiblen Einsatzes von Lehrkräften wurde durch den Status als RBZ der Beruflichen Schulen in Mölln erheblich begünstigt. Die Lehrkräfte wurden dort eingesetzt, wo es die Arbeit an der Sache erfordert. Die Fachlehrer übernahmen Aufgaben, die originär der ÜAS zugeschrieben wurden, Ausbilder der ÜAS waren in Doppelbesetzung mit Studienrätinnen und -räten im Unterricht tätig. Unerlässlich ist eine gemeinsame Planung an beiden Lernorten. Die Kooperation ist derart weitgehend, dass Zeiten des

Berufsschulunterrichts mit den Ausbildungstagen der ÜAS zusammengelegt und gemeinsam abgerechnet wurden (vgl. HOLST/ LINKS 2004, 39).

In der Regel werden Einzelprojekte durchgeführt. Meist handelt es sich hierbei um kleine gemeinnützige Projekte, die nach Absprache mit Baugewerbeinnung, Berufsschule und Überbetrieblicher Ausbildungsstätte gemeinsam durchgeführt werden (BERUFLICHE SCHULEN/ BAUGEWERBEINNUNG 2007, 6).

Zu den gemeinnützigen Projekten gehört u. a. die Gestaltung des Eingangshauses für den Wildpark Mölln.

Abb. 3: Eingangshaus Wildpark Mölln. In: Berufliche Schulen Mölln, Baugewerbeinnung des Kreises Herzogtum Lauenburg 2007, 7

Die Aufgabe der Auszubildenden war es, ausgehend von den Kundenwünschen (hier der Stadt Mölln) eine Konstruktion zu entwickeln, die sich gestalterisch ansprechend in die örtlichen Gegebenheiten einfügte und deren anschließende Ausführung (vgl. ebd., 10).

Ein sowohl die Fachrichtung als auch die Schulform übergreifendes Beispiel aus dem Unterricht für das Maler- und Lackiererhandwerk ist die Beschichtung und farbliche Gestaltung eines Fachwerkhäuschens.

Abb. 4: Beschichtung des Holzwerkes

Am Aufbau des Häuschens waren Schüler aus der Berufsfachschule Bautechnik und des Ausbildungsvorbereitenden Jahres beteiligt. Für die Beschichtung wurden Rein-Silikatfarben eingesetzt, die – anders als in Süddeutschland – im Norden der Republik vergleichsweise selten verwendet werden. Die Auszubildenden hatten auf diese Weise Gelegenheit, ihre zuvor im Unterricht erworbenen Kenntnisse über die Material- und Produkteigenschaften dieses Beschichtungsstoffes in der Praxis anzuwenden, unmittelbar zu erfahren und zu vertiefen. Vermutlich wäre die Arbeit auch ohne RBZ-Status möglich gewesen, doch ist es auf diese Weise unkomplizierter geworden, die finanziellen Mittel zu beschaffen, die normalerweise streng den einzelnen Abteilungen zugeordnet waren. Die Kooperation der Lehrkräfte, die Arbeit im Team sowohl unter den Lernenden als auch unter den Lehrenden wurde durch die Arbeit am gemeinsamen Gegenstand effektiv gefördert, und das Häuschen stellt auch heute noch ein sehenswertes Anschauungsobjekt für den Unterricht dar (vgl. BAABE-MEIJER, GOLLA, LAUßER 2006, 19).

4.3 Weitere Aktivitäten zur Qualitätsentwicklung in Schleswig-Holstein

Bestandteil der Qualitätsentwicklung Schulen in Schleswig-Holstein ist die Implementation und die Umsetzung eines Qualitätsmanagements in einer Beruflichen Schule. Im Rahmen des BLK Modellversuchs 'Qualitätsentwicklung in der Berufsschule' (Quabs-SH), der in der Zeit von 1999-2002 an der Walther-Lehmkuhl-Schule in Neumünster durchgeführt wurde, konnte folgendes gezeigt werden: Ein normiertes Qualitätsmanagementsystem aus der Industrie nach ISO 9000:2000 ist geeignet, um in einem Dienstleistungsunternehmen wie der Schule zur Qualitätsverbesserung und zur innovativen Schulentwicklung beizutragen. Durch die nach ISO-Norm vorgesehene externe Auditierung und damit Zertifizierung wird eine hohe Akzeptanz bezüglich der Außenwirkung und damit Wertsteigerung der Ausbildung erwartet (vgl. STAATSINSTITUT FÜR SCHULPÄDAGOGIK UND BILDUNGSFORSCHUNG 2003, 7 und SC HULZ 2007, 289).

An dieser Stelle soll der Bundesland übergreifende Verbundmodellversuch der BLK: ‚UbS' – Umstrukturierung der berufsbildenden Schulen (2001-2005) Hamburg, Niedersachsen und Schleswig-Holstein zumindest erwähnt werden. Er stellt einen Bundesland übergreifenden Ansatz aus dem Norden der Republik dar, in dem es um die Entwicklung von Konzepten für die zweite und die dritte Phase der Lehrerbildung geht. Die im Rahmen des Modellversuchs entwickelten Konzepte zielten vornehmlich darauf ab, die Lehrkräfte an berufsbildenden Schulen künftig in die Lage zu versetzen, die zur Arbeit an einem RBZ notwendige Gestaltungskompetenz zu erwerben. Im Rahmen des Verbundmodellversuchs UbS wurde von MUSTER-WÄBS/PILLMANN-WESCHE ein Beitrag zum Modellversuch ,Flexibilisierung der Lehrerbildung durch Subjektorientierung und Modualisierung' veröffentlicht, der als ein Bestandteil des Projekts ,Selbstorganisiertes Lernen im Unterstützungs-Netzwerk – SUN' durchgeführt wurde (vgl. MUSTER-WÄBS/PILLMANN-WESCHE 2005).

5. Ausblick

Das berufliche Schulwesen beider Bundesländer befindet sich in mehrerer Hinsicht im Umbruch. Vielfach ist großes Engagement der Kolleginnen und Kollegen zu beobachten, teilweise macht sich aber auch Unmut breit. Mit Blick auf eine Steigerung der Qualität von Schule und Unterricht sind vor allem diejenigen Entwicklungen erfolgreich, die bereits zeitlich vor bzw. unabhängig von administrativen Verordnungen und Vorgaben in den Kollegien in die Wege geleitet wurden. Hierzu gehört die Entwicklung von Lernsituationen für den Unterricht im Tischlerhandwerk, die von mehreren Kollegen an der G6 bereits vor mehreren Jahren in die Wege geleitet wurde oder die Einrichtung von schuleigenen Solarkraftwerken an der G6 und an den Beruflichen Schulen in Mölln oder die dortige enge Kooperation zwischen Berufsschule und ÜAS. Es ist als positiv zu werten, dass schuleigene Ansätze durch die größere Eigenständigkeit (SvS in Hamburg, RBZ in Schleswig-Holstein) nun auch die Gelegenheit haben, ihre finanziellen Möglichkeiten selbst zu steuern und effektiver auszuschöpfen. Ebenfalls positiv hat sich das Angebot von Weiterbildungsmöglichkeiten für Lehrkräfte und Fachkräfte aus der Wirtschaft entwickelt.

Als problematisch wird von nicht wenigen Lehrkräften die verstärkte Kontrolle aufgefasst, die sich beispielsweise in Form der Schulinspektion bzw. EVIT zeigt. In Hamburg ist darüber hinaus ein neues Beurteilungssystem eingeführt worden, das eine Regelbeurteilung jeder

Lehrkraft im Turnus von vier Jahren vorsieht. Auch die Fortbildungs-
pflicht für Lehrkräfte an Beruflichen Schulen im Umfang von 45 Stunden jährlich außerhalb der Unterrichtszeit wird nicht von allen Seiten
begeistert angenommen. Dieses wird nicht selten in Verbindung mit
dem Arbeitszeitmodell, in dem eine Faktorisierung der Unterrichts-
fächer vorgenommen wird, als eine zusätzliche Belastung und Erhöhung der zu leistenden Pflichtarbeitszeit gewertet. Beides hat sich in
mehreren Fällen negativ auf die Motivation und die Eigeninitiative
zahlreicher Kollegen ausgewirkt. Daher ist zu diskutieren, ob diese
Maßnahmen einer Qualitätsentwicklung eher entgegenstehen als
diese zu befördern.

Darüber hinaus ist zu fragen, ob vor allem diejenigen Maßnahmen,
die einen merklich erhöhten Verwaltungsaufwand bedeuten wie
Schulinspektionen oder die Regelbeurteilung, zum eigentlichen Ziel
von Qualitätsentwicklung beitragen: der Bildung von Jugendlichen.
Verschiedentlich wurde Kritik daran laut, dass u. a. mit der Gründung
des HIBB und dem neuen Schulgesetz in Hamburg, das der Wirtschaft im Rahmen der neuen Schulvorstände ein deutlich erhöhtes
Mitspracherecht einräumt, die reine Verwertbarkeit der Jugendlichen
wieder stärker in den Vordergrund gerückt wird. Dies gilt auch für
die Bildung von Jugendlichen, die sich im so genannten Übergangssystem befinden, d. h. in einer der vielen, in den vergangenen Jahren immens angewachsenen berufsvorbereitenden Maßnahmen. In
allen Bereichen ist berufliche Mündigkeit als Zielkategorie aktiv zu
gestalten und darf nicht auf berufliche Tüchtigkeit reduziert werden. Der Anspruch, Jugendliche und Erwachsene, Schülerinnen und
Schüler sowie Auszubildende zur Mitgestaltung von Arbeit, Technik
und Gesellschaft zu befähigen, ist sowohl für die Auszubildenden
im dualen System als auch für diejenigen zu formulieren, die sich
im so genannten Übergangssystem bilden. Dieser Anspruch an eine
qualitative Entwicklung beruflicher Bildung bedarf der verstärkten
Beachtung und sollte zukünftig (wieder) deutlicher in den Vordergrund gerückt werden.

Literatur:

BAABE-MEIJER, S./ GOLLA, J./ LAUSSER, K. (2006): Beschichtung und farbliche Gestaltung eines Fachwerkhäuschens. In: Mitteilungsblatt der Bundesarbeitsgemeinschaft für Berufsbildung in den Fachrichtungen Bautechnik, Holztechnik sowie Farbtechnik und Raumgestaltung, 8, Heft 1, 19-20.

BECKER, M./ SPÖTTL, G./ DREHER, R. unter Mitarbeit von Doose, C.-H. (2006): Berufsbildende Schulen als eigenständig agierende lernende Organisationen. Stand der Weiterentwicklung berufsbildender Schulen zu eigenständig agierenden lernenden Organisationen als Partner der regionalen Berufsbildung (BEAGLE), Bonn, 135.

BECKER, M./ SPÖTTL, G. (2008): Mehr Eigenständigkeit für berufliche Schulen – führt das zu mehr Qualität? In: Die berufsbildende Schule, 60, Heft 2, 43-49.

BBS – BEHÖRDE FÜR BILDUNG UND SPORT (Hrsg.) (2006a): Selbstverantwortete Schule. Identität stärken – Qualität verbessern. Hamburg. Download: www.publikationen.bbs.hamburg.de

BBS – BEHÖRDE FÜR BILDUNG UND SPORT (Hrsg.) (2006b): Orientierungsrahmen Qualitätsentwicklung an Hamburger Schulen. Hamburg.

BERUFLICHE SCHULEN MÖLLN/ BAUGEWERBEINNUNG DES KREISES HERZOGTUM LAUENBURG (2007): Broschüre Lernortkooperation, Mölln.

BÜNDNIS 90/ DIE GRÜNEN GAL-HAMBURG (2006): ProReBes: Die missratene Senatsreform. Positionspapier von Bündnis 90/Die Grünen GAL-Hamburg zur Reform der beruflichen Schulen in Hamburg. www.gal-fraktion.de/cms/schule/dokbin/212/212671.pdf (14.02.2008)

EULER, Dieter (Hrsg.) (2005): Qualitätsentwicklung in der Berufsausbildung. Materialien zur Bildungsplanung, Heft 127. Bonn. www.blk-bonn.de

HOLLE, H.-J. (2007): Präsentation moderner Baumethoden im Zentrum für zukunftsorientiertes Bauen Hamburg. In: BABBE-MEIJER, S./ MEYSER, J./ STRUVE, K. (Hrsg.): Innovation und Soziale Integration. Berufliche Bildung für Jugendliche und Erwachsene in der Bauwirtschaft, im ausstattenden und gestaltenden Handwerk. Bielefeld, 18-28.

HOLST, T./ LINKS, M. (2004): Steigerung der Ausbildungsqualität und verantwortungsbewusster Umgang mit sächlichen, räumlichen, zeitlichen und finanziellen Ressourcen durch Lernortkooperation. In: BABBE-MEIJER, S./ MEYSER, J./ STRUVE, K. (Hrsg.): Innovation und Soziale Integration. Berufliche Bildung für Jugendliche und Erwachsene in der Bauwirtschaft, im ausstattenden und gestaltenden Handwerk. Bielefeld, 33-41.

MUSTER-WÄBS, H./ PILLMANN-WESCHE, R. (2005): Selbstorganisiertes Lernen im Unterstützungs-Netzwerk – SUN. Ein Beitrag zum Modellversuch ‚Flexibilisierung der Lehrerbildung durch Subkjektorientierung und Modularisierung' (UbS-HH) im Rahmen des Verbundmodellversuchs ‚Umstrukturierung der berufsbildenden Schulen' Hamburg, Niedersachsen und Schleswig-Holstein (UbS). Hamburg.

SCHULZ, R. (2007): Qualitätsmanagement (QM) im Unterricht und für Schulentwicklung. Ein Erfahrungsbericht aus zwei BLK-Modellversuchen. In: Die berufsbildende Schule, 59, Heft 10, 287-293.

STAATSINSTITUT FÜR SCHULPÄDAGOGIK UND BILDUNGSFORSCHUNG (Hrsg.) (2003): Quabs – Qualitätsentwicklung in der Berufsschule. Abschlussbericht zum BLK-Verbundmodellversuch Bayern, Rheinland-Pfalz, Schleswig-Holstein. München.

Internet:

URL http://www.schleswigholstein.de/MBF/DE/Service/Presse/PI/2008/Januar2008/ III__RBZFlensburg.html__nnn=true

URL http://www.prorebes.hamburg.de/index.php

URL http://www.gsechs.de/

URL http://www.gsechs-forum.de

URL http://www.hh.schule.de/g19/

URL http://www.publikationen.bbs.hamburg.de

URL http://www.schuqua.de/

URL http://www.gal-fraktion.de/cms/schule/dokbin/212/212671.pdf

Holger Sonntag und Hans-Jörg Wiedemann

Qualitätsentwicklung am Oberstufenzentrum Holztechnik Berlin im Spiegel des Berichtes der Schulinspektion

1. Vorgeschichte der Schulinspektion in Berlin

Mit dem Schulgesetz von 2004 hat der Berliner Senat einen wichtigen Schritt in Richtung modernem Bildungswesen getan. Durch eine zentrale Vorgabe für größere Selbstständigkeit, wie sie seit langem von den Schulen gefordert wurde, verbunden mit mehr Eigenverantwortung, eröffnen sich den einzelnen Schulen dringend benötigte Handlungsspielräume hin zu einer nicht zuletzt durch die Ergebnisse internationaler Studien angemahnten Qualitätsentwicklung von Unterricht und innerschulischen Arbeitsprozessen.

Als Instrumente für eine möglichst transparente Schulentwicklung und gleichzeitig einer verstärkten Rechenschaftslegung gegenüber dem staatlichen „Auftraggeber" sowie den „Kunden" des Schulsystems, den Eltern, Schülern, Ausbildungsbetrieben, bezüglich der in den Schulen tatsächlich erreichten Qualitätsstandards, wurden u.a. Schulprogramm, interne und externe Evaluation implementiert.

Das in den Schulen erarbeitete Schulprogramm stellt dabei mit den definierten Qualitätsentwicklungszielen sowie den jeweiligen Maßnahmen zur Umsetzung und Steuerung die Schwerpunkte der aktuellen Entwicklung dar. Das gesamte Spektrum schulischen Wirkens soll in Berlin neben der internen Evaluation mittels innerschulisch selbst bestimmter Kriterien im Schul- und Evaluationsprogrammen noch durch eine externe Evaluation allgemeingültig operationalisierbar abgebildet werden.

Für diese externe Rechenschaftslegung ist die Schulinspektion verantwortlich, die damit eine wichtige Funktion im Gesamtkonzept der Qualitätsentwicklung und Qualitätssicherung an den eigenverantwortlichen Schulen Berlins wahrnimmt.

2. Warum eine freiwillige Meldung zur Schulinspektion?

Das Oberstufenzentrum Holztechnik, am 01.09.2006 offiziell zur „marcel-breuer-schule" benannt, entschied sich nach einer kurzen internen Diskussion für eine freiwillige Meldung zur Teilnahme gleich im ersten Durchgang der Schulinspektion. Die Gründe dafür lagen zum einen im aktuellen Stand der eigenen Schulentwicklung. Eine sehr dynamische strukturelle und personelle Entwicklung innerhalb der letzten Jahre, die innerschulisch begonnene Umsetzung einer Neuorientierung des Curriculums in der Berufsbildung zu einer Lernfeldorientierung sowie der Stand von Schulprogramm und Evaluationsprogramm ließen eine frühzeitige Verknüpfung mit der externen Evaluation durch die Schulinspektion als einen sehr sinnvollen Prozessschritt erscheinen.

Zum anderen waren wir selbst an einer offensiven Auseinandersetzung mit diesem Instrument der Schulqualitätsentwicklung interessiert, um auf die in der Bildungsdiskussion oftmals nicht ausreichend berücksichtigten besonderen Rahmen- und Zielbedingungen der Berufsbildung hinzuweisen.

Der für das Schuljahr 2007/2008 avisierte Umzug der marcel-breuerschule, dem Oberstufenzentrum für Holztechnik, Glastechnik und Design, an einen neuen Schulstandort in Berlin-Pankow, verbunden mit vielen ungeklärten räumlichen, strukturellen und personellen Rahmenbedingungen, ließen eine möglichst frühzeitige Schulinspektion ebenfalls angeraten erscheinen.

3. Wie wird die Schulqualität in Berlin gemessen?

Der ‚Handlungsrahmen Schulqualität' stellt die wesentliche Grundlage für die Erarbeitung des Verfahrens und die Instrumente der Berliner Schulinspektion dar. Das gültige Maß für die Schulqualität ist dabei in fast allen Bundesländern ähnlich. Auf der Basis eines Rasters mit 6 Qualitätsbereichen und 25 Qualitätsmerkmalen, denen wiederum insgesamt 73 Qualitätskriterien zugeordnet sind, sollen die Berliner Schulen ihren Entwicklungsbedarf eigenverantwortlich definieren und die Unterrichts- und Schulprozesse selbstständig steuern. Der Handlungsrahmen Schulqualität ist als Orientierung und konkrete Hilfestellung bei der Schulprogrammarbeit, der Schulentwicklung sowie der internen und externen Evaluation vorgesehen. Die politische Zielvorgabe lautet, ein ‚Qualitätsmanagement als kontinuierlichen Lern- und Verbesserungsprozess' an den Schulen zu implementieren.

Im Schuljahr 2005/2006 wurde in Berlin für die externe Evaluation eine Schulinspektion aufgebaut. Diese hat die Aufgabe, alle öffentlichen Berliner Schulen innerhalb von fünf Jahren nach transparenten und einheitlichen Qualitätsmaßstäben zu überprüfen mit dem Ziel:

- die Validität des schulinternen Qualitätsurteils durch eine unabhängige Außensicht zu erhöhen;
- die Verbindlichkeit der im Schulprogramm beschlossenen Entwicklungsmaßnahmen unter dem Aspekt der Rechenschaftslegung herzustellen;
- den innerschulischen Diskussions- und Entwicklungsprozess durch den Evaluationsbericht zu fördern;
- Stärken und Schwächen hervorzuheben und Entwicklungsnotwendigkeiten durch gezielte Hinweise zu benennen.

Die Unabhängigkeit der Schulinspektionsteams gegenüber den besuchten Schulen soll einen unverstellten, möglichst objektiven Blick auf die Unterrichts-, Erziehungs- und Organisationsprozesse ermöglichen. Die Schulinspektion begutachtet das Gesamtsystem Schule, nicht einzelne Lehrkräfte. Sie soll vorrangig als Einrichtung zur Zustandsbeschreibung und zur Beratung für die Weiterentwicklung der o.g. Prozesse fungieren.

4. Vorbereitung auf die Schulinspektion

Die Vorbereitungen in der Schule erstreckten sich hauptsächlich auf zwei Bereiche, die Systematisierung der geleisteten praktischen Schulleitungs- und Schulentwicklungsarbeit sowie die Information der Lehrkräfte, Schülerinnen und Schüler, Eltern und Ausbildungspartner über die zu erwartenden Rahmenbedingungen.

So wurden für die Inspektion eine große Anzahl Ordner mit den jeweiligen Materialien zu den 18 Qualitätsmerkmalen der ersten Phase der Berliner Schulinspektion, 16 Merkmalen nach Vorgabe plus 2 schulische Wahlbereiche, zusammengestellt bzw. ergänzt und aktualisiert.

Alle Verantwortungsträger des OSZ Holztechnik, Fachbereichs- und Fachleiter/innen sowie Schul- und Abteilungsleitungen wurden aktiv mit einbezogen. So entstand eine überaus anregende Arbeitsphase zu einer Art Zwischenbilanz, der von uns gemeinsam in den letzten Jahren geleisteten Schulentwicklung. Dieser kompakte Rückblick ließ somit ganz nebenbei eine motivierende, positive Selbsteinschätzung der schulischen Leistungs- und Verantwortungsträger entstehen. Darüber hinaus konnten konkrete Zielsetzungen für die weitere Entwicklung abgeleitet werden.

Parallel dazu wurde mit einer bewusst transparenten Informationsarbeit in Richtung Schüler, Lehrkräfte und sonstige Mitarbeiter der Schule etwaigen Ängsten und Vorbehalten gegenüber der Schulinspektion entgegengewirkt.

Die Erstellung einer Organisationsablaufplanung, insbesondere für die beiden Inspektionstage, rundeten die Vorbereitungen in der Schule ab.

5. Das Inspektionsverfahren im April 2006

Auf einem offiziellen Vorgespräch Ende Februar 2006 wurden letzte Verfahrensfragen zwischen dem Inspektionsteam, dem Schulleiter und weiteren Mitgliedern der Schulleitung, des Kollegiums sowie der Schulgremien abgeklärt.

Im April startete dann die Inspektion mit einem Schulrundgang von Schulleitung und Inspektionsteam, um die Gegebenheiten des OSZ Holztechnik kennenzulernen. Es wurden an den zwei Inspektionstagen insgesamt 96 Unterrichtsbesuche von jeweils 20 Minuten Dauer durchgeführt und anhand des standardisierten Unterrichtsbeobachtungsbogens evaluiert. Das Inspektionsteam sah 72 von 90 an der Schule unterrichtenden Lehrkräften. Die Besuche waren über alle Abteilungen, Bildungsgänge und Lehrjahre bzw. Lehrstufen verteilt.

Darüber hinaus fand eine standardisierte, anonyme Befragung der Lehrkräfte statt. Die Rücklaufquote der Fragebögen betrug 89%.

Interviews mit dem Schulleiter, der stellvertretenden Schulleiterin, den drei Abteilungsleitern sowie durch das Inspektionsteam im Vorgespräch ausgewählten 5 Schülerinnen und Schülern, 7 Lehrkräften, 4 Eltern und 6 Vertretern von Ausbildungsbetrieben rundeten die beiden intensiven, arbeitsreichen Inspektionstage ab.

Für die Lehrkräfte sowie Schülerinnen und Schüler bedeuteten diese kurzen Unterrichtsbesuche durch die Inspektion in der Regel keine Störung. In der Schule war jedoch eine gewisse Anspannung zu spüren, die zum einen mit der Erstmaligkeit dieser Situation, zum anderen mit historischen Erfahrungen staatlicher Inspektionen von Lehrkräften aus dem ehemaligen Ostberlin zu erklären sein könnte.

Die Interviews im Rahmen der Inspektion wurden als konstruktiv und sinnvoll bewertet, es gab keinerlei Kritik an der Arbeit und dem Auftreten der Inspektionsmitglieder.

6. Wie bewertet die „normale" Lehrkraft die Schulinspektion?

Um neben der Sichtweise ‚der Leitung' die Stimmung an der ‚Basis' einzufangen, haben wir eine kleine, nicht repräsentative Umfrage durchgeführt. Da wir in den informellen Pausengesprächen doch häufiger negative Einschätzungen hörten, haben uns die Ergebnisse doch überrascht. Über 80% der Lehrkräfte gaben uns eine positive Rückmeldung!

Hier einige Auszüge aus der Umfrage über die Schulinspektion:
Das Instrument der Schulinspektion bewerte ich mit....

- Gut!
- Positiv. Gut daran ist, dass sich der Unterricht öffnet.
- Negativ. Schafft nur bürokratische Arbeitsplätze und eine imaginäre „Musterschule"
- Positiv. Die Kontrolle von Schulqualität ist wichtig, jedoch ist eine Umsetzung der Ergebnisse nicht erkennbar, eine fortlaufende Beratung wäre wünschenswert.
- Positiv. Gut daran ist die Kommunikation im Kollegium.
- Positiv. Gut daran ist, dass sie als Instrument zur Qualitätsentwicklung taugt.
- Schlecht daran ist, dass keine Differenzierung des Schultyps erfolgt.
- Positiv. Sie verhindert „Betriebsblindheit", deshalb ist eine Einschätzung von außen zu begrüßen.
- Positiv. Gut daran ist, dass sie innerschulische Prozesse, wie Teambildung und Führungskräfte-Feedback, fördert.

7. Bericht der Schulinspektion

Der zuvor übersandte schriftliche Bericht wurde den Mitgliedern der Schulkonferenz Ende Mai 2006 ausführlich erläutert. Der Schulleitung wurde schon im Vorfeld die Möglichkeit zur Stellungnahme eingeräumt. Dadurch konnten für einige im Bericht mit Entwicklungsbedarf angeführte Qualitätskriterien auf aus schulischer Sicht relativierende Rahmenbedingungen hingewiesen werden. So resultierten zum Beispiel die sich zum Stand von Schulprogramm und internen Evaluationsprogramm abgeleiteten Anmerkungen letztendlich deutlich aus der zeitlichen Verschiebung der senatseigenen Zeit-Maßnahmenplanung zur Einführung der jeweiligen Instrumente zur Qualitätsentwicklung.

Aus den Beschreibungen der standardisierten Unterrichtsbeobachtungen sowie den Inspektionsanalysen zu den Qualitätsbereichen und deren Qualitätsmerkmalen konnten eine Bestätigung für getroffene Entwicklungsentscheidungen sowie Anregungen für weitere Schritte gezogen werden.

Insgesamt ergab sich aus dem vorgestellten Bericht sowie der Zusammenfassung der Ergebnisse eine Anerkennung und Bestätigung der in den letzten Jahren geleisteten Arbeit.

8. Auswirkungen der Schulinspektion auf die weitere Schulentwicklung

Für die marcel-breuer-schule, das ehemalige Oberstufenzentrum Holztechnik ist die freiwillige Meldung zur Schulinspektion zum damaligen Zeitpunkt des eigenen Entwicklungsstandes als positiv zu werten. Die im Vorfeld bereits initiierten Organisationsentwicklungen erhielten hierdurch noch eine zusätzliche Dynamik. So wurde auf allen Ebenen verstärkt Personalentwicklung betrieben und die Teambildung sowie die Fortbildungsbereitschaft zur erfolgreichen Umsetzung der lernfeldorientierten Curricula erhielten deutlichen Auftrieb. Der stetig vorhandene Bedarf an Unterrichtsentwicklung wurde von den Lehrkräften in allen Bereichen anerkannt und mit einem starken Maß an Strukturiertheit, Transparenz und Nachhaltigkeit in Angriff genommen.

In der Schule selbst wird mehr und öfter über Unterricht, Unterrichtsqualität, Gelingensbedingungen für guten Unterricht, Organisationsbedarf sowie Ziele und Etappen der Schulentwicklung gesprochen und entsprechend gehandelt.

9. Führt die Schulinspektion automatisch zu mehr Schulentwicklung

Bei aller positiven Bewertung ‚dieser' Schulinspektion, zu ‚diesem' Zeitpunkt und an ‚dieser' Schule bleibt doch festzustellen, dass die Schulinspektion in Berlin ausschließlich der Bewertung von Arbeitsprozessen und Ergebnissen schulischen Handelns dient, jedoch nicht einmal ansatzweise der Analyse der Rahmenbedingungen schulischer Arbeit.

Selbstverständlich steht der Unterricht im Mittelpunkt der Schulqualität, aber es sind auch Voraussetzungen nötig und er wird durch Nebenbedingungen beeinflusst.

Der Handlungsrahmen Schulqualität kann nicht von der Einzelschule allein erfüllt werden. Trotz neuem Schulgesetz ist jede Schule in das Gesamtsystem des Berliner Schulwesens eingebunden und immer noch auch von diesem System abhängig. Hilfreich wäre deshalb eine differenzierte Gesamtschau auf das Berliner Schulsystem mit allen Instrumenten zur Qualitätsentwicklung und Qualitätssicherung, mit seinen Zuständigkeiten in der ministeriellen und operativen Schulaufsicht, auf deren Zusammenarbeit sowie auf die Kooperation von Schulaufsicht und Schule.

Hier könnte die Schulinspektion die wichtige Aufgabe erfüllen, von der Außenperspektive zu beurteilen, was die Schulen selbst verbessern könnten, und wie sie durch die Schulaufsicht und Bildungspolitik besser zu unterstützen wären.

Sollten jedoch die einzelnen hier angesprochenen Instrumente nicht in ein sinnvolles, strukturiertes und verlässliches Handeln aller Verantwortungsebenen nachhaltig eingebunden werden, besteht die Gefahr einer ‚Demotivierung der Motivierten'!

Frauke Göttsche

Die Entwicklung von Qualitätsstandards für das Management von Gewerke übergreifenden Projekten

1. Einleitung

Im Januar 2007 bat die Stadt Hennef das örtliche Berufskolleg um aktive Unterstützung bei der Planung und Errichtung einer Garage durch die Auszubildenden in Berufen des Bauhaupt- und Baunebengewerbes. Die Garage sollte gleichzeitig als Unterbringung und Werkstatt für die Mofa-AG und die Garten-AG der Gemeinschaftshauptschule (GHS) in Hennef dienen.

Das Berufskolleg Hennef war bereits mit mehreren Gewerke übergreifenden Bauprojekten an die Öffentlichkeit getreten, bei denen eine Verzahnung zwischen Theorie- und Praxisunterricht stattgefunden hatte (vgl. RICHTER 2007). Die durchgeführten Projekte waren dokumentiert worden (vgl. GÖTTSCHE/JOSTEN 2005; GÖTTSCHE 2007) und dienten darüber hinaus als Ausgangsbasis für die Weiterentwicklung des Gewerke übergreifenden Unterrichts (vgl. GÖTTSCHE 2007).

2. Rahmenbedingungen und Zielvereinbarungen

Das Projekt „Garage für die GHS Hennef" unterscheidet sich von den vorangegangenen Gewerke übergreifenden Projekten vor allem durch den Umfang und die Komplexität. Die Errichtung eines vollständigen Gebäudes bedeutet, mit einem Lehrerteam aus neun Gewerken ein gemeinsames handlungsorientiertes Unterrichtsprojekt zu planen und dieses dann auf einer realen Baustelle von der Bodenplatte bis

53

zur Schlussbeschichtung mit insgesamt 140 Schülerinnen und Schülern umzusetzen.

Hier wird nicht nur der Baualltag Realität für alle Beteiligten. Vor allem an die Planung und Durchführung des Theorieunterrichts und dessen Verzahnung mit der Praxis werden neue Anforderungen gestellt. Für das reibungslose Gelingen eines solch komplexen Unterrichtsprojekts braucht ein Gewerke übergreifendes Team deshalb klare Zielvereinbarungen, Qualitätsstandards und eine umfassende Evaluation.

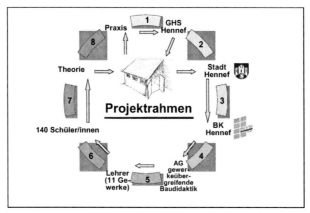

Abb. 1: Rahmenbedingungen des Projekts

Am Berufskolleg Hennef wurde im Jahr 2005 im Rahmen der Schulentwicklung die Arbeitsgruppe „Gewerke übergreifende Baudidaktik" gegründet, die zuständig ist für die Planung und Durchführung von Bauprojekten. Da das Berufskolleg eine Bündelschule im ländlichen Gebiet ist, sind fast alle Gewerke, die für die Durchführung eines solchen Projektes erforderlich sind, vor Ort verfügbar. Für Schwerpunktschulen, die Gewerke übergreifende Projekte durchführen wollen, empfiehlt es sich, diese nach ihren Voraussetzungen zu planen oder Kooperationen mit anderen Berufsschulen einzugehen.

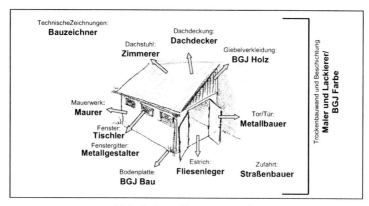

Abb. 2: Beteiligte Gewerke

Über die organisatorischen Strukturen hinaus braucht ein Gewerke übergreifendes Team einen Projektfahrplan (SCHEURER 2002, 106 ff.) in dem die Zielvereinbarungen, Qualitätsstandards und Evaluationskriterien festgelegt sind. Um diesen zu entwickeln, wurden mehrere Arbeitstreffen angesetzt, in denen die Arbeitsgruppe Gewerke übergreifende Baudidaktik folgendes Schema zugrunde legte:

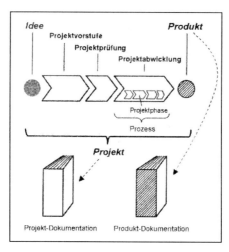

Abb. 3: Projektfahrplan. Nach: SCHEURER 2002, 108

Die Zielsetzung des Projekts umfasste drei Dimensionen:

a. *Bauablauf:* die Erstellung eines Bauablaufplans in Anlehnung an die betriebliche Realität, wobei die Rahmenbedingungen des Unterrichts berücksichtigt werden müssen (so sind z.b. Block- und Prüfungszeiten, Klassenstärken oder Vertretungsunterrichte für Lehrkräfte, die sich auf der Baustelle befinden, in die Planung einzubeziehen),

b. *Fachlichkeit:* die fachliche Abstimmung zwischen den einzelnen Gewerken sowie

c. *Unterricht:* die Einbindung der bautechnischen und gestalterischen Inhalte in Gewerke spezifische Lernsituationen, in denen auch die Gewerke übergreifenden Anforderungen einbezogen werden sollten.

So konnten ausgewählte Anforderungen, die durch die Arbeit eines vorangegangenen Gewerkes entstanden waren, in der Lernsituation eines Folgegewerkes aufgegriffen werden und als Grundlage für die Entwicklung von Problemlösungen dienen. So informierten sich z.b. die Maler über den Untergrund (verzinkter oder unverzinkter Stahl) der von den Metallbauern gefertigten Fenstergitter und planten einen fachlich korrekten Beschichtungsaufbau unter Berücksichtigung der technologischen und gestalterischen Situation.

Um die drei Dimensionen zu erfüllen, wurden die Zuständigkeiten in der Arbeitsgruppe Gewerke übergreifende Baudidaktik aufgeteilt. Die Bauleitung war verantwortlich für die Koordination des Bauablaufs und für Rücksprachen mit dem Auftraggeber. Für die fachliche Abstimmung waren je ein bis zwei Vertreter/innen der beteiligten Gewerke zuständig. Die didaktische Leitung stimmte mit den Beteiligten die Termine zur Präsentation der Unterrichtsentwicklung ab.

Für die Unterrichtsplanung wurden folgende Qualitätsstandards festgelegt:

1. die übersichtliche Darstellung der Unterrichtsinhalte aller beteiligten Bildungsgänge in Form eines Advance Organizers (vgl. WAHL 2006, 156)
(*Advance Organizer* = einfaches Organigramm als Entwicklungsstruktur (*in advance*) und Ausgangsbasis für eigene

Problemlösungen. Gute Beispiele für Advance Organizer, die Denk- und Entwicklungsprozesse in der Übersicht verdeutlichen, finden sich in: LINDEMANN/HAAS 2007)

2. die Entwicklung von handlungsorientierten Leittexten (GÖTTSCHE/JOSTEN 2005; GÖTTSCHE 2006)
3. die detaillierte Planung von Unterrichtsmethoden und -material sowie der Unterrichtsdokumentation für jede Lernsituation.

In der anschließenden Evaluation sollte das Erreichen der Ziele sowie die Erfüllung der Qualitätsstandards ausgewertet werden.

3. Planen, unterrichten und bauen nach dem Projektfahrplan

Die Strukturen betrieblicher Projektplanungsprozesse (s. Abb. 3) sind auf die Planung von Unterrichtsprozessen nur bedingt übertragbar. Für die Einhaltung der Projektphasen nach SCHEURER in einem Gewerke übergreifenden Unterrichtsprojekt muss berücksichtigt werden, dass hierbei eigentlich zwei Projekte zu koordinieren sind: die Planung und Durchführung des Unterrichts in der Theoriephase als didaktisches Projekt sowie die Errichtung des Gebäudes in der Unterrichtspraxis als Bauprojekt, das wiederum eine Überprüfung der Praxistauglichkeit der durch die Schüler erarbeiteten Lösungen beinhaltet. Diese strukturell voneinander zu trennen, inhaltlich aber miteinander zu verzahnen und vor allem die Unterrichtsentwicklung und damit den angestrebten Lernerfolg der Schülerinnen und Schüler in den Vordergrund der Gesamt-Projektplanung zu stellen, sind Anforderungen, die große Sicherheit und Flexibilität in der Bauplanung voraussetzen.

3.1 Verzahnung von Unterrichtsplanung und Baurealität

Konkret bedeutet dies, dass die Lernenden nach dem Prinzip der Handlungsorientierung im Unterricht die Möglichkeit haben müssen, „echte" Entscheidungen, z.b. bei der Konstruktion, Gestaltung oder Materialauswahl, zu treffen, die dann (sofern sie fachlich und wirtschaftlich begründet und realisierbar sind) auch am Objekt umgesetzt werden können. Konsequent durchgeführt hätte dies aber zur Folge, dass das Bauwerk eigentlich erst während des Unterrichts durch die Schülerinnen und Schüler wirklich geplant werden kann. Ein solches Vorgehen entspricht aber nur selten der Baurealität, da hier die Handwerker in der Regel klare Rahmenbedingungen bekommen, die sie umsetzen müssen. Vor allem der Kunde muss „mitspielen", denn er soll am Ende alles bezahlen. Die Voraussetzungen für den Zeit- und Finanzierungsrahmen sollten deshalb schon in den Vorverhandlungen mit dem Auftraggeber geklärt werden.

Für die Planung des Unterrichts muss daher immer abgewogen werden, welche konkreten Vorgaben gemacht werden müssen und an welchen Punkten die Lernenden ihre Kompetenzen freier entwickeln sollen. So können beispielsweise die Schüler/innen des BGJ Holztechnik Vorschläge zur Konstruktion der Giebelverbretterung (z.B. Stülpschalung, Feder-Nut-Verbretterung) entwickeln, nachdem sie die verschiedenen Konstruktionsmöglichkeiten im Unterricht erarbeitet haben. Hingegen gibt es keine Alternative zur generellen Notwendigkeit der Hinterlüftung für die Giebelverbretterung. Hier können die Lernenden in der Lernsituation fachwissenschaftliche Erfordernisse lediglich nachvollziehen. Sie können jedoch wiederum entscheiden, ob sie die Hinterlüftung durch Bohrung, Schlitzung oder Ausklinkung erreichen wollen. Alle drei Varianten lassen sich ohne wesentlich erhöhten Kosten- oder Zeitaufwand durchführen. Die am Bau umgesetzten Lösungen werden vor der Bauleitung und später mit dem Auftraggeber abgestimmt. Darüber hinaus muss die farbliche Gestaltung der Giebelverbretterung (lasierend, deckend, Holz- oder Buntton) mit den anderen Gewerken (z.B. Zimmerer, Maler) abgestimmt werden. Auf diese Weise können die Lernenden am Planungsprozess beteiligt werden.

Für die verzahnte Planung von Unterricht und Baustelle müssen daher die möglichen Problemansätze vorausschauend gedacht, aber nur im notwendigen Maß gelöst werden, um anschließend zu entscheiden, welche Konsequenzen dies für die Unterrichtsgestaltung hat. Eine so verzahnte Zusammenarbeit erfordert ein hohes Maß an Teamfähigkeit und den Willen, Unterricht wirklich handlungsorientiert und Gewerke übergreifend so zu gestalten, dass die Lernprozesse der Schülerinnen und Schüler im Mittelpunkt stehen.

Abb. 4 und 5: Auszubildende des Maler- und Lackiererhandwerks entwickeln Farbkonzepte für die Garage und stimmen diese mit der Bauleitung ab

3.2 Terminplanung

Der Erfolg des Gewerke übergreifenden Projekts Garage hing vor allem von der Einhaltung einer übersichtlich strukturierten Planung ab. Die Verbindlichkeit wurde durch Terminabsprachen in der Arbeitsgruppe geschaffen. Dabei wurden nicht nur die Bauphasen der einzelnen Gewerke, sondern auch Präsentationstermine für die Unterrichtsplanung sowie feste Termine für alle Teilnehmer (sog. „Meilensteine", vgl. SCHEURER 2002, 266) festgelegt. Letztere dienten dazu, den Projektablauf für alle Beteiligten (am Projekt beteiligte Schüler und Lehrkräfte, die Schulleitungen des Berufskollegs und der

Gemeinschaftshauptschule sowie Vertreter der Stadt) transparent zu machen und wurden jedes Mal im feierlichen Rahmen begangen. Dies waren:

- der Projektstart („Kick off"),
- das Richtfest und
- die Einweihung und Übergabe an den Kunden.

Für die Unterrichtsplanung wurde ein eigener Fahrplan entwickelt, der auf dem Kenntnisstand der Arbeitsgruppenmitglieder aufbaute, welche zuvor an schulinternen Lehrerfortbildungen mit methodisch-didaktischem Schwerpunkt teilgenommen hatten.

Die Planungshilfe diente den Bildungsgängen als Grundlage für die Konzeption des Teilprojekts. Jeder Schritt wurde dann durch die jeweiligen Vertreter der Arbeitsgruppe Gewerke übergreifende Baudidaktik in den Sitzungen präsentiert. Meist waren die Präsentationen wichtige Stationen, um einerseits eine Rückmeldung für die eigene Planung zu erhalten und andererseits im laufenden Prozess eine Gewerke übergreifende Abstimmung durchzuführen.

Unterrichtsentwicklung in gewerkeübergreifenden Projekten

Projekt: | Bildungsgang: | Stand:

Phase	Was?	Wer?	Wann? (KW)
Entwicklung des didaktischen Konzepts (Projektentwicklung)	**Objekt**	PG Baudidaktik	
	Problem (gewerkespezifisch)	PG Baudidaktik	
	Schwerpunktthemen (Lehrplan)	Bildungsgang	
	Kommunikation Technologie Wirtschaft Gestaltung Praxis	FL/WL	
		Bildungsgang	
	Advance Organizer	Präs. Baudid.	
Entwicklung des methodischen Konzepts (Unterrichtsplanung)	**Leittexte**	Bildungsgang	
	Probleme → Phasen der vollständ. Handlung Unterrichtsrhythmus Schüleraktivität Sandwich Handlungsprodukte der Schüler		
	Feedback, Absprachen, ggf. Änderungsvorschläge	Präs. Baudid.	
	Mikromethoden (Welche? Wann?)	Bildungsgang	
	Sprachförderung WELL SyLT		
	Erstellung/Bereitstellung von Unterrichtsmaterialien	Präs. Baudid.	
	Selbstlernmaterialien für Schüler Anschauungs-/Verbrauchsmaterialien Werkstoffe/Werkzeuge/Geräte		
Durchführung des Unterrichts	**Theoretische Erarbeitung** (Theorieunterricht) **Praktische Umsetzung** (Werkstatt/Baustelle)	FL/WL	
	Dokumentation wichtiger Unterrichtssequenzen	Präs. Baudid.	

Tabelle 1: **Didaktische und methodische Planung des Gewerke übergreifenden Projekts**

Unterrichtsplanung für das Projekt GHS Hennef 2007

Handlungsph	KW	Aufgabe/Inhalt	L/S-Aktivität/Methoden	U-Material	Dokumentation
1. Problemana-lyse (8 Std.)	33	A1: Information zu gegebenen Unterlagen	- L: Vorstellung der Projektinhalte mit Adv. Organizer - S: selbstständige Informationsphase	- Adv. Organizer - Leittexte usw.	- L bei der Vorstellung des Adv. Org. - S bei der Recherche
		A2: Information vor Ort	- L: Begleitung - S: selbstst Dokumentation		- S. beim Skizzieren - ausgewählte Ergebnisse
		A3: Wochenpläne	- S: selbstst. Erarbeitung		- ausgewählte Ergebnisse
		A 5-9: Fragenkatalog	- S: selbstst. Erarbeitung/Präsent. - L: Moderation	- Moderationskarten - Flextafeln	- S vor und während der Präsentation - Gesamtergebnis
2. Problembe-schreibung (8 Std.)	34	A1-2: Befragung der anderen Gewerke	- L: Terminplanung - S (Gruppenvertreter): Interview	- Terminplan (Wer? Wo?) - Fragenkatalog	- S-Austausch mit Vertretern der anderen Gewerke
		A3-5: Trockenbau/ konstr. Brandschutz	- S: selbstst. Erarbeitung, Ergänzung der Infotabelle	- Löser zu Arbeitsblatt „Trockenbau"	
		A6: Hydrophobierung	- S: selbstst. Erarbeitung		
		A7: Schutzmaßnahmen		Tagesende: Test (MC)	
3. Planung (12 Std.)	35 - 36	A1: Baust.einrichtung	- S: selbstst. Erarbeitung		- ausgewählte Ergebnisse
		A2-5: Trockenbau	- S: selbstst. Erarbeitung - S: wechselnde Partnerabfrage zu Begriffen Trockenbau - S: Dokumentation der bekannten/ unbekannten Lernbegriffe	2-seit. Karten mit Begriffen und Erklärung zum Thema Trockenbau (Vokabelkarten)	- S während der Partnerabfrage
		A6: Hydrophobierung → Appl. verfahren	- S: selbstst. Erarbeitung		
		A7-10: Fugen/Besch.fläche	- S: selbstst. Erarbeitung - Erarbeitung am Modell - S-S-Abfrage- und Doku (wie Trockenbau)	- Modell Anschl.fuge - Löser zu Aufg. 9/10 (Berechnungen) - Vokabelkarten Fugen	- S Arbeit am Modell - ausgewählte Ergebnisse
		A12-13: Mitarbeitereinwei-sung	- S: selbstst. Erarbeitung/Präsent. - L: Moderation	- Moderationskarten - Flextafeln	- S-Präsentation - Gesamtergebnis

Tabelle 2: Beispiel für eine Feinplanung des Unterrichts der Maler und Lackierer

3.3 Planung der Praxisphase

Besondere Abstimmungsprobleme gab es in der Planung der Praxisphase, denn hier müssen sowohl Lehrer- als auch Klassenstundenpläne koordiniert werden. Darüber hinaus sollten im Voraus Pufferzeiten in der Bauphase einkalkuliert werden, damit eventuelle Fehler, die auf der Baustelle passieren, korrigiert werden können. Immerhin handelt es sich bei den Ausführenden um Schüler/innen der Berufsgrundschuljahre und Auszubildende, deren Lernprozess im Vordergrund stehen soll. Auf der anderen Seite darf die Bauphase nicht zu lang werden, damit der Zusammenhang für die Beteiligten nicht verloren geht und alle die Fertigstellung des Baus erleben.

Vor allem in der Praxisphase zeigt sich, wie im wirklichen Leben, dass selbst für ein „überschaubares" Projekt wie die Garage längst nicht alles planbar ist und immer noch Probleme auftreten, die vorher nicht bedacht werden können. Hier sind Flexibilität und Improvisationstalent gefragt. Das sollte aber nicht so weit gehen, dass unter dem entstehenden Zeitdruck fachliche Fehler in Kauf genommen werden oder generell vom Konzept, das im Theorieunterricht erarbeitet wurde, abgewichen wird. In der Regel bedeuten unabgesprochene Spontanentscheidungen nämlich zusätzliche Arbeit und einen erhöhten Zeitaufwand für die Folgegewerke und sprengen schnell den Rahmen des Projekts. Besonders bedauerlich ist es, wenn die durch die Schüler geplanten Arbeiten aufgrund des Zeitmangels im Wesentlichen durch die Werkstattlehrer ausgeführt werden oder im Extremfall die Praxisphase für die Schüler vollständig „abgeblasen" und statt dessen eine Fremdfirma engagiert wird, um im Zeitplan zu bleiben.

Man kann deshalb durchaus behaupten, dass sich in der Durchführung der Baupraxis besonders deutlich zeigt, ob die Qualitätsstandards, die vor dem Beginn des Projekts festgelegt wurden, für die einzelnen Bildungsgänge auch eingehalten worden sind. Insofern ist die Produktevaluation ein wichtiges Instrument für die Bewertung der Unterrichtsplanung, deren Ziel es ja sein soll, die Lernenden zum Handeln zu qualifizieren.

4. Fazit

Die Darstellung der Qualitätsentwicklung anhand des Projekts Garage hat Entwicklungschancen und mögliche Fehlerquellen der Unterrichtsplanung im Gewerke übergreifenden Zusammenhang verdeutlicht. So zeigt sich, dass die eigene Planungsarbeit durch die Zusammenarbeit mit den Kollegen anderer Gewerke besonders interessant werden kann. Besonders gewinnbringend ist dabei die Fertigstellung eines gemeinsamen Produkts. Für viele Kollegen ist aber die Überprüfbarkeit ihrer Unterrichtsergebnisse ungewohnt und häufig auch unangenehm. Daher ist es von besonderer Wichtigkeit, dass in einer Arbeitsgruppe wie der Gewerke übergreifenden Baudidaktik ein Arbeitsklima herrscht, in dem konstruktive Kritik geleistet wird, die wiederum zur Unterrichtsentwicklung jedes Einzelnen beitragen kann. Hier wird deutlich, dass für die nachhaltige Implementierung derartiger Projektstrukturen nicht nur das Unterrichtsmanagement, sondern auch die Kommunikationsfähigkeit des Kollegiums professionalisiert werden muss, um eine angstfreie Qualitätsentwicklung zu ermöglichen. „Immerhin", sagte eine Schülerin bei der Auswertung des Projekts, „fand ich es echt interessant zu sehen, dass auch Lehrer ganz schön viele Fehler machen und mal richtig was dazu lernen müssen."

Literatur

GÖTTSCHE, F./ JOSTEN, A. (2005): Erstellung von Lernsituationen für den Lernfeldunterricht nach der Leittextmethode. Schulinternes Skript des BK Hennef. Bezug über: schulleitung@bk-hennef.de.

GÖTTSCHE, F. (2006): Praktischer Leitfaden zur Erstellung von Lernsituationen nach der Leittextmethode für den Lernfeldunterricht. SchiLF-Material des BK Hennef. Bezug über: schulleitung@bk-hennef.de.

GÖTTSCHE, F. (2007): Die Dokumentation von Unterrichtsprojekten als

Instrument der Schulentwicklung. In: Mitteilungsblatt der Bundesarbeitsgemeinschaft Bautechnik, Holztechnik sowie Farbtechnik und Raumgestaltung 01/2007, 6-9.

LINDEMANN, H.-J./HAAS, U. (Hrsg.) (2007): SOL in der Lernfeld- und Themenfeldarbeit. Berlin.

RICHTER, K. (2007): Eine Didaktik zur Umsetzung von Gewerke übergreifenden Lernsituationen. 1. Auflage; Bielefeld, 244 ff.

SCHEURER, B. (2002): Intelligentes Projektmanagement. Planen, wagen, gewinnen. 1. Auflage; Stuttgart und München.

Thomas Vogel

Qualitätsmerkmale guten Unterrichts in den Fachrichtungen Bautechnik, Holztechnik sowie Farbtechnik und Raumgestaltung

1. Problemdarstellung

In der beruflichen Bildung der Berufsfelder Bautechnik, Holztechnik sowie Farbtechnik und Raumgestaltung vollzieht sich seit einigen Jahren ein Paradigmenwechsel von einer eher fachsystematischen, lehrkraftdominierten Unterrichtsarbeit hin zu mehr situierten Lehr- und Lernzusammenhängen selbstorganisierten Lernens. Der Prozess des Übergangs vom einen zum anderen lerntheoretischen Paradigma ist trotz der Einführung neuer Rahmenlehrpläne keineswegs abgeschlossen und gestaltet sich in der Unterrichtspraxis an berufsbildenden Schulen teilweise schwierig. Die Ursachen sind vielschichtig. Als wichtigste Gründe sind zu nennen (vgl. VOGEL 2005):

- oftmals kleine Fachgruppen in den Berufsschulen, die eine umfangreiche und anspruchsvolle Umstrukturierung ihrer Unterrichtsarbeit allein kaum leisten können,
- Überlastung der LehrerInnen aufgrund zunehmender Belastungsfaktoren im pädagogischen Alltag,
- mangelnde Teamfähigkeit von Lehrkräften zur Entwicklung und Abstimmung von lernfeldorientierten Unterrichtskonzepten.

Diese Entwicklung geht einher mit Strukturveränderungen im Bauwesen (z.b. neue Arbeitstechniken und Formen der Arbeitsorganisation), die das Anforderungsprofil für Facharbeiter in den jeweiligen Berufsfeldern und damit auch die berufspädagogische Arbeit beeinflussen. Der Erforschung und wissenschaftlichen Unterstützung von Prozessen der Qualitätsentwicklung von Lehr-/Lernprozessen in diesen Berufsfeldern kommt daher besondere Bedeutung zu.

67

2. Zur Definition von Qualität und ‚gutem Unterricht'

Die Frage nach der Qualität von Lehr-/ Lernprozessen erscheint dem Betrachter der gegenwärtigen Diskussion in den Erziehungswissenschaften als neu und hochaktuell. Genau betrachtet gibt es aber schon sehr lange eine Qualitätsdebatte über die Frage nach Kriterien und Indikatoren effektiven Lehrens und Lernens. Der höchste Qualitätsanspruch an Lehr-/ Lernprozesse wurde nicht in der aktuellen Debatte, sondern bereits vor 350 Jahren formuliert. COMENIUS versprach in seiner „Großen Didaktik" aus dem Jahre 1657 die „vollständige Kunst, *alle Menschen alles zu lehren*" (COMENIUS, 1657/1960, 11). Die Qualitätsmerkmale, an denen er seine Didaktik ausrichten wollte, erscheinen auch heute noch sehr aktuell: Erstes und letztes Ziel unserer Didaktik solle es sein, so schrieb er, „die Unterrichtsweise aufzuspüren und zu erkunden, bei welcher die Lehrer weniger zu lehren brauchen, die Schüler dennoch mehr lernen; in den Schulen weniger Lärm, Überdruß und unnütze Mühe herrsche, dafür mehr Freiheit, Vergnügen und wahrhafter Fortschritt ..." (ebd., 9). Die gegenwärtige Qualitätsdebatte ist also nicht neu. Vielmehr ist zu sagen, dass die Frage nach der Qualität von Lehr-/ Lernprozessen zum Wesenskern der Erziehungswissenschaften gehört. Immer geht es dabei auch um die Frage eines effizienten Verfahrens, um Menschen Lernen zu ermöglichen.

Der Qualitätsbegriff hat in der erziehungswissenschaftlichen Diskussion der letzten Jahre zunehmend an Relevanz gewonnen. Die Allgemeine Pädagogik, aber auch die Berufspädagogik, haben zahlreiche Beiträge geliefert, wie die Qualität von Lehr-/ Lernprozessen erfasst, bewertet und verbessert werden kann (vgl. DUBS 2003; BUER u. a. 2007; HELMKE 2003; MEYER 2004; PRENZEL 2006). Trotz umfangreicher Forschungsarbeit blieb aber die Bedeutung des Begriffs ‚Qualität', wie EULER in einer BLK-Studie feststellt, höchst unklar (vgl. EULER 2005).

In einer ausführlichen Auseinandersetzung mit dem Qualitätsbegriff in Bildungskontexten sind HARVEY und GREEN zu der Schlussfolgerung gekommen, Qualität sei letzten Endes ein philosophischer

Begriff wie Freiheit oder Gerechtigkeit, dessen Definitionen sich unterscheiden und bis zu einem gewissen Maß von unterschiedlichen Perspektiven auf das Individuum und auf die Gesellschaft abhängig sind (vgl. HARVEY/GREEN 2000). Auch HEID weist auf die Relativität von Qualität hin: „Qualität ist keine Sache, kein Objekt, kein Gegenstand intersubjektiv kontrollierbarer Beobachtung, und sie ist auch keine beobachtbare Eigenschaft einer Sache. Qualität ist vielmehr das Resultat der Bewertung einer Sache. Die Sache (selbst) ist, was sie ist, weder gut noch schlecht. Als gut oder schlecht wird sie vielmehr bewertet, und diese Bewertung hat ein explizites oder (wie zweifellos meistens) ein implizites Bewertungs- oder Beurteilungskriterium zur notwendigen Voraussetzung" (HEID, 2004, 1). Er kritisiert, dass allzu oft über Sachverhalte gestritten werde, ohne die Beurteilungskriterien zu explizieren, die wiederum unentbehrlich seien, um derartige Streitigkeiten rational – eben kriterienbezogen – entscheiden zu können. Es sei deshalb wünschenswert, die Bestimmung dessen, was als Qualität von Unterricht allgemeine Anerkennung verdiene, in einem permanenten Diskurs zu entwickeln (vgl. ebd., 8 f.).

Die Frage, was ‚guter Unterricht' sei, ist abhängig von der Sichtweise auf Lernprozesse und Kriterien, die Grundlage für die Beurteilung sind, sowie den Indikatoren zur Erfüllung der jeweiligen Kriterien. Die Bestimmung des ‚Guten' erfordert eine Konkretisierung, was unter welchen Voraussetzungen und aus welchen Gründen wofür gut ist (vgl. ebd.). Grundsätzlich ist aus empirischer Unterrichtsforschung nicht ableitbar, was guter Unterricht ist oder sein soll. Die Definition erfolgt normativ auf der Grundlage bildungstheoretischer Annahmen. MEYER beschreibt guten Unterricht in einer Arbeitsdefinition wie folgt: „Guter Unterricht ist ein Unterricht, in dem im Rahmen einer demokratischen Unterrichtskultur auf der Grundlage des Erziehungsauftrags und mit dem Ziel eines gelingenden Arbeitsbündnisses eine sinnstiftende Orientierung und ein Beitrag zur nachhaltigen Kompetenzentwicklung aller Schülerinnen und Schüler geleistet wird" (MEYER, 2004, 13). Ein Handwerksmeister würde vermutlich mit einer ganz anderen Erwartung und ganz anderen Kriterien guten Unterricht definieren, weil er mit einer anderen Bildungsvorstellung an die Definition herangeht, die unter anderem von seinen ökonomischen Interessen beeinflusst ist.

Zusammenfassend kann festgestellt werden, dass die Qualität von Lehr-/ Lernprozessen von Kriterien abhängig ist, die in Diskursen immer wieder neu festzulegen sind. Zur Bestimmung der Erfüllung jeweiliger Kriterien müssen Indikatoren bestimmt werden. Wenn beispielsweise ein lernförderliches Klima als Kriterium für einen guten Unterricht festgelegt wird, könnte als Indikator für dieses Kriterium gelten, dass kein Schüler wegen geringer Leistungen diskriminiert wird. Es erscheint sinnvoll, für die Erfüllung eines Kriteriums möglichst viele Indikatoren zu benennen. Die Güte bezeichnet letztlich das Ausmaß der quantitativen und qualitativen Übereinstimmung eines Lehr-/ Lernprozesses mit den Indikatoren.

3. Forschungsergebnisse zur Qualität von gutem Unterricht

DITTON geht in einer vielbeachteten Untersuchung zur Unterrichtsqualität von einem umfassenden Modell aus, das zwischen den Voraussetzungen des Unterrichts, den eigentlichen Lehr- und Lernprozessen und den Ergebnissen unterscheidet (vgl. DITTON u. a. 2002). Dieses Modell ist sehr gut übertragbar auf Unterrichtssituationen an Berufsschulen und kann als Grundlage einer systematischen Analyse der Qualität von Lehr-/ Lernprozessen in den Berufsfeldern Bautechnik, Holztechnik sowie Farbtechnik und Raumgestaltung dienen. Die folgenden Ausführungen konzentrieren sich auf Aspekte der Qualität der Lehr- und Lernsituation (s. Abb. 1).

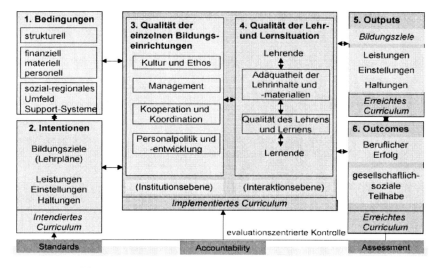

Abb. 1: Modell zur Analyse von Schul- und Unterrichtsqualität
(aus: DITTON 2000)

Zur Frage, was einen guten Unterricht ausmacht, gibt es mittlerweile zahlreiche Untersuchungen. Die darin formulierten Kriterien und Indikatoren zeigen eine große Schnittmenge an übereinstimmenden Erkenntnissen. MEYER hat in einer Expertise zehn Merkmale guten Unterrichts formuliert, die zum Teil durch empirische Unterrichtsforschung gestützt werden. Zu einem guten Unterricht gehören demnach (vgl. MEYER 2004):

1. Eine klare Strukturierung des Unterrichts (Indikatoren: Prozess-, Ziel-, Inhaltsklarheit; Rollenklarheit, Absprache von Regeln, Ritualen und Freiräumen)
2. Hoher Anteil echter Lernzeit (Indikatoren: gutes Zeitmanagement, Pünktlichkeit; Auslagerung von Organisationskram; Rhythmisierung des Tagesablaufs)
3. Lernförderliches Klima (Indikatoren: gegenseitiger Respekt, verlässlich eingehaltene Regeln, Verantwortungsübernahme, Gerechtigkeit und Fürsorge)

4. Inhaltliche Klarheit (Indikatoren: Verständlichkeit der Aufgabenstellung, Plausibilität des thematischen Gangs, Klarheit und Verbindlichkeit der Ergebnissicherung)
5. Sinnstiftendes Kommunizieren (Indikatoren: Planungsbeteiligung, Gesprächskultur, Sinnkonferenzen, Lerntagebücher und Schülerfeedback)
6. Methodenvielfalt (Indikatoren: Reichtum an Inszenierungstechniken; Vielfalt der Handlungsmuster; Variabilität der Verlaufsformen und Ausbalancierung der methodischen Großformen)
7. Individuelles Fördern (Indikatoren: Freiräume, Geduld und Zeit; innere Differenzierung und Integration; individuelle Lernstandsanalysen und abgestimmte Förderpläne; besondere Förderung von Schülern aus Risikogruppen)
8. Intelligentes Üben (Indikatoren: Bewusstmachen von Lernstrategien, passgenaue Übungsaufträge; gezielte Hilfestellungen und ‚überfreundliche' Rahmenbedingungen)
9. Transparente Leistungserwartungen (Indikatoren: ein an den Richtlinien oder Bildungsstandards orientiertes, dem Leistungsvermögen der Schülerinnen und Schüler entsprechendes Lernangebot und zügige förderorientierte Rückmeldungen zum Lernfortschritt)
10. Vorbereitete Umgebung (Indikatoren: gute Ordnung, funktionale Einrichtung und brauchbares Lernwerkzeug).

Je nach der eigenen Perspektive können noch weitere Kriterien für guten Unterricht formuliert werden. Es erweist sich aber beim Vergleich der von MEYER aufgelisteten Qualitätskriterien eine große Übereinstimmung mit anderen Autoren und auch mit den Standards für die Lehrerbildung der Kultusministerkonferenz. So heißt es beispielsweise in den KMK-Standards ähnlich wie bei MEYER: „Die Absolventinnen und Absolventen (der Lehrerausbildung, d. Verf.) regen unterschiedliche Formen des Lernens an und unterstützen sie" oder sie „wecken und stärken bei Schülerinnen und Schülern Lern- und Leistungsbereitschaft" (Sekretariat der ständigen Konferenz der Kultusminister der Länder 2004, 8).

DITTON (2000) hat seine Gütekriterien in die vier Dimensionen „Strukturqualität", „Motivierung", „Angemessenheit" und „Zeitnutzung" aufgeteilt. Der tabellarische Überblick (s. Abb. 2) zeigt ebenfalls große Schnittmengen mit anderen Untersuchungen zur Unterrichtsqualität.

Strukturqualität	Motivierung
• Strukturiertheit des Unterrichts • Klarheit, Verständlichkeit, Prägnanz • Variabilität der Unterrichtsformen • Medieneinsatz • Übungsintensität • Stoffumfang	• Bedeutungsvolle Lehrinhalte und Lernziele • Bekannte Erwartungen und Ziele • Vermeidung von Leistungsangst • Wecken von Interesse und Neugier • Verstärkung der Lernerfolge • Positives Sozialklima in der Klasse
Angemessenheit	Zeitnutzung
• Anpassung von Schwierigkeit und Tempo • Niveau der Leistungserwartungen /Adaptivität • Diagnostische Sensibilität • Individuelle Unterstützung und Beratung • Differenzierung und Individualisierung/ Förderungsorientierung	• Verfügbare Zeit • Lerngelegenheiten • Genutzte Lernzeit • Orientierung auf Lehrstoff und Inhalte • Klassenmanagement, Klassenführung

Abb. 2: Faktoren, die den Unterrichtserfolg beeinflussen
(MAY 2003 nach DITTON 2000)

4. Grundlagen zur Erfassung einer Forschungsperspektive

Im Folgenden soll auf drei Qualitätsaspekte näher eingegangen werden, deren Realisierung im lernfeldorientierten Unterricht der Berufsfelder Holztechnik, Bautechnik sowie Farbtechnik und Raumgestaltung als gefährdet beziehungsweise problematisch und entsprechend als entwicklungsbedürftig angesehen werden. Dieses sind die Bereiche:

1. der Strukturqualität und inhaltlichen Klarheit, wobei insbesondere die Stimmigkeit von Zielen, Inhalten und Methoden des lernfeldorientierten Unterrichts sowie die Plausibilität des thematischen Gangs betrachtet werden müssen;
2. der Methodenvielfalt, wobei es um den Reichtum an Inszenierungstechniken, der Vielfalt von Handlungsmustern sowie der Variabilität der Verlaufsformen und eine Ausbalancierung der methodischen Großformen geht;
3. dem Anspruch nach Angemessenheit und individueller Förderung, wobei insbesondere die Probleme der Lernvoraussetzungen der Auszubildenden, der inneren Differenzierung und Integration sowie die besondere Förderung von Schülern aus Risikogruppen zu betrachten wären.

5. Zur Qualität der didaktischen Intention lernfeldorientierter Lehr-/ Lernarrangements

Seit 2006 sind in allen drei Berufsfeldern lernfeldorientierte Rahmenlehrpläne eingeführt, die ein spezifisches Lernen in der Berufsausbildung implizieren. In den Rahmenlehrplänen wird von einem situierten Lernansatz ausgegangen. Die Handreichung der Kultusministerkonferenz beschreibt ein Erfolgskriterium guten Unterrichts mit folgenden Worten: „Für erfolgreiches, lebenslanges Lernen sind Handlungs- und Situationsbezug sowie die Betonung eigenverantwortlicher Schüleraktivitäten erforderlich" (Sekretariat der ständigen Konferenz der Kultusminister der Länder 2007, 17).

Den Ausgangspunkt des Lernfeldkonzepts bildet bekanntlich die Feldtheorie LEWINs (vgl. VOGEL 2007, 30). Diese zeichnet sich durch die Berücksichtigung der Gesamtheit lernbedeutender Tatsachen und der Verflechtung ihrer strukturellen und dynamischen Merkmale in Lebenssituationen aus. Um ein Lernfeld angemessen charakterisieren zu können, sind spezifische Dinge, beispielsweise besondere Ziele, Reize und Bedürfnisse des lernenden Menschen und dessen soziale Kontakte ebenso in Betracht zu ziehen wie umfassendere

Eigenschaften des Feldes, beispielsweise die Atmosphäre oder das Maß an gesellschaftlich zugestandener Freiheit innerhalb einer Lebenssituation. Die substantielle Hauptthese der Lewinschen Lerntheorie lautet: Was und wie gelernt wird, ist nicht nur und in erster Linie eine Funktion der erklärten Zielsetzung von Lehrern, Repräsentanten des Beschäftigungssystems oder anderen Erziehungspersonen, sondern abhängig vom Aufforderungscharakter des jeweiligen Lernfeldes, wie es vom Lernenden subjektiv wahrgenommen wird. Mit der Feldtheorie wird also ein Analyse- und Gestaltungsprinzip zur Geltung gebracht, das beim „Lebensraum" der Lernenden ansetzt und daraus Möglichkeiten sinnvoller didaktischer Interventionen konzeptualisiert. Lernfeldorientiertes Lernen ist dementsprechend ein konstruktivistisches und erfahrungsbezogenes Lernen, in dessen Mittelpunkt der Lernende als aktives und selbstreflexives Subjekt steht. Die Zielsetzung dieses Lernkonzepts lautet „Bewältigung einer Lebenssituation".

Der konstruktivistische und erfahrungsbezogene Ansatz des lernfeldorientierten Lernens kann nun fachdidaktisch dahingehend ausgelegt werden, dass das berufliche Lernen nur noch aus Lern- bzw. Lebenssituationen heraus zu erfolgen hat. Den situativen Ausgangspunkt bildet dabei in der Regel der Kundenauftrag, den die Schülerinnen und Schüler mit Hilfe eines von der Lehrkraft organisierten Lernraumes aufbereiten und einem Lösungsvorschlag zuführen sollen. Eine Standardformulierung in den Rahmenlehrplänen für solche Lernsituationen lautet dann beispielsweise „Die Schülerinnen und Schüler planen und fertigen auftragsbezogen einfache Produkte aus Holz" (KULTUSMINISTERKONFERENZ 2006, 8). Aus der Zielperspektive wird Unterricht also dann als gut bezeichnet, wenn es gelingt, dass die Schülerinnen und Schüler auftragsbezogen Produkte aus Holz planen und anfertigen können. Die Zielsetzung des Berufsschulunterrichts, dass Schülerinnen und Schüler Arbeiten nach Kundenauftrag planen, ausführen und bewerten können sollen, die in nahezu allen Lernfeldbeschreibungen der Rahmenlehrpläne für die drei Berufsfelder zu finden ist, ist offensichtlich der entscheidende Indikator für die Ergebnisqualität. Den Rahmenlehrplänen zufolge ist ein Unterricht dann gut und erfolgreich, wenn er dieses Ziel erreicht.

Es ist allerdings aus erziehungswissenschaftlicher Perspektive zu diskutieren, ob dieses Kriterium für die Bewertung ausreicht. In jedem Fall steht das auftragsbezogene Lernen in einem gewissen Konflikt mit der Definition guten Unterrichts von MEYER, der von einer „demokratischen Unterrichtskultur" und einem „gelingenden Arbeitsbündnis" spricht. Das Wort „auftragsbezogen" impliziert eine gewisse Fremdbestimmung, der sich der Lernende zu fügen hat. Eine selbstständige Persönlichkeit wird sich nur schwer entwickeln, wenn sie in drei Jahren Ausbildung immer nur gelernt hat, Situationen *auftragsbezogen* zu bewältigen. An diesem Punkt ist wiederum zu erkennen, dass die Definition guten Unterrichts im Lernfeldkontext abhängig ist von bildungstheoretischen Grundannahmen. So fortschrittlich der Lernfeldansatz aus lernpsychologischer Perspektive auch erscheint, kann seine Wirkung nur im Kontext der Zielperspektive beurteilt werden. Der bildungstheoretische Implikationszusammenhang auftragsbezogenen Lernens steht im Widerspruch zu einem subjektorientierten Bildungsverständnis. Die Zielsetzung von Bildung, den Menschen zu vernünftiger Selbstbestimmung zu befähigen, ihn von Fremdbestimmung zu emanzipieren, ihn zur Autonomie, zur Freiheit eigenen Denkens und eigener moralischer Entscheidungen zu befähigen, erscheint in einem Lernkontext, in dem die Schülerinnen und Schüler immer wieder auftragsbezogen lernen sollen, nur schwer zu realisieren.

Konstruktivistische Lehr-/ Lernarrangements vermitteln zunächst den Eindruck, als sei Fremdbestimmung aufgehoben. Der Lernende integriert aus eigenem Entschluss die Lerninhalte in seine geistige Struktur. Dem Lehrenden ist es dabei unmöglich, in die Gehirnstruktur eines Lernenden einzugreifen und sie unmittelbar zu gestalten. Deshalb sei Fremdbestimmung ausgeschlossen. Lerntheoretisch ist gegen diese Aussage nur schwer etwas einzuwenden. In der Praxis ergibt sich grundsätzlich die Problemstellung, in welche (Lern-) Umwelten junge Menschen gestellt sind beziehungsweise gestellt werden. Werden dem konstruktivistischen Paradigma folgend die Menschen in den jeweiligen Situationen sich selbst überlassen aus dem Glauben heraus, dass ihre Lernprozesse nicht beeinflussbar seien, ihr Lernen entwickele sich ausschließlich eigenständig in konkreten Lebenssituationen, so werden diese Menschen den gegebenen Verhältnissen überlassen. Konstruktivismus wäre in diesem Sinne ein Mittel, die Menschen den gegebenen Verhältnissen auszusetzen und sie ihnen anzupassen. Solche lernfeldorientierten Lernprozesse, die durchaus an sinnvollen lernpsychologischen Erkenntnissen ausgerichtet sind, aber bildungstheoretische Fragestellungen ausblenden, dienen tendenziell der Reproduktion und Anpassung junger Menschen an gegebene ökonomische Verhältnisse. Ob dies ein Qualitätsmerkmal *guten* Unterrichts ist, ergibt sich erst aus der jeweiligen bildungstheoretischen Perspektive, aus der ein solches Lernergebnis beurteilt wird. Ein subjektbezogenener, lernfeldorientierter Unterricht kann allerdings nur dann als gut bezeichnet werden, wenn der Lehrende sich seiner bildungstheoretischen Zielsetzung bewusst ist, sie vor den Lernenden nicht nur implizit, sondern auch explizit begründen und rechtfertigen kann und die Lernenden sie akzeptieren und als eigene Zielsetzung übernehmen. Erst dann erfüllt der Unterricht die von MEYER geforderten Voraussetzungen einer demokratischen Unterrichtskultur und eines gelingenden Arbeitsbündnisses zwischen Lehrenden und Lernenden.

6. Zur Methodenvielfalt in lernfeldorientierten Lehr-/ Lernarrangements

„Methodenvielfalt liegt vor, wenn der Reichtum der verfügbaren Inszenierungstechniken genutzt wird, wenn eine Vielfalt von Handlungsmustern eingesetzt wird, wenn die Verlaufsformen des Unterrichts variabel gestaltet werden und das Gewicht der Grundformen des Unterrichts ausbalanciert ist" (MEYER 2004, 74). Methodenvielfalt ist kein Wert an sich. Die Variation von Unterrichtsmethoden hat sich jedoch als lernförderlich erwiesen. Der Erfolg von Methodenvielfalt ist darauf zurückzuführen, dass durch unterschiedliche methodische

Zugänge zum Lerninhalt beim Lernenden auch viele unterschiedliche Eingangskanäle und mögliche Anknüpfungspunkte an die Erfahrungswelt angesprochen werden und die Lerninhalte dadurch besser vernetzt werden. Außerdem wäre eine Mono-Lehrkultur im Unterricht mit Blick auf die Vielfalt an Persönlichkeits-, Lernstil-, Fähigkeits-, Motivations-, Verhaltens- und Leistungsunterschieden im Unterricht nicht nur unangemessen, sondern sogar unfair (vgl. HELMKE 2005, 65). Deshalb sollten auch in lernfeldorientierten Lehr-/ Lernarrangements möglichst viele unterschiedliche Lernwege verfolgt werden. Von der Unterrichtsforschung wird in dieser Hinsicht ein angemessener Wechsel von rezeptiven und konstruktiven, von systematischen und kasuistischen, von fremd- und selbstgesteuerten Lernen gefordert (vgl. DUBS, zit. nach EULER 2005, 21). Es kommt auf die Balance des Methodenrepertoires an. „Ein ausschließlich belehrender Unterricht ist in der Schulrealität ebenso wenig sinnvoll wie ein rein entdeckender; ein völlig gelenkter Unterricht ist ebenso wenig effektiv wie das vollkommen autonome Lernen. ,Die Realität eines effektiven Unterrichts liegt zwischen den vier Eckpunkten des Methodenrepertoires. Die didaktisch begründete Wahl der jeweils besten Unterrichtsmethode erfordert eine Kenntnis der spezifischen Leistungsfähigkeit der verschiedenen Unterrichtsmethoden'" (WIECHMANN, zit. n. HENKE 2005, 69).

Die lernfeldorientierten Rahmenlehrpläne für die Berufsfelder fordern eine auftrags- beziehungsweise problemorientierte Herangehensweise an die Unterrichtsinhalte. In der Unterrichtspraxis sind in der Umsetzung dieser Lehrpläne zwei Extreme zu beobachten: Verharren auf einem fachsystematischen Konzept mit einem Anschein situierten Lernens einerseits oder andererseits eine starke Ausrichtung auf das Lernen in Lernsituationen. Die Problematik und die Nachteile eines rein fachsystematischen Ansatzes, der in der Regel mit Frontalunterricht und instruktionistischem Lernverständnis einhergeht, hat die Lehr-/ Lernforschung bereits oft nachgewiesen. Aber auch ein rein situierter Lernansatz ist problematisch. Er kann dazu führen, dass der Unterricht immer wieder nach dem gleichen Schema der vollständigen Handlung mit den Einzelphasen Auftragserfassung,

Informieren, Planen, Entscheiden, Ausführen, Kontrollieren und Bewerten abläuft und die berufsschulische Ausbildung zu einer Aneinanderreihung von Schleifen dieser Einzelphasen wird. Auszubildende hätten im Verlauf ihrer dreijährigen Ausbildung einen Kundenauftrag nach dem anderen immer wieder nach dem gleichen Schema abzuarbeiten. Dieses geschieht mit der Gefahr, dass sich Routine und Langeweile im Unterricht einschleicht. WEINERT hat vor einer Idealisierung dieser neuen Lernkultur gewarnt. Sie gehe von einer Romantisierung und Idealisierung des selbstständig lernenden Menschen aus und stigmatisiere den Lehrer als autoritäre Kontrollinstanz. Die neue Lernkultur dogmatisiere progressive Unterrichtsmethoden, obwohl erwiesen sei, dass es keine Lehrverfahren und Lernstrategien gibt, die für alle und alles gleichermaßen geeignet wäre. Im Falle einer einseitigen Ausrichtung lernfeldorientierten Lernens auf die projektorientierte Abarbeitung von Kundenaufträgen wäre der Qualitätsanspruch nach Reichtum an Inszenierungstechniken, einer Vielfalt von Handlungsmustern sowie einer Variabilität der Verlaufsformen gefährdet. „Kompetent realisierte Unterrichtsmodelle, sachgerechter und nicht willkürlicher Methodenpluralismus, ein flexibles, aber nicht beliebiges pädagogisches Handeln werden auch in der künftigen Lernkultur den guten Lehrer kennzeichnen; der Glaube an die eine, eigene Methode und deren Instrumentalisierung für eine wissenschaftliche oder gesellschaftliche Ideologie dürften demgegenüber auch in der Zukunft die gefährlichen Wurzeln eines pädagogischen Dilettantismus sein" (WEINERT, zit. n. HENKE 2005, 67).

Zusätzlich geht es hierbei auch um die Frage eines ausgewogenen Verhältnisses von Fach- und Handlungssystematik im beruflichen Unterricht. Es besteht das Problem, dass sich bei Schülerinnen und Schülern in Ausbildungsgängen, die weitgehend am Prinzip der Handlungssystematik ausgerichtet sind, am Ende deutliche Defizite im Überblickswissen einstellen. Im Grunde war diese Entwicklung absehbar. Sie ergibt sich aus dem Missverhältnis von formaler und materialer Bildung in den Rahmenlehrplänen. Eine Überbetonung von formaler Bildung führt letztlich zu Aktionismus, eine Überbetonung von materialer Bildung zu Enzyklopädismus. Beide extremen

Ausformungen von Bildung machen den Menschen letztlich nicht selbstständig. Die eine Bildung führt zu reinem Wissen ohne Anwendungsbezug, die andere zu reinem Aktionismus ohne Zusammenhangwissen.

Zu untersuchen wäre also unter diesem Aspekt, wie im lernfeldorientierten Unterricht ein ausgewogenes Verhältnis im Methodenkonzept sowie zwischen Handlungs- und Fachsystematik auszusehen hätte und wie es unterrichtspraktisch umzusetzen ist.

7. Zum Anspruch nach Angemessenheit und individueller Förderung in lernfeldorientierten Lehr-/ Lernarrangements

In den Berufsfeldern Bautechnik, Holztechnik und Farbtechnik und Raumgestaltung sind die Lerngruppen zum Teil sehr heterogen zusammengesetzt. Darüber hinaus haben wir es in den Lerngruppen mit einem ausgesprochen hohen Anteil von Schülerinnen und Schülern zu tun, die in Hinblick auf die Fähigkeiten zum selbstorganisierten Lernen, die für das lernfeldorientierte Lernen vorausgesetzt werden, einen großen Förderbedarf haben.

Einige Zahlen aus dem Berufsbildungsbericht des Jahres 2007 verdeutlichen die große Heterogenität der Auszubildenden in den drei Berufsfeldern. Zunächst gibt es in einigen Ausbildungsberufen der Berufsfelder sehr leistungsstarke Gruppen. Ein Indiz für die Leistungsfähigkeit ist der Anteil der Auszubildenden, die ihre Ausbildungszeit nach § 8 Abs. 1 des Berufsbildungsgesetzes verkürzen können. Im Berufsbildungsbericht heißt es dazu: „Nach § 8 Abs. 1 des Berufsbildungsgesetzes (BBiG) kann die Ausbildungszeit auf Antrag verkürzt werden, wenn zu erwarten ist, dass der/die Auszubildende das Ausbildungsziel in der kürzeren Zeit erreicht. Insbesondere Abiturienten/ Abiturientinnen wird eine Verkürzung der Ausbildungszeit zugestanden" (BUNDESMINISTERIUM 2007, 50). Mit einem Anteil von 47 % bei Tischlern/Tischlerinnen und 59 % bei Zimmerern/Zimmerinnen liegen diese Berufsgruppen an der Spitze der Handwerksberufe, in denen eine reduzierte Ausbildungszeit zugestanden wird (ebd.). Dieser Zusammenhang erlaubt den Schluss, dass die Fähigkeit zum selbstorganisierten Lernen bei diesen Auszubildenden hoch ist. Gleichzeitig gehört der Ausbildungsberuf der Tischler/Tischlerinnen zu den zehn von Auszubildenden ohne Schulabschluss am stärksten besetzten Ausbildungsberufe (vgl. ebd., 107). Es kann davon ausgegangen werden, dass der Förderbedarf zu selbstorganisiertem Lernen bei diesen Schülerinnen und Schülern sehr hoch ist. Auf der Grundlage dieser Daten erfordert der Ausbildungsberuf des Tischlers und der Tischlerin hinsichtlich der Möglichkeiten eines situierten, handlungs- und lernfeldorientierten Unterrichts von den Lehrkräften ein Höchstmaß an innerer Differenzierung.

Bei den anderen beiden Berufsfeldern scheinen die Lernvoraussetzungen der Auszubildenden nicht so extrem heterogen zu sein wie bei den Tischlern. Allerdings ist der Anteil an Schülerinnen und Schülern mit und ohne Hauptschulabschluß in diesen Berufsfeldern sehr hoch. Der Berufsbildungsbericht stellt fest, dass Auszubildende mit Hauptschulabschluss vor allem in Berufen des Handwerks ausgebildet werden. Sehr hoch ist ihr Anteil beispielsweise im Ausbildungsberuf Maler und Lackierer/ Malerin und Lackiererin, wo er bei über 60 % liegt (vgl. BUNDESMINISTERIUM 2007, 106). Auch die meisten Auszubildenden ohne allgemeinbildenden Schulabschluss erlernen handwerkliche Berufe wie Maler und Lackierer/ Malerin und Lackiererin (vgl. ebd., 107).

Ein weiteres Indiz für die Lernvoraussetzungen von Auszubildenden in den verschiedenen Ausbildungsberufen sowie die Heterogenität der Lerngruppen in den Berufsschulen ist der Anteil der Wiederholer. Auch hier liegen Ausbildungsberufe aus den drei Berufsfeldern in der Spitzengruppe. Bei Tischler/ Tischlerin liegt der Wiederholeranteil bei 17,4 %, Maurer/ Maurerin bei 17,2 % und bei Maler und Lackierer/ Malerin und Lackiererin bei 19,7 % (vgl. BUNDESMINISTERIUM 2007, 130).

Zusammenfassend kann auf der Grundlage dieser Zahlen festgestellt werden, dass die Schulvorbildung und damit die Lernvoraussetzungen der Auszubildenden in den drei Berufsfeldern zum Teil sehr heterogen sind. Überwiegend besteht für die Auszubildenden in den genannten Ausbildungsberufen ein erheblicher Förderbedarf mit Blick auf die Fähigkeiten, die für ein selbst organisiertes Lernen notwendig erscheinen.

Der Umgang mit Heterogenität in den Berufsfeldern gehört zu den schwierigsten Herausforderungen des lernfeldorientierten Unterrichts in Berufsschulen. Bei diesem Qualitätsmerkmal geht es insbesondere um die Notwenigkeit, den individuellen Lernvoraussetzungen der Schülerinnen und Schüler gerecht zu werden. HELMKE spricht hier von einer Optimierung der Balance zwischen Anforderungen und Voraussetzungen (vgl. HELMKE, 2003, 76). Solche Passung und Individualisierung beziehe sich nicht nur auf unterschiedliche Methoden, sondern auch auf unterschiedliche Lernmaterialien, Lerninhalte, Lernzielniveaus und Motivierungstechniken (ebd., 72). MEYER fordert, der Lehrer müsse erstens den Kern der Lernaufgabe analysieren, wobei präzise und konkret zu durchdenken sei, welche Art von Handlungen (Operationen) der Schüler vollziehen muss, um zum Ziel zu kommen. Er bezeichnet diesen Vorgang als Lernstrukturanalyse. Diese müsse verglichen werden mit der Lernstandsanalyse, in der der Lehrer zweitens zu klären habe, ob die Schüler die für die Bewältigung der Lernaufgabe erforderlichen Kompetenzen (z.B. die erforderlichen Lernstrategien) und Haltungen (Neugier, Interesse) überhaupt besitzen (vgl. MEYER 2004, 55).

In Anbetracht der ausgeprägten Heterogenität im Unterricht der Berufsfelder besteht angesichts solcher Qualitätsanforderung an einen guten Unterricht die Gefahr einer Überforderung der Lehrkräfte. WEINERT spricht bezüglich des Umgangs mit Heterogenität im Unterricht von einem wahrhaft „herkulischen" pädagogischen Problem (zit. n. HELMKE 2003, 72). Er weist allerdings auf die Gefahr einer Ignorierung individueller Lern- und Leistungsunterschiede im Unterricht hin. Diese bewirke, dass die guten Schüler besser und die schlechten schlechter werden. Das gelte insbesondere für einen offenen, schülerzentrierten Unterricht, wenn sich der Lehrer nur als Moderator autonomer Lerngruppen versteht, wie wir ihn im lernfeldorientierten Unterricht praktizieren. Solche Lernumgebungen erfordern, dass Schülerinnen und Schüler gezielt miteinander kommunizieren und interagieren, ihre eigene Wissensbasis generieren, in der Lage sind zu kooperieren und zu kollaborieren, Lernstrategien einzusetzen und zugleich Verantwortung für eigene Lerntätigkeit übernehmen zu können (vgl. SEMBILL/SEIFRIED 2007, 411). Die Lernvoraussetzungen sind diesbezüglich in den Berufsschulklassen allerdings so unterschiedlich und der Förderbedarf zum Teil so hoch, dass sie pädagogisch kaum zu bewältigen sind. WEINERT sieht unter solchen Umständen eine große Wahrscheinlichkeit, dass der individuelle Lernfortschritt eine direkte Funktion der persönlichen Lernvoraussetzungen darstelle (vgl. ebd., 73), d.h. Schüler mit mangelhaften Lernvoraussetzungen für einen offenen, schülerzentrierten Unterricht werden in einem solchen Unterricht auch nur schlechte Lernfortschritte machen. Meine Unterrichtserfahrung mit lernfeldorientiertem Unterricht bestätigt diese Feststellung. WEINERT schlägt deshalb zunächst eine Aufarbeitung der Defizite bei schwachen Schülern vor: „Nur die systematische Verbesserung der lernrelevanten Vorkenntnisse, das gezielte Schließen von Wissenslücken, die damit verbundenen Möglichkeiten der Vermittlung wirksamer Lernstrategien (metakognitive Kompetenzen) und die Beeinflussung der Lernmotivation (durch attraktive Lernanreize, durch differenzielle Bekräftigungen und durch ein angstfreies, stimulierendes und aufgabenorientiertes Klassenklima) versprechen eine Reduzierung unerwünschter Leistungsunterschiede zwischen den Schülern einer Klasse" (WEINERT, zit. n. HELMKE 2003, 73).

Bei der Frage der Angemessenheit und individuellen Förderung im lernfeldorientierten Unterricht in den bezeichneten Berufsfeldern besteht die Schwierigkeit, dass es hier sehr heterogene Lernvoraussetzungen unter den Auszubildenden gibt und dass der weit überwiegende Teil kaum Fähigkeiten zur Selbstorganisation besitzt. Solche Fähigkeiten werden aber im Konzept des lernfeldorientierten Unterrichts weitgehend vorausgesetzt. Weil die hier gesetzten Ansprüche jedoch die Praxis überfordern, besteht die Gefahr, dass der Berufsschulunterricht in alten Handlungs- und Ablaufmustern (insbesondere dem fachsystematisch ausgerichteten Frontalunterricht) verharrt und der durchaus lernpsychologisch richtige handlungsorientierte Ansatz überhaupt nicht zum Tragen kommt. Es wäre gerade in diesem Bereich deshalb zu untersuchen, welche Schwierigkeiten leistungsschwächere Auszubildende mit selbstorganisierten Lernsituationen haben und wie ihre Fähigkeit zu solchem Lernen – auch im Kontext einer leistungsheterogenen Lerngruppe – zu fördern wäre.

8. Zusammenfassung und Formulierung von Forschungsfragen

Auf der Grundlage einer genaueren Klärung des Qualitätsbegriffs und einer Rezeption von bisherigen Forschungsergebnissen der Allgemeinen Pädagogik wurden Fragen geklärt, welche *spezifischen* Qualitätsmerkmale einen ‚guten' lernfeldorientierten Fachunterricht im Bereich der drei Berufsfelder ausmachen.

Aus Gründen begrenzter Ressourcen erscheint eine Beschränkung auf Fragen der Prozessqualität (hier: der Qualität der Lehr-/ Lernsituation auf der Interaktionsebene, siehe Abb. 1) sinnvoll. Außerdem kann eine Konzentration auf die jeweiligen Fragestellungen erfolgen, die hinsichtlich der Lernsituationen in den Berufsfeldern spezifisch sind; Erkenntnisse über Qualitätsmerkmale, die allgemein für menschliche Lernprozesse gelten und wissenschaftlich gut abgesichert sind, können ausgeklammert werden. Der Schwerpunkt sollte deshalb auf die Strukturqualität und inhaltliche Klarheit der Lehr-/ Lernprozesse gelegt werden, weil sich aufgrund der Einführung lernfeldorientierter Lehrpläne für die meisten Berufe der Berufsfelder in dieser Hinsicht ein Paradigmenwechsel vollzogen hat und die Frage, wie ein qualitativ guter lernfeldorientierter Unterricht zu strukturieren und inhaltlich Klarheit herzustellen ist, ein zentrales Erkenntnisinteresse darstellen sollte.

Da das Leistungsniveau von Berufsschulklassen der Berufsfelder Bautechnik, Holztechnik sowie Farbtechnik und Raumgestaltung oftmals sehr heterogen ist und die Auszubildenden einen zum Teil erheblichen Förderbedarf in Hinblick auf selbstorganisierte Lernformen haben, sollte außerdem auf Fragen der Angemessenheit ein besonderes Augenmerk gelegt werden.

Zu folgenden Fragestellungen besteht deshalb aus der Sicht des Verfassers künftig ein zunehmender Forschungsbedarf:

1. Wie sollte die Unterrichtsarbeit in den Berufsfeldern Holztechnik, Bautechnik sowie Farbtechnik und Raumgestaltung organisiert und strukturiert werden, um ein produktives Lernklima für alle Beteiligten zu erzeugen?

2. Welche unterrichtlichen Vorgehensweisen befähigen die Berufsschüler dieser Berufsfelder mit ihren spezifischen und zum Teil sehr heterogenen Lernvoraussetzungen zu selbstständigem Lernen?

3. Wie sollten Lernsituationen für das Lernen in den Berufsfeldern gestaltet werden, damit Berufsschüler die Inhalte möglichst gut in ihre kognitive Struktur integrieren können und sie diese langfristig für ihre berufliche Handlungskompetenz verfügbar haben?

Ziel solcher Forschungsanstrengungen wären also Aussagen über die Strukturqualität, die inhaltliche Klarheit und die Angemessenheit des Lehrens und Lernens in lernfeldorientierten Lernarrangements der Berufsfelder. Die gewonnenen Aussagen sollten aus fachdidaktischer Perspektive zu einer effektiveren Unterrichtsgestaltung beitragen.

Literatur

BAABE-MEIJER, S./MEYSER, J./STRUVE, K. (Hrsg.) (2007): Innovation und soziale Integration – Berufliche Bildung für Jugendliche und Erwachsene in der Bauwirtschaft, im ausstattenden und gestaltenden Handwerk. Tagungsband zu den Hochschultagen berufliche Bildung 2006. Bielefeld.

BUER, J. VAN/WAGNER, C. (2007): Qualität von Schule – Entwicklungen zwischen erweiterter Selbständigkeit, definierten Bildungsstandards und strikter Ergebniskontrolle – Ein kritisches Handbuch. Frankfurt/M.

BUNDESMINISTERIUM FÜR BILDUNG UND FORSCHUNG (2007): Berufsbildungsbericht 2007, Bonn, Berlin.

COMENIUS, J. A. (1657/1960): Grosse Didaktik. Übersetzt und herausgegeben von ANDREAS FLITNER. Düsseldorf, München.

DITTON, H. (2000): Qualitätskontrolle und Qualitätssicherung in Schule und Unterricht. Ein Überblick zum Stand der empirischen Forschung. In: HELMKE, A./HORNSTEIN, W./TERHART, E. (Hrsg.): Qualität und Qualitätssicherung im Bildungsbereich. In: Zeitschrift für Pädagogik, 41. Beiheft. Weinheim und Basel, 73-92.

DITTON, H./ZEHME, M./BABIC, B. (2002): Hamburger Untersuchung zur Schul- und Unterrichtsqualität (HAUS). Bericht an die Hamburger Behörde für Bildung und Sport. Unveröff. Manuskript. Ludwig-Maximilians-Universität München.

DUBS, R. (2003): Qualitätsmanagement für Schulen. St. Gallen: Institut für Wirtschaftspädagogik.

EULER, D. (2005): Qualitätsentwicklung in der Berufsbildung. Bund-Länder-Kommission für Bildungsplanung und Forschungsförderung (BLK) (Hrsg.): Materialien zur Bildungsplanung und Forschungsförderung. H. 127. Bonn.

HARVEY, L./GREEN, D. (2000): Qualität definieren – Fünf unterschiedliche Ansätze. Zeitschrift für Pädagogik, 41. Beiheft, 17–39.

HEID, H.: Qualität in der Unterrichtspraxis. http://www.schulentwicklung-mfr.de/fileadmin/user_upload/vortrag_Heid.pdf (13-02-2008).

HELMKE, A. (2003): Unterrichtsqualität erfassen, bewerten, verbessern. Seelze.

KLAFKI, W. (1996): Neue Studien zur Bildungstheorie und Didaktik. Weinheim/Basel.

KULTUSMINISTERKONFERENZ (Hrsg.) (2006): Rahmenlehrplan für den Ausbildungsberuf Tischler/Tischlerin. Beschluss der Kultusministerkonferenz vom 13.1.2006. Bonn.

MAY, P. (2003): Wie diagnostiziert man guten Unterricht. In: Zeitschrift Grundschule, H. 5.

MEYER, H. (2004): Was ist guter Unterricht? Berlin.

PRENZEL, M./ALLOLIO-NÄCKE, L. (Hrsg.) (2006): Untersuchungen zur Bildungsqualität von Schule – Abschlussbericht des DFG-Schwerpunktprogramms. Münster u. a.

SEKRETARIAT DER STÄNDIGEN KONFERENZ DER KULTUSMINISTER DER LÄNDER (KMK) (Hrsg.) (2004): Standards für die Lehrerbildung: Bildungswissenschaften (Beschluss der Kultusministerkonferenz vom 16.12.2004). Bonn.

SEKRETARIAT DER STÄNDIGEN KONFERENZ DER KULTUSMINISTER DER LÄNDER (KMK) (Hrsg.) (2007): Handreichung für die Erarbeitung von Rahmenlehrplänen der Kultusministerkonferenz für den berufsbezogenen Unterricht in der Berufsschule und ihre Abstimmung mit Ausbildungsordnungen des Bundes für anerkannte Ausbildungsberufe. Bonn.

SEMBILL, D./SEIFRIED, J. (2007): Selbstorganisiertes Lernen und Unterrichtsqualität. In: BUER, J./WAGNER, C., 401-412.

VOGEL, T. (2005): Zum Verhältnis von Theorie und Praxis bei der Umsetzung der Lernfeldorientierung im Berufsfeld Farbtechnik und Raumgestaltung". In: Die berufsbildende Schule, 57, H. 9, 205-209.

VOGEL, T. (2007): Zur Integration allgemeinbildender Inhalte in das Lernfeldkonzept – Reflexionen zur Bildungspraxis in der Bauwirtschaft. In: BAABE-MEIJER, S./MEYSER, J./STRUVE, K. (Hrsg.): Tagungsband zu den Hochschultagen berufliche Bildung 2006. Bielefeld, 29-46.

Tobias Roß

Lehrerhandlungstraining und Fachgesprächskompetenz

1. Einleitung

Spätestens mit der Einführung des lernfeldstrukturierten „Lehrplans zur Erprobung für die Ausbildungsberufe in der Bauwirtschaft" zu Beginn des Schuljahres 1999/2000 wird die Orientierung an Handlungen in den Baufachklassen zum Unterrichtsprinzip. Komplexe Aufgabenstellungen (Lernsituationen) werden von den Lernenden eigenverantwortlich in zumeist kooperativen Lernformen bearbeitet. Nach diesem Lernverständnis erfährt auch die Lehrerrolle ihre radikale Wandlung vom „Belehrer" hin zum Organisator, Moderator und Berater (vgl. OTT 2000, 178).

Die Beratung der Lernenden im Unterrichtsgeschehen sollte dabei nach OTT defensiv nach dem „Prinzip der minimalen Hilfe" erfolgen und sie dazu befähigen, eigene Lösungswege für Problemlagen zu entwickeln (OTT 2000, 178). Um einen störungsfreien Ablauf des von der Lehrkraft geplanten und von Schülerselbstständigkeit gekennzeichneten Unterrichts-Arrangements zu gewährleisten, muss sich diese „...spontan auf unterschiedliche Unterrichtssituationen einlassen und flexibel auf etwaige Fragen und Probleme reagieren" (SOLLWECK 2006, 38). Allerdings reicht allein reaktives Verhalten nicht aus, um ins Stocken geratenen Lernprozessen frühzeitig entgegen wirken zu können. Vielmehr muss die Lehrperson intervenieren und damit aktiv ins Geschehen eingreifen, wenn beispielsweise aus ihrer Sicht gänzlich in die falsche Richtung führende Lösungswege von den Lernenden eingeschlagen werden und deshalb ein offensichtlicher Beratungsbedarf besteht. GEIGERS Aussage, dass allein die ständige Erreichbarkeit der Lehrperson für Schüler geeignet ist „...eventuell auftretende(n) Phasen der Orientierungslosigkeit oder Frustration (und des Motivationseinbruchs) bei den Lernenden vorzubeugen", vernachlässigt hier den Aspekt der gezielten Lehrerintervention und sollte durch diesen ergänzt werden (GEIGER 2005, 36).

Um eine möglichst individuelle Beratung der Lernenden zu ermöglichen, findet diese vorzugsweise in Gruppen- oder Einzelgesprächen, in einem so genannten Fachgespräch mit der Lehrkraft statt. Dort tritt die Lehrkraft als Experte in inhaltsbezogener Kommunikationsart an Lernende heran (vgl. BUCHALIK/ RIEDL 2007, 4) und unterstützt diese durch die Verwendung kooperativer Gesprächstechniken (z.B. Scaffolding). Die Art der Kommunikation in solchen Fachgesprächen weist bis auf die Sozialform alle wesentlichen Bestimmungsgrößen einer „innovativen Kommunikationsform" nach WUTTKE auf, in der die Lehrperson die Rolle eines so genannten „senior researchers" einnimmt (vgl. WUTTKE 2005, 132). Neben der Beratung haben Fachgespräche unter anderem auch die Funktion Lernenden Rückmeldung über den erreichten Lernstand zu geben, die weitere Vorgehensweise festzulegen und Verbesserungspotenzial offen zu legen. Aufgrund ihrer Bedeutung im Lernverlauf als interaktive Knotenpunkte in der Netzstruktur handlungsorientierten Unterrichts steuern Fachgespräche den Erfolg von individuellen Selbstlern- und Sozialprozessen (vgl. TENBERG 2004, 3) und beeinflussen dadurch maßgeblich die Unterrichtsqualität. Vor diesem Hintergrund ist die Forderung nach dem Aufbau einer Fachgesprächskultur in der beruflichen Bildung von BUCHALIK und RIEDL zu sehen (vgl. BUCHALIK/ RIEDL 2007, 10).

Insgesamt lässt sich konstatieren, dass mit dem Wandel der Lehrerrolle hohe Anforderungen gerade mit Blick auf Interaktionsprozesse einhergehen und eine ausgebildete Kommunikations- sowie diagnostische Kompetenz vorausgesetzt wird. Mit Blick auf gruppenbezogene Lernberatung ist nach TENBERG „...neben viel fachlicher und didaktischer Kompetenz – Erfahrung, Übung und ´Fingerspitzengefühl´ erforderlich" (2006, 274). Diese Anforderungen lassen sich durchaus auf das kompetente Führen von Fachgesprächen übertragen und durch folgende Standards des Lehrerberufs nach OSER (2001, 215) ergänzen:

90

- Positive Beziehung zu den Lernenden aufbauen und ihnen fördernde Rückmeldung geben,
- kritische Entwicklungen und auftretende Probleme diagnostizieren und angemessen, d.h. schülerunterstützend reagieren sowie
- Lernstrategien vermitteln und Lernprozesse begleiten, um so Schüler zu befähigen selbstständig und effizient zu lernen.

Da der Autor dieses Textes in der ersten Phase der Lehrerbildung tätig ist, schließt sich hier die Fragestellung an, durch welche Maßnahmen es gelingen kann, die Fachgesprächskompetenz von Lehramtsstudierenden in der Art zu fördern, dass diese Kompetenz auch im späteren praktischen Berufsalltag performativ angewendet werden kann. Nach HELMKE sollte zur Herausbildung eines solchen „situierten Wissens" die praktische Unterrichtssituation zum Ausgangspunkt theoretischer Überlegungen genommen und den Lehramtstudierenden praktische Erprobungsmöglichkeiten eingeräumt werden (vgl. HELMKE 2003, 195-196). Als Prototyp verhaltensorientierter unterrichtlicher Ausbildung nennt HELMKE Handlungstrainings für Lehrkräfte bzw. Microteaching in der Lehrerausbildung. Trainingsprogramme, die zentrale unterrichtsrelevante Kompetenzen von Lehrkräften stärken, sind eine „sehr effiziente Möglichkeit (...) den Unterricht zu verbessern" (HELMKE 2003, 231).

In der folgenden Abhandlung wird zunächst der Analyse von Fachgesprächen großer Raum geschenkt, um dann in einem zweiten Schritt auf Handlungstrainings als Instrument zum Aufbau von Fachgesprächskompetenz einzugehen. Der dritte Teil dieser Darstellung gibt Einblick in das Pilotprojekt eines Handlungstrainings zu Interaktionsprozessen am Institut für Berufliche Lehrerbildung der Fachhochschule Münster, der mit einem Fazit und Ausblick abschließt.

2. Fachgespräche

In dem vorliegenden Kapitel sollen zum einen die Merkmale bzw. Charakteristika von Fachgesprächen beschrieben werden. Zum anderen soll geklärt werden, an welchen Stellen Fachgespräche im Rahmen eines handlungsorientierten (lernfeldstrukturierten) beruflichen Unterrichts zielführend sind und welche Funktionen sie an den jeweiligen Positionen im Lernverlauf erfüllen. Weiterhin soll der Frage nachgegangen werden, ob es in Anlehnung an ihre jeweilige Funktion oder den jeweiligen Anlass auch unterschiedliche Arten von Fachgesprächen gibt.

2.1 Annahmen zur idealen Lernumgebung für Fachgespräche

Unter der Annahme, die Kompetenzentwicklung der Lernenden positiv zu beeinflussen, ist das moderat konstruktivistische Unterrichtskonzept in der beruflichen Bildung darauf ausgerichtet, dass sich die Lernenden in einem weitestgehend eigenverantwortlichen und damit auch selbstgesteuerten Lernprozess mit den intendierten Inhalten auseinandersetzen (vgl. BUCHALIK/ RIEDL 2006, 2). Lehr-Lern-Prozesse innerhalb konstruktivistischer (schüleraktiver) Lernumgebungen finden hierzu ihren Ausgangspunkt in komplexen Situationen, die möglichst an die berufliche praktische Erfahrungswelt der SchülerInnen angelehnt sein müssen, wenn sich Lernen durch Anknüpfen an vorhandene Wissensstrukturen und durch Konstruktionsleistungen vollziehen soll. Durch die Bereitstellung differenzierter Selbstlernmaterialien (z.B. Leittexte) soll auch einer stärkeren Individualisierung von Lernprozessen Rechnung getragen werden. Nicht zuletzt, weil konstruktivistische Lehr-Lern-Arrangements einen möglichst kooperativen Charakter zwischen Lehrenden und Lernenden aufweisen sollen, bedeutet ein so geprägter Unterricht eine erhebliche Veränderung der Lehrerrolle gegenüber traditionellen Unterrichtsformen (vgl. RIEDL 2006, 418). Neben den oben genannten zentralen Elementen konstruktivistischer Lehr-Lern-Prozesse ist nämlich ebenso eine charakteristische Lehrer-Schüler-Interaktion festzustellen, weil sie sich intentional, strukturell, inhaltlich und kommunikativ von anderen Unterrichtsformen klar unterscheidet (vgl. TENBERG 2004, 2). Da (auch in einem hochgradig schüleraktiven Unterricht) die Lehrer-Schüler-Interaktion die einzige Verbindung zwischen **Lehr-** und **Lern**prozess ist, kann Unterricht nur gelingen, wenn diese Interaktion produktiv verläuft (vgl. TENBERG 2006, 221-222). Um diesen Qualitätsanspruch sicherzustellen, muss die Interaktion erfasst und vorbereitet werden. Zur besseren Planbarkeit schlägt TENBERG eine Reduktion von Interaktion auf Kommunikation vor, die das Rückgrat von Interaktionsprozessen repräsentiert (vgl. TENBERG 2006, 276). Innerhalb der Interaktionsstruktur von schüleraktivem Unterricht ordnen sich Fachgespräche als kommunikative Hilfestellungen durch eine Lehrkraft ein, wenn sie sich inhaltlich im Dialog mit den Lernenden auf den Lerngegenstand und Lernprozess beziehen (vgl. RIEDL 2006, 412).

2.2 Herkunft des Fachgesprächs und seine traditionelle Form

Der Begriff des Fachgesprächs findet seinen Ursprung in der betrieblichen Leittextmethode. Diese Unterweisungsmethode wurde in deutschen Großbetrieben Mitte der 1980er Jahre eingeführt. Grundidee dieser Methode war es, den Auszubildenden eine weitestgehend selbstständige Erarbeitung von Fähigkeiten und Fertigkeiten zu ermöglichen. Strukturiert wurde die Leittextmethode von dem Phasenmodell der vollständigen Handlung (Informieren, Planen, Entscheiden, Ausführen, Kontrollieren und Bewerten). Zu Koordinierungs- und Kontrollzwecken wurde vor der Ausführungsphase, also in der Entscheidungsphase, ein Fachgespräch zwischen Auszubildenden und Lehrmeistern geführt (s. Phasenmodell). In diesem wurde der bisher erarbeitete Planungsstand der angehenden Facharbeiter auf sach- und handlungslogische Richtigkeit mit Blick auf die Fertigung geprüft. Ein weiteres obligatorisches Fachgespräch fand in der Bewertungsphase statt. Hier wurden der vollzogene Arbeitsablauf gemeinsam besprochen, Mängel und Abweichungen ermittelt und Verbesserungsmöglichkeiten für zukünftige Arbeitsaufträge herausgearbeitet.

Diese Interventionen im Selbstlernprozess von Auszubildenden wurden dann später in den handlungsorientierten Unterricht übernommen und durch den Aspekt der Verständniskontrolle ergänzt (vgl. TENBERG 2006, 276). Klassischerweise findet die Verständniskontrolle, ebenfalls in Form eines Fachgesprächs, innerhalb der Bewertungsphase statt. Darin werden die von Schülerseite zuvor in der Kontrollphase überprüften Arbeitsergebnisse gemeinsam mit der Lehrperson bewertet und der angewandte Lösungsweg mit den damit eventuell verbundenen Schwierigkeiten besprochen. Am Ende des Fachgesprächs findet dann die eigentliche Fremdbewertung der Leistung durch den Lehrenden statt. Hier werden besonders das Arbeitsergebnis und der Bearbeitungsablauf betrachtet und geklärt, was bei einem nachfolgenden Auftrag besser umgesetzt werden kann (vgl. FLIEGERBAUER 2005, 31). Aufgrund ihrer obligatorischen Positionierung in der Entscheidungsphase bzw. Bewertungsphase innerhalb der schulischen Variante der Leittextmethode können beide Fachgespräche von Lehrenden explizit geplant und vorbereitet werden.

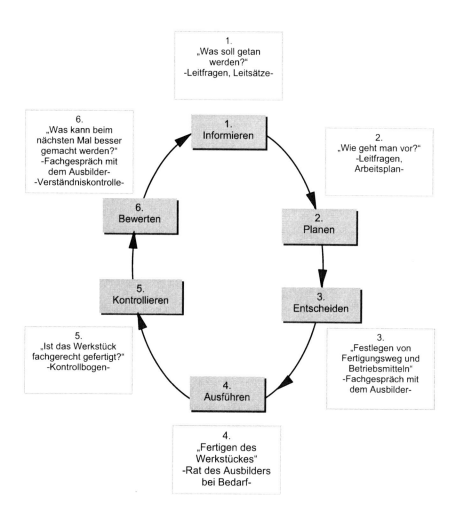

Abb. 1: Phasenmodell Leittextmethode (vgl. PÄTZOLD 1996, 178)

2.3 Hypothesengestützte Merkmale von Fachgesprächen

In neueren Betrachtungen erfährt die oben geschilderte traditionelle Definition zu Fachgesprächen eine Erweiterung, indem sie von der stringenten Anbindung an die Leittextmethode entkoppelt wird. Einen ersten umfassenden, mehrdimensionalen Ansatz zu Fachgesprächsmerkmalen liefern BUCHALIK und RIEDL (vgl. BUCHALIK/ RIEDL 2006, S. 3). Merkmale wie Funktionen, Sozialformen, Kommunikationsart, Initiierung und die Position im Lernverlauf von Fachgesprächen werden innerhalb der unten dargestellten Tabelle aufgezeigt.

Steuerungsfunktion im Unterricht	administrativ	lernorganisatorisch-inhaltlich	sozial
Diagnostische Funktion	Rückmelde-Funktion	Evaluation der Lernumgebung	Prüfungscharakter
Sozialform	Einzelgespräch	Kleingruppen-Gespräch	Plenum
Kommunikationsart	verbal	nonverbal	
Kommunikationsrichtung	bidirektional/ reflexiv	eindirektional/ instruktiv	
Initiierung	Lehrkraft	Lernende	strukturell
Position im Lernverlauf	Beginn einer Lernstrecke	während einer Lernstrecke	Abschluss einer Lernstrecke
Lesehilfe-Merkmal ist: **stark ausgeprägt**/ leicht ausgeprägt/ *nicht ausgeprägt*			

Abb. 2: Bestimmungsgrößen zu Fachgesprächen
(BUCHALIK/ RIEDL 2007, 3)

Steuerungsfunktion im Unterricht:

Die Steuerungsfunktion einer Lehrperson in einem schüleraktiven Unterricht kann administrativer, lernorganisatorisch-inhaltlicher oder sozialer Art sein (GEIßLER 1995). Der Lehrer-Schüler-Dialog innerhalb eines Fachgesprächs soll laut RIEDL und BUCHALIK Reflexions-, Denk- und Verstehensprozesse bei den Lernenden in Gang setzen. Inhaltlich sei das Fachgespräch, wie oben beschrieben, auf den Lernprozess und den Lerngegenstand ausgerichtet und steuerte damit den Unterricht in lernorganisatorisch-inhaltlicher Hinsicht.

Diagnostische Funktion:
Fachgespräche hätten primär eine diagnostische Funktion, die Lernenden und Lehrenden Rückmeldung über den erreichten Lernstand liefert. Nach TENBERG sollen zu diesem Zweck von Lehrerseite vorbereitete Fragen eingesetzt werden, welche die Qualität des erworbenen Wissens feststellen können (vgl. TENBERG 2006, 276). Im Anschluss könne die Lehrkraft gezielt Maßnahmen ergreifen, die aus ihrer Sicht den individuellen Lernforschritt weiter fördern helfen. Die Lehrperson ist dabei angehalten, keinen gesprächshemmenden Prüfungscharakter aufkommen zu lassen und den Leistungsstand implizit zu erfassen. Die diagnostische Funktion wird dadurch erweitert, dass der Lehrende auch eine Rückmeldung über die Gestaltung der Lernumgebung durch die Reaktion der Schüler auf die vorbereiteten Lehr-Lern-Materialien erhält, die sich auf dieser Basis ggf. optimieren lassen. Insofern könnten die diagnostischen Elemente wiederum Auswirkungen auf die Steuerungsfunktion im Unterricht haben.

Sozialform:
Fachgespräche werden im aufgelösten Klassenverband, d.h. in Einzel- und Kleingruppen geführt. Dies hätte positive Auswirkungen auf die Sprechanteile, die sich im Vergleich zum Plenargespräch zu Gunsten der Schülerseite verschieben würden.

Kommunikationsart und Kommunikationsrichtung:
Nach BUCHALIK und RIEDL ist die Kommunikation davon geprägt, dass die Lehrperson als Experte in inhaltsbezogener Kommunikationsart an den Lernenden herantritt. Ihrer Meinung nach sollen dadurch die Hierarchieverhältnisse, wie sie in eher traditionellen Unterrichtsformen zu beobachten sind, weniger stark ausgeprägt sein und eine Kommunikation in bidirektionaler Richtung auf Augenhöhe mit den Schülern ermöglichen.

Initiierung:

Für die Initiierung eines Fachgesprächs ergeben sich laut BUCHALIK und RIEDL **verschiedene Anlässe:**

1a) Wenn sich die Lehrkraft Informationen über den gegenwärtigen Lernfortschritt der Schüler verschaffen möchte oder

1b) wenn aus ihrer Einschätzung heraus die Weiterbearbeitung der Aufgabenstellung, aufgrund von akuten Problemlagen, ohne ihre Intervention nicht möglich ist. **Lehrerinitiative, situativ.**

2) Wenn Lernende für die Lösung aktueller Probleme oder für Antworten auf ungeklärte Fragen die Hilfe von Lehrpersonen in Anspruch nehmen möchten. **Schülerinitiative, situativ.**

3) Wenn Fachgespräche an vordefinierten Positionen in den Lernverlauf verbindlich eingeplant sind. **Fest positionierte Fachgespräche, planbar.** Das Thema des Gesprächs ist dann die zurückliegende Arbeits- bzw. Lernsequenz. Lehrende und Lernende erhalten hierdurch eine Rückmeldung über den erreichten Kenntnis- und Bearbeitungsstand in Anlehnung an die einzelnen Lernschritte in einer komplexen Lernsituation. Das Fachgespräch schließt damit zum einen eine Lernsequenz formal ab und gibt Lehrenden zum anderen inhaltliches Feedback zu ihrer Lernarbeit, aus dem sich ggf. Verbesserungsmaßnahmen in lernorganisatorischer Hinsicht ableiten ließen.

Positionen im Lernverlauf:

Als Positionen für Fachgespräche werden der Beginn, die Begleitung und der Abschluss einer Lernstrecke ausgemacht. Da zu Beginn einer Lerneinheit in der Regel fachlich-inhaltliche Kommunikationsaspekte zur Reflexion und zum Verständnis von Lerninhalten geringer zum Tragen kämen, läge die Bedeutung von Fachgesprächen insbesondere in der begleitenden Unterstützung der Lernenden während des Lernprozesses und in dem formalen Abschluss einer Lernsequenz.

2.4 Untersuchungsergebnisse zu Fachgesprächen

Die hypothesengestützten Merkmale sollen mit den vorliegenden Untersuchungsergebnissen zu den Fachgesprächen abgeglichen werden.

2.4.1 Explorationsstudie

In seiner Explorationsstudie zur Lehrer-Schüler-Interaktion befragte TENBERG (2004) in einem leitfadengestützten Interview 13 Lehrerinnen und Lehrer zum Thema LehrerInnen-Gruppen-Gespräche im handlungsorientierten Unterricht. Die Interviews sollten Einblicke in die gegenwärtige Praxis von LehrerInnen-Gruppen-Gesprächen gewährleisten. Obwohl der Begriff des Fachgesprächs im Zusammenhang mit Lehrer-Schüler-Interaktion in einem schüleraktiven Unterricht durchaus passend wäre, benutzt TENBERG den Begriff des LehrerInnen-Gruppen-Gesprächs, da ihm vorheriger zu stark an die Leittextmethode gebunden sei und er insofern nur eine eingeschränkte Bedeutung habe. Teilweise werden aber auch von ihm die Begriffe des LehrerInnen-Gruppen-Gesprächs und des Fachgesprächs synonym benutzt. Im Gegensatz zu den strukturell im Lernverlauf fest positionierten Fachgesprächen umfasst das LehrerInnen-Gruppen-Gespräch alle Gesprächsvarianten im aufgelösten Klassenverband. Beide Begrifflichkeiten beziehen sich auf die Aufgabe, den Lernenden, die in Lernumgebungen über weite Strecken die Rolle aktiv Handelnder übernehmen, kommunikative Hilfestellungen zu geben. Da diese Hilfestellung auch ausdrücklich in individualisierten Einzelgesprächen erfolgen kann und soll, greift hier allerdings der Begriff des LehrerInnen-Gruppen-Gesprächs zu kurz. Dennoch kann das LehrerInnen-Gruppen-Gespräch als Zwischenstufe zum erweiterten, weil von der Leittextmethode entkoppelten Fachgesprächsbegriff nach BUCHALIK und RIEDL angesehen werden. Die wesentlichen Ergebnisse der Explorationsstudie sollen zur besseren Übersicht den Dimensionen der obigen Tabelle zugeordnet werden.

Steuerungsfunktion im Unterricht:
Fachgespräche werden von den Lehrkräften als Steuerungselemente eingesetzt, mit deren Hilfe sie die eigentlichen Selbstlernprozesse gegenstandsbezogen einleiten, abschließen aber auch ergänzen oder erweitern. Zudem sichern Fachgespräche den Handlungsrahmen und führen wo nötig Schüler zum Lernprozess zurück.

Diagnostische Funktion:
Fachgespräche werden dazu genutzt, die spezifischen Lernwege der Einzelnen bzw. die Lern- und Arbeitsprozesse der Gruppen permanent zu beurteilen. Dies geschieht zumeist offen strukturiert durch das Stellen von aufgabenbezogenen Fragen bzw. durch das Fordern von Aussagen zur jeweiligen Situation. Beabsichtigt ist dabei, dass die Schüler sich argumentativ mit den fachlichen Aspekten ihrer Aufgabenbearbeitung auseinandersetzen. Einzelne Lehrpersonen nutzten speziell für Feedbackgespräche ausgearbeitete Fragelisten. Auch wird von den Lehrenden konstatiert, ein detailliertes Bild über das eigene Unterrichtskonzept hinsichtlich der damit verbundenen Herausforderungen und Schwierigkeiten durch den Dialog mit den Schülern zu erhalten.

Sozialform:
Hier wird von den Lehrpersonen die Möglichkeit geschätzt, in individualisierten Einzelgesprächen auch mit eher stillen Schülern fachlich inhaltlich zu kommunizieren.

Kommunikationsart und Kommunikationsrichtung:
Mit Blick auf das Schülerfeedback zum eigenen Unterricht stellen die Lehrenden fest, auch von den Schülern zu lernen. Schwierigkeiten werden jedoch darin gesehen, die Gruppen gleichmäßig und symmetrisch kommunizieren zu lassen. Prinzipiell positiv wird angemerkt, dass sich durch die Gesprächsbetreuung der Lernenden der Lehrer-Schüler-Kontakt intensivieren würde.

Initiierung:

Generell unterscheiden die Fachlehrer **situative (1)** und **planbare (2)** Anlässe:

1a) Wenn Unterrichtende feststellen, dass sich die Lernenden weit von der geplanten Lernhandlung entfernt haben oder unreflektiert gehandelt wird. **Lehrerinitiative, situativ.**

1b) Wenn die Schüler bei unüberwindbaren Problemlagen die Unterstützung der Lehrperson suchen. Dies kann der Fall sein, wenn der Lernfortschritt der Schüler bei der Bearbeitung der komplexen Aufgabe z. B. durch Probleme bei der Auftragserfassung, durch Informationsdefizite, unvollständige Medien und technische Probleme ins Stocken gerät oder wenn generelle Verständnisprobleme die Erschließung theoretischer Zusammenhänge ebenso verhindern wie deren Transfer auf berufliche Handlungen. **Schülerinitiative, situativ.**

2a) In Abgrenzung hierzu werden Fachgespräche von den Lehrenden initiiert, um die Lernenden zu instruieren. Gegenstand dieser Instruktionen können allgemeine Hinweise zu Arbeitsweisen und Verhaltensweisen innerhalb der Schülergruppen sowie zusammenfassende Wiederholungen vorausgegangener Lerneinheiten bzw. die Erinnerung an bestimmte Arbeitweisen und –techniken sein. **Lehrerinitiative, planbar.**

2b) Zum Zwecke der Reflexion des Erarbeiteten und der Lernerfolgskontrolle führen Unterrichtende ebenfalls Fachgespräche durch. **Lehrerinitiative, planbar.**

Position im Lernverlauf:

Für die planbaren Fachgespräche geben die Lehrpersonen Standardpositionen zu Beginn und während des Unterrichts an. Zum Auftakt des eigentlichen Unterrichts weisen die Fachgespräche in der Regel instruktiven Charakter auf, währenddessen innerhalb des Unterrichts Fachgespräche zur Lernerfolgskontrolle und zur Reflexion des Erarbeiteten eingesetzt werden. Innerhalb des Unterrichts sind solche Fachgespräche deshalb am Ende einer Lernsequenz bzw. eines Lernabschnitts positioniert.

Dem gegenüber stehen die von Spontaneität und situativem

Kontext geprägten Fachgesprächsanlässe, die als Zäsuren innerhalb der Lernprozesse positioniert sind.

2.4.2 Fallstudie

In ihrer Fallstudie untersucht SCHOLLWECK (2006) Lernprozesse in einem handlungsorientierten beruflichen Unterricht aus Sicht der Schüler. Der untersuchte Unterricht zielte darauf, die angehenden Industriemechaniker zu befähigen, steuerungstechnische Anlagen bedienen, warten und überwachen zu können. Zur Evaluation des Unterrichts wurden zum einen problemzentrierte Einzel- bzw. Gruppeninterviews mit den Schülerinnen und Schülern geführt und zum anderen das Erhebungsverfahren der teilnehmenden Beobachtung angewendet. Eine Untersuchungskomponente stellten dabei die Fachgespräche im handlungsorientierten, von der Leittextmethode gekennzeichneten Unterricht dar.

Die innerhalb dieser Fallstudie gewonnenen Erkenntnisse sollen ebenfalls so weit wie möglich den Dimensionen obiger Tabelle zugeordnet werden.

Steuerungsfunktion im Unterricht:
Auch in dem untersuchten Unterricht werden Fachgespräche von den Lehrkräften als Steuerungselemente eingesetzt. Im Rahmen einer beratenden Lehrerrolle ergänzen die Lehrpersonen die Selbstlernmaterialien der Schüler durch thematische Vertiefungen (Erklärungen, Beispiele, Ergänzungen, Grundlagenvermittlung). Bei abwegigen Lösungswegen der Schüler führen sie diese durch gezielte Eingriffe zum geeigneten Lösungsvorgehen zurück.

Diagnostische Funktion:
Die von BUCHALIK und RIEDL ausgemachte primäre diagnostische Funktion von Fachgesprächen, also den Lernenden Rückmeldung über ihren erreichten Lernstand zu geben, ist in dem untersuchten Unterricht mit Problemen behaftet. So fühlen sich die Auszubildenden

gelegentlich mit der besprochenen Thematik innerhalb des Fachgesprächs überfordert oder aber sie registrieren dieses gar nicht als solches, sondern nur als Wiederholung bereits erarbeiteter Inhalte. Die Chance zur Vertiefung des Wissens oder des Wissensaustauschs wird von ihnen somit nur beschränkt wahrgenommen.

Sozialform:

Als Alternative zu den Fachgesprächen zwischen Lehrkraft und Schülern im aufgelösten Klassenverband empfiehlt SCHOLLWECK Fachgespräche, die unter Schülern geführt werden. Innerhalb dieser Fachgespräche könnten leistungsstarke Schüler oder Gruppen als Tutoren für leistungsschwache Lernende eingesetzt werden. Aufgabe der Lehrkraft wäre die Auswahl geeigneter Schüler, die die Tutorenrolle übernehmen und die Vorgabe einer auf die Lerngruppe abgestimmten Thematik. Ob die Lehrperson an einem solchen Gespräch teilnimmt oder sich gar aktiv einbringt, könne situationsflexibel entschieden werden (vgl. SCHOLLWECK 2007, 278-279).

Kommunikationsart und Kommunikationsrichtung:

Zur Kommunikationsart und -richtung innerhalb der stattgefundenen Fachgespräche finden sich in der Untersuchung keine direkten Hinweise. Aus den Interviews kann jedoch geschlossen werden, dass der Fachlehrer in den Gesprächen eher eine Expertenrolle einnimmt, die einer symmetrischen Kommunikation diametral gegenübersteht. Eine durchaus symmetrische Kommunikation könnte sich dagegen bei den von der Autorin vorgeschlagenen Fachgesprächen unter Schülern einstellen. Eine symmetrische Kommunikation könnte auch der Grund für die Beobachtung innerhalb der Fallstudie sein, dass viele Schüler die Unterweisung durch einen anderen Schüler eher annehmen als durch die Lehrkraft (vgl. SCHOLLWECK 2007, 278).

Initiierung:

In dem untersuchten Unterricht wurden Fachgespräche zur Vertiefung bestimmter Themen und zur Überprüfung des Kenntnisstandes der Schüler durchgeführt. **Lehrerinitiative, planbar.** Die Lehrkraft griff dann in die Aufgabenbearbeitung ein, wenn aus ihrer Sicht gänzlich in die falsche Richtung führende Lösungswege von den Lernenden eingeschlagen wurden. **Lehrerinitiative, situativ.** Von Schülerseite wurde dann die Beratung durch die Lehrkraft eingefordert, wenn gravierende Probleme bei der Aufgabenbewältigung auftraten. **Schülerinitiative, situativ.**

Position im Lernverlauf:
Gerade bei den per Leittext obligatorisch eingeplanten Rücksprachen mit der Lehrkraft in der Entscheidungs- und Bewertungsphase traten die oben beschriebenen Problemlagen (Überforderung, Wiederholungseindruck) auf. SCHOLLWECK führt dies darauf zurück, dass die in diesem Rahmen stattfindenden, von den Lehrenden geplanten Fachgespräche nicht immer auf die aktuelle Situation der Lernenden abgestimmt sind. Damit auch aktuelle Geschehnisse in die Fachgespräche miteinbezogen werden können, plädiert SCHOLLWECK dafür, dass diese Gespräche auch dann stattfinden sollten, wenn diese nicht explizit vorgesehen sind. Insbesondere für die obligatorischen Fachgespräche böte sich eine schriftliche Vorbereitung an, in der die im Zusammenhang mit der Aufgabenstellung gewählte Vorgehensweise, die gelösten und aktuellen Probleme durch die Lernenden festgehalten werden. Somit könne auf der einen Seite der Schülerüberforderung entgegnet werden und auf der anderen Seite könne die Lehrkraft anhand der Schüleraufzeichnungen den Beratungsbedarf erkennen und das Fachgespräch entsprechend lenken.

Erweiterte Funktionen:
SCHOLLWECK sieht neben der diagnostischen Funktion (Lernstand erheben und Maßnahmen für den individuellen Lernfortschritt einleiten) des Fachgesprächs noch andere Aufgaben, die dieses übernehmen kann. Ihrer Ansicht nach bieten insbesondere die Fachgespräche unter den Schülern selbst die Möglichkeit, Leistungsschwächere zu unterstützen und gleichzeitig die leistungsstarken Schüler durch die Übernahme der Tutorenrolle zu fordern.

Grundsätzliche Empfehlungen:

In Abhängigkeit der im Unterricht gewonnenen Erfahrungen zu den Fachgesprächen sollten diese grundsätzlich immer erst die Probleme der Schüler aufgreifen. Hier wäre ebenfalls die geforderte schriftliche Vorbereitung der Fachgespräche durch die Lernenden hilfreich. Erst danach sollte die eigentliche Thematik des Gesprächs in Angriff genommen werden. Zudem sieht SCHOLLWECK die Option „...Fachgespräche auf die Besprechung von Fehlern in der Vorgehensweise der Schüler zu reduzieren, so dass diese das vermeintliche Problem unter Berücksichtigung der neuen Perspektive erneut angehen können" (SCHOLLWECK 2007, 274).

	Anlässe	Funktionen
Lehrerinitiative	**1a)** Wenn sich die Lehrkraft Informationen über den gegenwärtigen Lernfortschritt der Schüler verschaffen möchte. →**situativ**	• Lernstandskontrolle (Rückmeldung zum Kenntnisstand der Schüler) • Rückmeldung zur Lernorganisation
	1b) Wenn aus Einschätzung der Lehrkraft die Weiterbearbeitung der Aufgabenstellung, aufgrund von akuten Problemlagen, ohne ihre Intervention nicht möglich ist. →**situativ**	• Überwindung von Problemen im Arbeitsprozess • Verständnisprobleme und Informationsdefizite beseitigen • Abgesicherte Wiederaufnahme der Aufgabenbearbeitung • Motivationssicherung der Lernenden • Rückmeldung zur Lernorganisation
	1c) Fachgespräche werden von den Lehrenden häufig zu Beginn des Unterrichts initiiert, um die Lernenden zu instruieren. →**planbar**	• Sichert maximale fachlich-inhaltliche Korrektheit • Lehrperson gibt Richtung vor und vermittelt Sicherheit • Festlegung von Arbeitsstrategien, Verhaltensweisen sowie Sicherheitshinweisen

Schülerinitiative	2) Wenn Lernende für die Lösung aktueller Probleme oder für Antworten auf ungeklärte Fragen die Hilfe von Lehrpersonen in Anspruch nehmen möchten. →situativ	• Überwindung von Problemen im Arbeitsprozess • Verständnisprobleme und Informationsdefizite beseitigen • Abgesicherte Wiederaufnahme der Aufgabenbearbeitung • Motivationssicherung der Lernenden • Rückmeldung zur Lernorganisation
Obligatorisch	3) Wenn Fachgespräche an vordefinierten Positionen in den Lernverlauf verbindlich eingeplant sind.	
	3a) Entscheidungsphase →planbar	• Überprüfung des Planungsstandes • Fehleranalyse • Missverständnisse aufdecken • Abschluss der Lernsequenz
	3b) Bewertungsphase →planbar	• Reflexion des Arbeitsablaufs • Verständniskontrolle • Bewertung des Arbeitsergebnisses • Implizite Leistungsstanderfassung • Herausarbeiten von Verbesserungsmaßnahmen bei zukünftigen Aufträgen • Abschluss der Lernsequenz • Rückmeldung zur Lernorganisation

Abb. 3: Tabellarischer Überblick zu Fachgesprächsarten

3. Lehrerhandlungstrainings als Instrument zum Aufbau von Fachgesprächskompetenz

Nachdem im vorangegangenen Kapitel das Fachgespräch an sich näher bestimmt wurde, soll in diesem Kapitel mit Blick auf vorhandene Evaluationen zu Lehrerhandlungstrainings angemessen begründet werden, warum diese zum Aufbau von Fachgesprächskompetenz überhaupt geeignet sind. Zudem werden Anforderungen an Lehrerhandlungstrainings formuliert, die zu erfüllen sind, wenn menschliches Handeln eine Veränderung erfahren soll. Nachfolgend wird die Microteaching-Methode näher beleuchtet, da diese in dem Pilotprojekt eines Handlungstrainings zu Interaktionsprozessen am Institut für Berufliche Bildung zum Einsatz gekommen ist.

3.1 Warum sind Lehrerhandlungstrainings geeignete Instrumente?

Nach Ansicht des Autors spricht einiges dafür, der Forderung nach dem Aufbau einer Fachgesprächskultur schon in der ersten Phase der Lehrerausbildung nachzukommen. So verfügen Lehramtsstudierende noch nicht über so weitreichend vernetzte subjektive Theorien in Bezug auf Unterrichten wie etwa erfahrene Lehrerpersonen. Doch wie können Lehramtsstudierende im Aufbau von prozessorientierter Fachgesprächskompetenz nachhaltig gefördert werden? Ist doch in allen Ausbildungsbereichen bekannt, dass erworbenes Wissen nur unzureichend in professionelles Handeln umgesetzt wird (vgl. WAHL 2002, 227). Gerade in der Lehrerbildung wird das angesprochene Phänomen besonders häufig thematisiert und mündet in der Forderung nach einer besseren Theorie-Praxis-Verschränkung. Eine mögliche Antwort auf solche Forderungen können Lehrerhandlungstrainings geben. *Praktische Übungen* sollen bewirken, dass Handlungskompetenzen für didaktische wie für interaktionelle Handlungsfelder entstehen.

3.2 Evaluationsergebnisse zu Lehrerhandlungstrainings

CRUICKSHANK/ METCALF führten 1990 empirische Untersuchungen durch, die belegten, dass Trainingsseminare in der Lehrerbildung positive Veränderungen im Verhalten von Lehrern und Lehramtsstudenten nach sich ziehen können.

Mit Hilfe des „Heidelberger Inventars zur Lehrveranstaltungs-Evaluation" wurde die Effektivität des von HAVERS entwickelten Münchner Lehrertrainings aus Sicht der Teilnehmer gemessen. Die Auswertung der Fragebögen zeigte auf, dass die Teilnehmer ihren Lernerfolg und die Effektivität des Seminars als außerordentlich hoch einschätzten. Mit Blick auf die Langzeitwirkung waren die Ergebnisse bei einer

Befragung ehemaliger Teilnehmer, die inzwischen praktizierende Lehrer geworden waren, ähnlich positiv (vgl. KRAPP 2001, 328).

KRAMIS untersuchte 1991 die Effektivität seines mit Schweizer Lehramtsstudierenden durchgeführten Handlungstrainings mit Hilfe einer untrainierten Vergleichsgruppe. Dabei erzielten die trainierten Studenten hoch signifikant bessere Abschlussnoten in ihrer unterrichtspraktischen Abschlussprüfung als die Vergleichsgruppe (vgl. KRAPP 2001, 328).

Eine wissenschaftliche Erklärung für den Erfolg der Lehrerhandlungstrainings bei der Übertragung pädagogischer Theorie auf die Praxis sehen HAVERS und TOEPELL (vgl. 2002, 189) in den Ergebnissen der Expertise- und Lehrerkognitionsforschung. Diese Ergebnisse zeigen auf, dass das Berufswissen von Lehrern nicht abstrakt und nicht aus Einzelaussagen besteht, sondern vielmehr „erfahrungsgebunden, handlungsorientiert und situationsspezifisch" ist (CARTER 1990, 307 zit. n. HAVERS/ TOEPELL 2002, 189). Hieraus wird deutlich, dass zum Aufbau eines solchen Wissens handlungsorientierte Seminarformen bzw. Lehrertrainings eher geeignet sind als theoriegeleitete.

3.3 Gütekriterien für Handlungstrainings

Damit Handlungstrainings wirklich zu einer Veränderung von menschlichem Handeln führen, formuliert WAHL vier Bedingungsfaktoren:
1. Trainingsverfahren müssen auf der Ebene des reflexiven Bewusstseins angesiedelt sein.
2. Trainings müssen in die Modifikation situationsübergreifender Ziele und Pläne eingebettet sein.
3. Trainings müssen neben kognitiven und aktionalen auch emotionale Veränderungen aktiv nachhaltig unterstützen.
4. Trainings müssen so angesetzt werden, dass sie das Bewusstmachen handlungsleitender Prototypenstrukturen, die Handlungsreflexion unter Einbeziehung von Expertenwissen und das erneute Ingang-Setzen handlungssteuernder Prototypenstrukturen wirksam unterstützen (vgl. WAHL 2002, 230).

3.4 Microteaching als Methode des Unterrichtstrainings

Die von ACHESON und ALBERTINE zwischen 1961 und 1963 entwickelte Microteaching-Methode basiert auf der Grundannahme, dass sich einzelne Fähigkeiten vom komplexen Lehrerhandeln extrahieren lassen und somit gezielt durch Übungen gefördert werden können (vgl. HAVERS/ TOEPELL 2002, 178). Microteaching-Settings sind Unterrichtssequenzen von 5-10 Minuten Länge bei denen begrenzte Aufgabenstellungen (z.b. Einbezug aller Teilnehmer, Erklärung von Sachverhalten) in Kleingruppen videogestützt durchgespielt werden (vgl. HELMKE 2003, 233). Im Anschluss erfolgt eine Sichtung des Videomaterials, in der das Lehrervorgehen analysiert wird und mögliche Verbesserungsmaßnahmen in der Gruppe erarbeitet werden. In einem zweiten Durchlauf der Sequenz können diese dann zur Anwendung gebracht und in Bezug auf ihre Wirksamkeit reflektiert werden. „Microteaching kann somit die Fähigkeit zur Wahrnehmung und Beobachtungsgabe aller steigern; durch die Videoauswertung können neue pädagogische und fachliche Lösungsmöglichkeiten erlernt und ausprobiert werden" (HELMKE 2003, 233). Laut HAVERS und TOEPELL eignet sich die Microteaching-Methode „…besonders gut zum Üben komplexer, aber relativ klar definierter didaktischer und kommunikativer Fähigkeiten" (HAVERS/ TOEPELL 2002, 181).

4. Pilotprojekt eines Handlungstrainings

Das Handlungstraining zu Interaktionsprozessen wurde als Pilotprojekt im Wintersemester 2007/2008 als Blockveranstaltung durchgeführt. Das Seminar bestand dabei aus 32 Lehramtsstudierenden verschiedener beruflicher Fachrichtungen wie Bautechnik, Gestaltungstechnik, Versorgungstechnik, Chemietechnik, Ernährung und Hauswirtschaft sowie Gesundheit und Pflege. Das Pilotprojekt sollte dem Sammeln von ersten Erfahrungen auf dem Weg zur Entwicklung eines homogenen, d.h. nur mit Bautechnik-Studierenden besetzten

Seminars zur Förderung von Fachgesprächskompetenz in bautechnischen Lernsituationen dienen.

Gegliedert war das Handlungstraining in eine Informations-, Vorbereitungs-, Planungs- und Durchführungs- sowie Bewertungsphase.

4.1 Informationsphase

Nach einer gemeinsamen Vorstellungsrunde waren die Teilnehmer aufgefordert, die auf einem Tisch ausgelegten Statements zur Lehrerrolle zu sichten, sich für eines davon zu entscheiden und in einer anschließenden Debatte zu verteidigen. Hierdurch wurden zum einen ein besseres Kennenlernen der Teilnehmer untereinander ermöglicht und zum anderen kleine Einblicke in die jeweiligen subjektiven Vorstellungen zur Lehrerrolle gewährt.

Ein kurzer Seminarvortrag zur zentralen Funktion von Interaktions- und Kommunikationsprozessen im Unterricht bildete die thematische Einführung. Der erste Veranstaltungstermin endete mit der Besprechung der relevanten Literatur mit Blick auf die bis zum ersten Blocktermin zu beantwortenden Leitfragen:

- Wie hat sich die Lehrer-Schüler-Interaktion durch die Handlungsorientierung verändert?
- Welche Bedingungen sollten für ein ideales, allgemeines Gespräch vorherrschen?
- Was ist ein Fachgespräch (Kennzeichen, Funktion, Anlässe...)?
- Welchen Stellenwert haben Fachgespräche in einem lernfeldorientierten Unterricht, der von hoher Schülerselbstständigkeit geprägt ist?
- Wie könnten Gütekriterien für Fachgespräche unter Berücksichtigung ihrer verschiedenen Anlässe aussehen?
- Wie könnte Fachgesprächskompetenz trainiert werden?

Die Bearbeitung der Leitfragen erfolgte in arbeitsteiliger Gruppenarbeit außerhalb des Seminars.

4.2 Vorbereitungsphase

Der erste Teil der Vorbereitungsphase startete mit einer Kartenabfrage zu den Teilnehmererwartungen an das Handlungstraining. Die gegebenen Antworten reichten dabei vom „Training im Umgang mit Gruppen" über „richtiges Fragen" bis zu „Gesprächskompetenz".

Im Anschluss erfolgte eine Diskussion zum „Feedbackgeben" bei der grundlegende Feedbackregeln („sprich per ich", „stelle nicht die ganze Person in Frage", „spreche keine Beleidigungen aus", „begründe deine kritischen Aussagen", „Sandwich-Regel") für die Veranstaltung festgelegt wurden. In Ergänzung zu diesen basalen Regeln wurden fein gegliederte Präsentationskriterien ausgegeben.

Zentraler Bestandteil der Vorbereitungsphase war die videogestützte Analyse des individuellen Vortragsverhaltens (Monolog) und kurzer Interaktionssequenzen (Dialog) durch gruppendynamisches Feedback. Dazu erhielten die Lehramtsstudierenden den Arbeitsauftrag innerhalb einer Viertelstunde einen Kurzvortrag von zwei bis drei Minuten Länge zu einem Thema ihrer Wahl zu konzipieren. Dabei sollte das Plenum durch geeignete Impulse mit einbezogen werden. Hintergrund dieser Vorgehensweise war einerseits der Abbau von vorhandenen Ängsten der Teilnehmer bezüglich der Videographie und andererseits die Förderung der Selbstwahrnehmung und der Vortragstechnik.

Der zweite Teil der Vorbereitungsphase stand im Zeichen der Präsentation der Gruppenarbeitsergebnisse, die von den Teilnehmern außerhalb des Seminars erarbeitet wurden. Die einzelnen Gruppen waren dazu angehalten, ein übersichtliches Plakat anzufertigen, mit dessen Hilfe sie das übrige Plenum über ihre Arbeitsergebnisse informieren konnten.

Von besonderer Wichtigkeit war die grundsätzliche Klärung des Stellenwertes der Lehrer-Schüler-Interaktion im handlungsorientierten Unterricht, die Definition von Fachgesprächen und die Ausarbeitung von seminarinternen Gütekriterien für Fachgespräche.

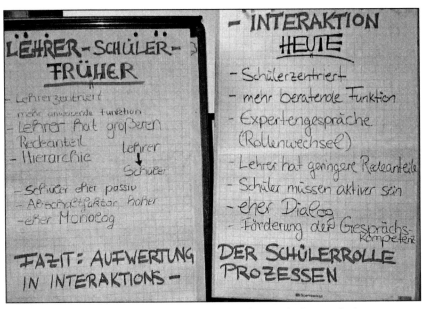

Abb. 4: Präsentation der studentischen Arbeitsergebnisse

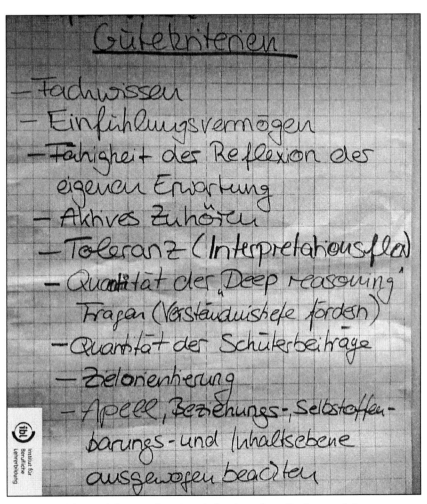

Abb. 5: Plakat zu den Gütekriterien eines Fachgespräches

4.3 Planungs- und Durchführungsphase

Das Handlungstrainingsseminar erreichte mit der Planungs- und Durchführungsphase seine eigentliche Schwerpunktsetzung. Kernpunkt der Planungsphase war eine arbeitsteilige Gruppenarbeit, in der pro Gruppe drei Unterrichtssequenzen (8-10 min) zu entwickeln waren, in denen sich unterschiedliche Anlässe für das Führen eines Fachgesprächs ergeben. Da Fachgespräche auf inhaltlich-fachliche Thematiken ausgerichtet sind, bildeten sich die 6er-Gruppen nach dem Kriterium der beruflichen Fachrichtung oder des allgemein bildenden Unterrichtsfachs. Nachdem das Unterrichtsthema in der Stammgruppe festgelegt war, wurden innerhalb der Teams die Lehrer- und Schülerrollen vergeben, so dass sich jeweils zwei „LehrerInnen" und vier „SchülerInnen" unabhängig voneinander auf ihre Rollen vorbereiten konnten.

Die „LehrerInnen" wurden also in der Durchführungsphase mit einer für sie unbekannten Unterrichtssituation konfrontiert. Dabei zeigte sich, dass vier von fünf Gruppen Unterrichtsausschnitte konzipiert hatten, in denen die „SchülerInnen" bei der Aufgabenbearbeitung (z.B. Extremwertaufgabe, Ernährungsberatung) gänzlich in die falsche Richtung führende Lösungswege einschlugen oder der Lernprozess innerhalb der Gruppe durch abweichendes Sozialverhalten (z.B. Desinteresse, Dominanzverhalten, Störungen) ins Stocken geriet. In beiden Fällen war also ein Eingreifen der Lehrkraft notwendig, um die „SchülerInnen" zum Lernprozess zurückzuführen.

Nach der Durchführung des jeweiligen Rollenspiels und Sichtung des Videomaterials schloss sich eine gruppendynamische Feedbackrunde an. Strukturiert wurde diese durch die bereits erarbeiteten und im Seminarraum sichtbar gemachten Gütekriterien zur Beurteilung von Fachgesprächen. Die in diesem Zusammenhang erarbeiteten Verbesserungsvorschläge konnten dann in einem zweiten Durchlauf des Rollenspiels auf ihre Effektivität hin überprüft werden. Aufgrund der hohen Teilnehmerzahl hatten allerdings nicht alle „LehrerInnen" die Möglichkeit eines zweiten Übungsversuchs.

Abb. 6: Arbeitsgruppe in der Feedbackrunde

4.4 Auswertungsphase

Die Auswertungsphase bildete den Schlusspunkt des Handlungstrainings. Die Evaluation erfolgte in Form eines standardisierten Fragebogens und wurde durch eine dialogische Auswertung mit den Teilnehmern ergänzt. Die dialogische Auswertung ergab, dass die Studierenden:

- mit großem Interesse ihr Vortragsverhalten aus der Zuschauerperspektive wahrgenommen haben und weiterentwickeln konnten,
- die Möglichkeit, theoretisch erarbeitete Inhalte praktisch erproben zu können, äußerst positiv bewerten,
- Handlungstrainings als integrativen Bestandteil der ersten Phase der Lehrerausbildung fordern und
- für zukünftige Trainingsseminare kleinere Teilnehmergruppen und die doppelte Semesterwochenstundenzahl vorschlagen.

Die Auswertung des Fragebogens ergab sehr gute Ergebnisse hinsichtlich der Items:

- Praxisrelevanz,
- Lernerfolg,
- Aktualität des Themas und
- Beteiligungsmöglichkeiten.

4.5 Fazit und Ausblick

Das Handlungstrainingsseminar war gekennzeichnet durch eine kooperative, freundliche Atmosphäre und eine konzentrierte, hoch motivierte Lerngruppe. Selbst während der zeitaufwändigen, etwas langatmigen Analyse des individuellen Vortragsverhaltens, die pro Teilnehmer 15 Minuten in Anspruch nahm, wurden diszipliniert die im Seminar erarbeiteten Feedbackregeln eingehalten und auf hohem Niveau konstruktiv Kritik geübt. Laut der Studierenden war der Grund hierfür, dass bei jedem Analysefall etwas dazu gelernt werden konnte. Mit zunehmender Dauer der Vorbereitungsphase stellte sich auch so etwas wie ein gemeinschaftliches Vertrauensgefühl ein, was ebenfalls positiv zur Lernatmosphäre beitrug. Bei den durchgeführten Unterrichtssequenzen war erkennbar, dass sich alle Beteiligten mit ihrer Rolle identifizieren konnten und somit jeweils eine recht real anmutende Situation entstand, die besonders die „Lehrpersonen" als Herausforderung wahrnahmen.

Mit Blick auf die Evaluationsergebnisse kann also von einem gelungenen Handlungstraining gesprochen werden, welches aber noch Verbesserungspotenzial aufweist. So bedarf es gerade für die Bestimmung belastbarer Beurteilungskriterien hinsichtlich der verschiedenen Fachgespräche noch einiges an Forschungsarbeit. Auch wird wohl für die Durchführung eines qualifizierten Trainings die Ausbildung des Autors zum Trainer notwendig sein. Zudem sind Pläne zu entwickeln, wie der Kompetenzzuwachs der Teilnehmer zuverlässig gemessen und auf Nachhaltigkeit überprüft werden kann. Hierfür könnte die Integration von „Microteaching in die Unterrichtspraktika" (vgl. HAVERS/ TOEPELL 2002, 181) von Lehramtsstudierenden einen interessanten Ausgangspunkt darstellen.

Literatur

BUCHALIK, U./ RIEDEL, A. (2007): Fachgespräche – Lehrer-Schüler-Kommunikation in komplexen Lehr-Lern-Umgebungen. Schriftliche Fassung eines Vortrags.

CRUICKSHANK, D./ METCALF, K. (1990): Training within teacher preparation. In: Handbook of Research in Teacher Education. New York.

FLIEGERBAUER, A. (2005): Planung und Durchführung einer auftragsbezogenen Lernsituation nach dem Modell der vollständigen Handlung im Berufsfeld Elektrotechnik. München: Technische Universität München, Fachbereich Didaktik der Elektro- und Informationstechnik, Ex.

GEIGER, R. (2005): Systematik- und beispielorientierte Gestaltungsvarianten eines handlungsorientierten technischen beruflichen Unterrichts. Frankfurt am Main.

GEIßLER, K. (1995): Lernprozesse steuern: Übergänge zwischen Willkommen und Abschied. Weinheim.

HAVERS, N./ TOEPELL, S. (2002): Trainingsverfahren für die Lehrerausbildung im deutschen Sprachraum. In: Zeitschrift für Pädagogik 48, H. 2, 174-193.

HELMKE, A. (2003): Unterrichtsqualität erfassen, bewerten, verbessern. Seelze.

KRAMIS, J. (1991): Eine Kombination mit hoher Effektivität: Microteaching – Reflective Training – Unterrichtsberatung. Unterrichtswissenschaft, H. 19, 260-277.

KRAPP, A./ WEIDENMANN, B. (Hrsg.) (2001): Pädagogische Psychologie. 4. Auflage. Hemsbach.

OSER, F. (2001): Die Wirksamkeit der Lehrerbildungssysteme. Chur.

OTT, B. (2000): Grundlagen des beruflichen Lernens und Lehrens. 2. Auflage. Lengerich.

PÄTZOLD, G. (1996): Lehrmethoden in der beruflichen Bildung. 2. Auflage. Heidelberg.

RIEDL, A. (2006): Perspektiven prozessorientierter Unterrichtsforschung in der technischen beruflichen Bildung. In: Zeitschrift für Berufs- und Wirtschaftpädagogik 102, H. 3, 405-425.

SCHOLLWECK, S. (2007): Lernprozesse in einem handlungsorientierten beruflichen Unterricht aus Sicht der Schüler. Frankfurt am Main.

TENBERG, R. (2004): Lehrer-Schüler-Interaktion in handlungsorientiertem Unterricht. Eine Explorationsstudie. In: Lernen & Lehren 73, H. 3, 38-45.

TENBERG, R. (2006): Didaktik lernfeldstrukturierten Unterrichts. Hamburg.

WAHL, D. (2002): Mit Training vom trägen Wissen zum kompetenten Handeln?. In: Zeitschrift für Pädagogik 48, H. 2, 227-241.

WUTTKE, E. (2005): Unterrichtskommunikation und Wissenserwerb. Frankfurt am Main.

Frank Bünning und Klaus Jenewein

Effekte des experimentierenden Lernens in der Bau- und Holztechnik

1. Bildungspolitischer und wissenschaftlicher Kontext

In jüngerer Vergangenheit traten Neuordnungen in einer ganzen Reihe von Berufsfeldern in Kraft, beispielsweise in der Bauwirtschaft (1999) oder in den Elektroberufen (2003). Die neu vorgelegten Rahmenlehrpläne orientierten sich durchweg am Stand der KMK-Handreichung für die Erarbeitung von Rahmenlehrplänen und damit am Ziel der Kompetenzentwicklung und am Prinzip handlungsorientierten Lernens (in der letzten Fassung KMK 2007). Insbesondere Letzteres wird in den bildungspolitischen Vorgaben mit hoher Priorität gefordert, etwa wenn die KMK-Handreichung in den Ausführungen zum Bildungsauftrag der Berufsschule gleich als erstes Ziel anführt, es müsse „...die Berufsschule den Unterricht an einer für ihre Aufgabe spezifischen Pädagogik ausrichten, die Handlungsorientierung betont" (ebd., 10). Die KMK bleibt damit bei grundsätzlichen pädagogischen Vorstellungen, die in den technischen Berufsfeldern bereits mit den 1987er Neuordnungsverfahren der handwerklichen und industriellen Elektro- und Metallberufe eingeführt wurden und seitdem als allgemeiner Standard in der Rahmenlehrplanentwicklung herangezogen worden sind.

Zur Frage der Umsetzung handlungsorientierten Lernens in der beruflichen Bildung ist seit 1987 sehr umfassend gearbeitet worden (vgl. etwa HURZ 2000). Handlungsorientiertes Lernen bezieht sich zunächst auf lernpsychologisch begründete Vorstellungen zur Entwicklung von Strategien des Problemlösens und auf den Zusammenhang zwischen Lern- und Bezugshandlungen (ebd., 226 ff. bzw. 231 ff.). Bezüglich der Umsetzung dieser Unterrichtskonzepte existieren entwickelte

Vorstellungen einer handlungsorientierten Methodik (vgl. JENEWEIN 2000) mit ausdifferenzierten Methodenkonzeptionen (PAHL 2007) und eine breit angelegte fachdidaktische Diskussion (vgl. die Beiträge zu den Fachtagungen Elektrotechnik-Informatik, Metalltechnik sowie Bau/Holz/Farbe im Rahmen der Hochschultage Berufliche Bildung).

2. Gegenstand und Konzeption der vorliegenden Studie

In den gewerblich-technischen Domänen besitzen handlungsorientierte Lern- und Unterrichtsformen seit langem eine hohe Bedeutung. Dabei ist hier insbesondere zu unterscheiden nach gestaltungsorientierten (z. B. Konstruktions-, Fertigungs- oder Instandhaltungsaufgaben) und nach erkenntnisorientierten Methoden. Von besonderer Bedeutung ist hierbei das experimentierende Lernen und in seiner fachdidaktisch entwickelten Methodik das Technische Experiment (vgl. JENEWEIN 2000, PAHL 2007). Vor diesem Hintergrund war es in den vergangenen Jahren besonderes Anliegen der Magdeburger Aktivitäten, für die Bau- und Holztechnik eine handlungstheoretisch begründete Konzeption zum experimentierenden Lernen in der Bau- und Holztechnik auszuarbeiten und mit Experimenten zu untersetzen, die im Rahmen des fachdidaktischen Laboratoriums entwickelt worden sind (vgl. BÜNNING 2006).

In einem zweiten Schritt – und dieser ist Anliegen der im Folgenden vorgestellten Studie – wurde die Zielsetzung verfolgt, Effekte des experimentierenden Lernens für die Bau- und Holztechnik empirisch zu evaluieren. Vor diesem Hintergrund wurden zwei ausgewählte Experimente (Zimmermannsmäßige Verbindungen im Holzbau: Experimentelle Ermittlung des Zusammenhangs von maximaler Druckbelastung und Vorholzlänge bei Stirn- und Doppelversatz und Einfluss der Bewehrungslage auf die Biegezugfestigkeit eines Stahlbetonbalkens) in der Berufsbildenden Schule I in Stendal unter Praxisbedingungen getestet. Für die Studie standen vier Klassen des 1. Ausbildungsjahres zur Verfügung. Zum Zwecke der Studie wurden die entwickelten

Experimente in Lernfelder integriert. Das Experiment *Zimmermanns-mäßige Verbindungen im Holzbau: Experimentelle Ermittlung des Zusammenhangs von maximaler Druckbelastung und Vorholzlänge bei Stirn- und Doppelversatz* wurde in das Lernfeld „Herstellen einer Holzkonstruktion" und das Experiment *Einfluss der Bewehrungslage auf die Biegezugfestigkeit eines Stahlbetonbalkens* wurde in das Lernfeld „Herstellen eines Stahlbetonteils" eingeordnet und hier jeweils in eine Lernsituation integriert. Die Studie gliedert sich entsprechend der zwei evaluierten Experimente in zwei Teilstudien:

1. Die Teilstudie I stellt die empirische Evaluation des Experiments *Zimmermannsmäßige Verbindungen im Holzbau: Experimentelle Ermittlung des Zusammenhangs von maximaler Druckbelastung und Vorholzlänge bei Stirn- und Doppelversatz* dar.

2. Bei der Teilstudie II handelt es sich um die empirische Evaluation des Experiments *Einfluss der Bewehrungslage auf die Biegezugfestigkeit eines Stahlbetonbalkens*.

Im Weiteren wird für diese beiden Untersuchungen die Terminologie „Teilstudie I" und „Teilstudie II" verwendet.

Generell dienten drei der vier Klassen als Experimentalgruppe, während eine Klasse als Kontrollgruppe fungierte. Diese drei zu eins Aufteilung wurde gewählt, um das entwickelte Experimentalkonzept sicher zu evaluieren. Wie anfangs hervorgehoben, war es vordergründig Ziel der Studie, die entwickelte Konzeption hinsichtlich ihrer Effekte auf den Lernerfolg zu bewerten. Dieser Zielstellung wird Rechnung getragen, indem drei Klassen als Experimentalgruppen dienen und damit die Ergebnisse durch eine höhere Fallzahl absichern.

Vom Ansatz her findet bei beiden Teilstudien eine ähnliche Herangehensweise Anwendung. Es wurde jeweils mit drei Experimentalgruppen und einer Kontrollgruppe gearbeitet. In der Teilstudie I fungierte die Klasse S.05 als Kontrollgruppe, während in der Teilstudie II die Klasse AB.05 als Kontrollgruppe diente.

Tabelle 1: **Anordnung für die Untersuchung der bautechnischen Experimente**

Klasse	1. Vortest	2. Vortest	Experiment	1. Nachtest	2. Nachtest
M.05 (M-Maurer)	O	O	X	O	O
AB.05 (AB-Ausbau-fach-arbeiter)	O	O	X	O	O
Da.05 (Da-Dachde-cker)	O	O	X	O	O
S.05 (S-Straßenbau-facharbeiter)	O	O		O	O

Erläuterungen: 1. Vortest vor Beginn des Lernfeldes
2. Vortest vor dem Experiment
Durchführung des Experiments
(2-6 Unterrichtsstunden)
1. Nachtest nach dem Experiment
2. Nachtest (Ermittlung der
Nachhaltigkeit des erworbenen Wissens)

Für die Evaluation der entwickelten bautechnischen Experimente konnten folglich vier Versuchsgruppen gebildet werden. Für den Ansatz der Studien war die Anwendung einer quasi-experimentellen Untersuchung mit einer Kontrollgruppe (ohne Intervention) angemessen. Es wurde keine Randomisierung vorgenommen, da die Lernenden auf Grund ihrer Berufswahl in Klassen eingeteilt waren und nicht für die Untersuchung durch zufällige Auswahl neu zusammengesetzt werden konnten. Daher war die Durchführung von Vortests zur Bestimmung der abhängigen Variablen erforderlich, um Aussagen über die Veränderung in den Experimentalgruppen treffen zu können. Die Vortests hatten hier die Funktion, eventuelle Ausgangsunterschiede zwischen den Experimental- und den Kontrollgruppen zu Beginn der Untersuchungen zu ermitteln. Die Ausgangsbedingungen sind Referenzdaten, auf die sich interventionsbedingte Veränderungen beziehen (vgl. BORTZ/DÖRING 2002, 530).

Vor diesem Hintergrund wurde in Teilstudie I die in Tabelle 1 dargestellte Testanordnung verwendet (die Testanordnung von Teilstudie II entspricht prinzipiell ebenfalls dem dargestellten Design).

Mit Hilfe der Tests wird eine Lernerfolgsmessung in Bezug auf deklaratives und prozedurales Wissen sowie auf Problemlösungswissen durchgeführt. Daher wird der Test in drei Teile eingeteilt, welcher jeweils Fragen zu allen drei Wissensarten beinhaltet. Die Tests wurden aus veröffentlichten Prüfungsaufgaben der Industrie- und Handelskammer (IHK) und aus Prüfungsliteratur zusammengestellt, wobei die einzelnen Aufgaben auf der Basis kognitionstheoretisch basierter Kriterien ausgewählt worden sind. Hiermit wurde ein Testinstrumentarium für die drei zu untersuchenden Wissensarten entwickelt. Es konnte auf bewährte Aufgaben zurückgegriffen werden, die bereits getestet sind und sich als zuverlässig erwiesen haben.

Für einen Teil des Tests, der sich auf deklaratives Wissen konzentriert, bot sich die Antwort-Auswahl-Form als Aufgabentyp an. Das prozedurale Gedächtnis speichert Wissen in Form von Modulen bzw. in Form von unabhängigen Produktionsregeln. Aus diesem Grund wurde für diesen Teil der Konstruktions-Anwendungs-Typ herangezogen. Im Testteil des Problemlösungswissens wurde der Aufgabentypus der Konstruktions-Art verwendet, bei dem die Lernenden die Lösung selbst entwickeln mussten. Für jeden Teil der Tests wurden neun Punkte vergeben.

Die empirisch zu evaluierenden Experimente wurden in die entsprechenden und relevanten Lernfelder eingebettet. Ferner wurden Lernsituationen entwickelt, in denen das Experiment zum Einsatz kam. Das betreffende Lernfeld für die Studie umfasste jeweils 60 Unterrichtsstunden. Die Lernsituation und das Experiment wurden nach ca. 30 Unterrichtsstunden integriert.

Im Rahmen der Studie wurden auf Grund unterschiedlicher theoretischer Überlegungen und des aktuellen Erkenntnisstandes anderer empirischer Studien zu den Effekten handlungsorientierter Lehr-Lern-Arrangements folgende Hypothesen formuliert:

H1:   *Experimentalunterricht fördert die Aneignung von deklarativem Wissen ebenso wie direktiver Unterricht.*

H2: *Experimentalunterricht fördert die Aneignung prozedu-*
ralen Wissens und damit die Fähigkeit, Prozesse eigenstän-
dig nachzuvollziehen und zu modifizieren.

H3: *Experimentalunterricht fördert die Aneignung von Pro-*
blemlösungswissens hinsichtlich der Befähigung zum Lösen
problemhaltiger Aufgaben aus dem fachlichen Umfeld der
Lernenden.

H4: *Experimentalunterricht fördert die Aneignung von den drei*
Wissensbereichen (deklaratives, prozedurales und Problem-
lösungswissen) bei leistungsstarken Lernenden, leistungs-
schwache Lernende werden demgegenüber benachteiligt.

3. Ergebnisse der empirischen Studie

Im Folgenden werden zunächst die Ergebnisse der Studien getrennt
für die untersuchten Wissensbereiche vorgestellt. Die Analyse der
Mittelwerte erfolgt zunächst deskriptiv, eine Signifikanzprüfung im
Anschluss. Eine Interpretation und Hypothesenprüfung erfolgen im
Anschluss an eine tiefer gehende statistische Analyse.

3.1 Deklaratives Wissen

Teilstudie I

Als Teil der Auswertung werden die erreichten Mittelwerte der unterschiedlichen Gruppen (M.05, AB.05, Da.05 und S.05) zu unterschiedlichen Zeitpunkten (1. Vortest bis 2. Nachtest) gegenübergestellt.
Diese Gegenüberstellung verdeutlicht die Entwicklung der Wissens-
bestände in den Klassen, die der Intervention des Experiments aus-
gesetzt waren. Die Ergebnisse sind weiterhin in die drei Testbereiche
aufgeschlüsselt: deklaratives Wissen, prozedurales Wissen und Problemlösungswissen.
Eine direkte Gegenüberstellung der Bildung der Mittelwerte von

Kontrollgruppe und Experimentalgruppe der Teilstudie I verdeutlicht, dass die Entwicklung der Kontrollgruppe und der Experimentalgruppe sehr ähnlich ist. Es ist jedoch anzumerken, dass die drei Experimentalgruppen ein leicht besseres Ergebnis im 1. Nachtest und im 2. Nachtest erzielen. Die Differenz zwischen Experimental- und Kontrollgruppe beträgt im 1. Nachtest 0,42 Punkte und im 2. Nachtest 0,46 Punkte (s. Abb. 1).

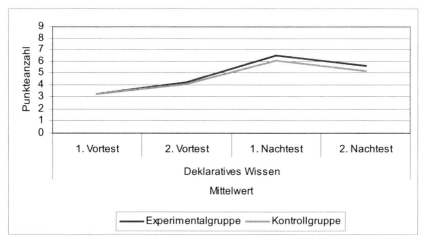

Abb. 1: Mittelwertvergleich – deklaratives Wissen,
Experimental- und Kontrollgruppe – Teilstudie I

Teilstudie II

Im 1. Vortest zeigen die beiden Gruppen ein ähnliches Ergebnis (Experimentalgruppe 4,22 Punkte, Kontrollgruppe 4,43 Punkte). Im 2. Vortest weist die Experimentalgruppe ein schlechteres Ergebnis als die Kontrollgruppe auf (Experimentalgruppe 6,49 Punkte, Kontrollgruppe 7,43 Punkte). Die Differenz beträgt damit nahezu 1 Punkt. Im 1. Nachtest zeigt die Experimentalgruppe ein besseres Ergebnis als die Kontrollgruppe (Experimentalgruppe 7,16 Punkte, Kontrollgruppe 6,00 Punkte). Im 2. Nachtest zeigt sich eine Differenz zwischen Experimental- und Kontrollgruppe von 0,92 Punkten (Abb. 2).

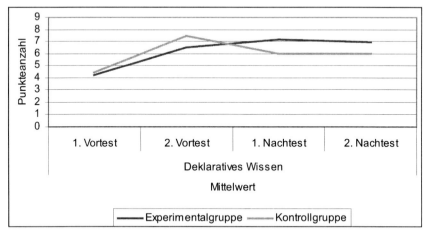

Abb. 2: Mittelwertvergleich – deklaratives Wissen, Experimental- und Kontrollgruppe – Teilstudie II

Die Analyse der Entwicklung der Experimentalgruppen und der Kontrollgruppe (Teilstudie I und Teilstudie II) zeigt, dass durch die Intervention (das Experiment) leicht bessere Ergebnisse im deklarativen Wissensbereich des Tests erzielt werden. Diese Tendenz ist in beiden Teilstudien zu beobachten, wobei die Tendenz in der Teilstudie II deutlicher ausfällt.

3.2 Prozedurales Wissen

Teilstudie I

Analog zum deklarativen Wissen werden die Ergebnisse des Testbereiches prozedurales Wissen in den unterschiedlichen Klassen und in den durchgeführten Tests gegenübergestellt.

Bei der direkten Gegenüberstellung zeigt die Experimentalgruppe einen sehr deutlich ausgeprägten prozeduralen Wissenszuwachs. Im 1. Vortest konnten die Klassen, die am Experiment teilnahmen, durchschnittlich 1,49 Punkte erreichen und im 2. Nachtest 2,89 Punkte erzielen. Die Kontrollgruppe zeigt im 1. Vortest Ergebnisse von durchschnittlichen 1,07 Punkten im Bereich des prozeduralen Wissens. Im 2. Nachtest erreicht sie jedoch nur 1,21 Punkte. Im weiteren Verlauf der Studie (ab 2. Vortest) differieren die Gruppen bereits deutlich. Durchschnittlich erreicht die Experimentalgruppe 2,22 Punkte und die Kontrollgruppe 1,29 Punkte (Abb. 3).

Dieser Unterschied kann nicht allein nur durch die Intervention, d. h. durch das Experiment erklärt werden, da die experimentelle Einheit erst nach dem 2. Vortest erfolgte. Es liegt die Vermutung nahe, dass die Unterschiede durch andere Einflüsse zustande kommen. Neben der Auswirkung des Lernerfolgs durch das Experimentieren im engeren Sinn wird in der Studie ebenfalls der Grad der Handlungsorientierung des praktizierten Unterrichts durch die Lehrenden erfasst. Es konnte festgestellt werden, dass die Lehrenden in der Kontrollgruppe einen weniger handlungs- und mehr instruktionsorientierten Unterricht umsetzten. Die hier auftretenden Unterschiede in den Lerneffekten sind möglicherweise darauf zurückzuführen.

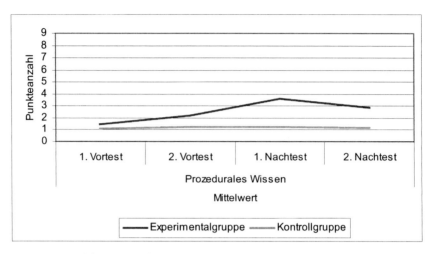

Abb. 3: Mittelwertvergleich – prozedurales Wissen,
Experimental- und Kontrollgruppe – Teilstudie I

Teilstudie II

Die Ergebnisse der Teilstudie II werden hinsichtlich der Kontroll- und
Experimentalgruppe nochmals gegenübergestellt. Die Experimentalgruppe verzeichnet im 1. Vortest ein wesentlich schlechteres Ergebnis als die Kontrollgruppe (Experimentalgruppe 0,07 Punkte,
Kontrollgruppe 1,43 Punkte). Im 2. Vortest schneidet die Experimentalgruppe ebenfalls wesentlich schlechter als die Kontrollgruppe ab.
Im 1. Nachtest wandelt sich das Ergebnisbild, und die Experimentalgruppe erreicht mit 5,27 Punkten ein wesentlich besseres Ergebnis
als die Kontrollgruppe, die lediglich 3,43 Punkte erreicht. Auch im
2. Nachtest kann die Experimentalgruppe ein besseres Ergebnis als
die Kontrollgruppe erzielen (Experimentalgruppe 4,35 Punkte, Kontrollgruppe 3,00 Punkte) (Abb. 4).

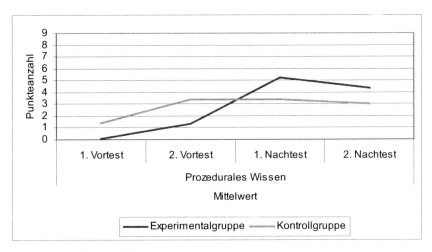

Abb. 4: Mittelwertvergleich – prozedurales Wissen,
Experimental- und Kontrollgruppe – Teilstudie II

In der Entwicklung des prozeduralen Wissens zeigt der Experimental-unterricht deutliche positive Effekte. Sowohl in Teilstudie I als auch in Teilstudie II erzielten die Experimentalgruppen deutliche Zuwächse. Während in der Teilstudie I die Kontrollgruppe stagniert, verzeichnet die Experimentalgruppe einen deutlichen Zuwachs. In der Teilstudie II weist die Kontrollgruppe zunächst bessere Ergebnisse als die Experimentalgruppe auf. Nach der Intervention überflügelt die Experimentalgruppe die Kontrollgruppe deutlich.

3.3 Problemlösungswissen

Teilstudie I

Eine direkte Gegenüberstellung der Ergebnisse von Experimental- und Kontrollgruppe von Teilstudie I im Bereich des Problemlösungswissens zeichnet ein deutliches Bild. Während die Experimentalgruppe im Vortest 0,56 Punkte erreicht und im 1. Nachtest 2,47 Punkte, konnte sich die Kontrollgruppe von 0,29 Punkten im 1. Vortest nur auf 0,36 Punkte im 1. Nachtest steigern. Die Experimentalgruppe weist damit einen Zuwachs vom 1. Vortest zum 1. Nachtest von 1,91 Punkten auf; die Kontrollgruppe steigert sich demgegenüber lediglich um 0,07 Punkte (Abb. 5).

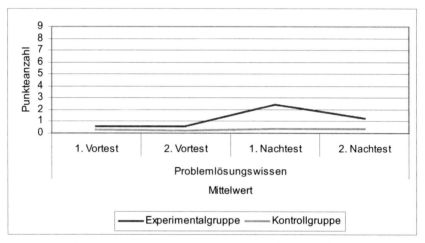

Abb. 5: Mittelwertvergleich – Problemlösungswissen, Experimental- und Kontrollgruppe – Teilstudie I

Teilstudie II

Die Auswertung der Teilstudie II zeigt ein weniger deutliches Bild als die Auswertung der Teilstudie I in diesem Wissensbereich. Die Experimentalgruppe konnte sich von 0,00 im 1. Vortest auf 0,57 im 1. Nachtest steigern. Die Kontrollgruppe steigert sich von ebenfalls 0,00 Punkten auf 0,71 Punkte im 1. Nachtest. Damit zeigen beide Gruppen einen ähnlich geringen Punktezuwachs (Abb. 6).

130

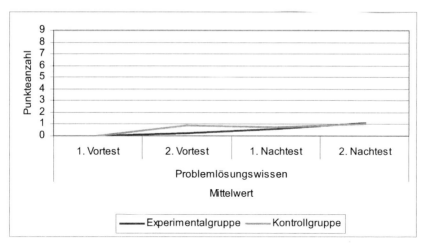

Abb. 6: Mittelwertvergleich – Problemlösungswissen, Experimental- und Kontrollgruppe – Teilstudie II

In Teilstudie I zeigt sich, dass die Experimentalgruppe durch die Intervention einen deutlichen Leistungszuwachs im Problemlösungswissen aufzeigen konnte. Die Kontrollgruppe hingegen zeigt nur einen sehr geringen Zuwachs in diesem Testbereich. Diese sehr deutliche Entwicklung der Teilstudie I wurde in der Teilstudie II jedoch nicht bestätigt. Die Experimentalgruppe verzeichnet durch die Intervention einen geringen Leistungszuwachs. Die Kontrollgruppe verschlechtert sich über diesen Zeitraum (2. Vortest – 1. Nachtest) geringfügig. Im 2. Nachtest weisen beide Gruppen ein nur geringfügig differierendes Ergebnis zu Gunsten der Experimentalgruppe auf.

4. Detaillierte statistische Untersuchung der Lerneffekte in einzelnen Wissensbereichen

Im Rahmen der Auswertung der Studie ist es von besonderem Interesse, den Lernerfolg vom 2. Vortest zum 1. Nachtest zu analysieren, da zwischen diesen beiden Tests die Experimentaleinheit in den betreffenden Gruppen (außer in der Kontrollgruppe) durchgeführt wurde. Die Auswirkung des Experiments auf den Lernerfolg wird in dieser Analyse besonders deutlich. Folglich wird dieser Bereich gesondert und detailliert mit Hilfe von T-Test, Varianzanalyse [ANOVA] und Effektstärkemaß η^2 betrachtet.

Tabelle 2: **Zusammenfassung der statistischen Untersuchungsergebnisse – deklaratives Wissen**

	Teilstudie I	Teilstudie II
Deklaratives Wissen (2. Vortest – 1. Nachtest)		
T-Test EG KG	T(df)=-7,923(44) p=,000*** T(df)=-4,497(13) P=,001***	T(df)=-2,350(36) p=,024* T(df)=3,333(6) p=,016*
ANOVA	P=,617 ns η^2=,004 (kein Effekt)	p=,004** η^2=,181 (großer Effekt)
Korrelation zwischen Bildungsabschluss und Entwicklung vom 2. Vortest zum 1. Nachtest EG KG	r=-,105 (p=,492 ns) r=-,489 (p=,076 ns)	r=-,195 (p=,247 ns) r=,661 (p=,106 ns)

Tabelle 3: **Zusammenfassung der statistischen Untersuchungsergebnisse – prozedurales Wissen**

	Teilstudie I	Teilstudie II
Prozedurales Wissen (2. Vortest – 1. Nachtest)		
T-Test EG KG	T(df)=-5,869(44) p=,000*** T(df)=-,155(13) P=,879 ns	T(df)=-11,602(36) p=,000*** T(df)=,000(6) p=1,000 ns
ANOVA	p=,011* η^2=,108 (mittlerer bis großer Effekt)	p=,000*** η^2=,320 (sehr großer Effekt)

Korrelation zwischen Bildungsabschluss und Entwicklung vom 2. Vortest zum 1. Nachtest EG KG	r=-,219 (p=,148 ns) r=,208 (p=,475 ns)	r=-,040 (p=,815 ns) r=,573 (p=,179 ns)

Tabelle 4: **Zusammenfassung der statistischen Untersuchungsergebnisse –Problemlösungswissen**

	Teilstudie I	Teilstudie II
Problemlösungswissen (2. Vortest – 1. Nachtest)		
T-Test EG KG	T(df)=-6,711(44) p=,000*** T(df)=-1,000(13) P=,336 ns	T(df)=-2,017(36) p=,051 ns T(df)=1,000(6) p=,356 ns
ANOVA	p=,001*** η^2 =,168 (großer Effekt)	p=,233 ns η^2 =,034
Korrelation zwischen Bildungsabschluss und Entwicklung vom 2. Vortest zum 1. Nachtest EG KG	r=,366 (p=,013*) r=-,354 (p=,215 ns)	r=,179 (p=,289 ns) r=-,496 (p=,258 ns)

Erläuterungen: EG – Experimentalgruppe
KG – Kontrollgruppe
ANOVA – Analysis of Variance
(Varianzanalyse)

Neben der Untersuchung der Auswirkungen des Experimentierens auf den Lernerfolg werden ebenfalls Einflüsse des Bildungsabschlusses auf die Entwicklung in den drei Bereichen deklaratives, prozedurales Wissen und Problemlösungswissen untersucht. Die Entwicklung der Lernenden wird durch den Punktezuwachs zwischen 2. Vortest und 1. Nachtest verdeutlicht, d. h. von der erreichten Punktzahl im 1. Nachtest wird die erreichte Punktzahl im 2. Vortest subtrahiert. Die ermittelte Punktzahl wird dann mit dem Bildungsabschluss korreliert.

Die wichtigsten Ergebnisse der Analyse werden zunächst in tabellarischer Form (Tabellen 2 bis 4) dargestellt. Auf der Grundlage der hier verzeichneten statistischen Ergebnisse finden im Anschluss eine Interpretation und Hypothesenprüfung statt.

5. Hypothesenprüfung

H1: *Experimentalunterricht fördert die Aneignung von deklarativem Wissen ebenso wie direktiver Unterricht.*

Die Hypothese H1 kann bestätigt werden.

In der Teilstudie I wird die Hypothese sowohl im Vergleich des 2. Vortests und des 1. Nachtests als auch im Vergleich der 1. Nachtests und 2. Nachtests bestätigt. Der T-Test für die Experimentalgruppe beim 2. Vortest und 1. Nachtest zeigt an, dass die gemessene Veränderung höchst signifikant ist [T(df)=-7,923(44); p=,000]. Die Kontrollgruppe konnte ebenfalls eine höchst signifikante Veränderung verzeichnen [T(df)=-4,497(13); p=,001]. Die Varianzanalyse bestätigt die Ergebnisse des T-Tests. Sie zeigt keinen signifikanten Einfluss des Experiments im 2. Vortest – 1. Nachtest an. Ferner wird kein Effekt durch die Varianzaufklärung ausgewiesen (η^2 =,004).

Die Analyse der Ergebnisse in der Teilstudie II mittels T-Test zeigt im Vergleich des 2. Vortest mit dem 1. Nachtest für die Experimentalgruppe einen signifikanten Zuwachs durch die Intervention [T(df)=-2,350(36); p=,024]. Für die Kontrollgruppe wird ein signifikanter Leistungsabfall mit [T(df)=3,333(6); p=,016] verzeichnet. Damit kann interpretiert werden, dass das Experiment tendenziell zu besseren Ergebnissen als der direktive Unterricht führt. Insbesondere wird durch die Varianzaufklärung ein deutlicher Effekt des Experiments ausgewiesen (η^2 =,181).

Wie schon in der Analyse der Ergebnisse 2. Vortest – 1. Nachtest in Teilstudie I deutlich wurde, ähneln sich die Entwicklungen der Experimentalgruppe und der Kontrollgruppe ebenfalls in den nachfolgenden Tests der Untersuchung. Auch im 1. Nachtest – 2. Nachtest zeigt sich für die Experimental- und die Kontrollgruppe eine vergleichbare Entwicklung. Die Experimentalgruppe in Teilstudie I verzeichnet im T-Test ein [T(df)=3,604(44); p=,000], die Kontrollgruppe ein [T(df)=2,509(13); p=,026]. Die Experimentalgruppe verzeichnet damit eine höchst signifikante Veränderung, die der Kontrollgruppe ist noch signifikant.

In Teilstudie II verzeichnen sowohl die Experimentalgruppe mit [T(df)=-2,350(36); p=,024] als auch die Kontrollgruppe mit [T(df)=3,333(6); p=,016] eine signifikante Veränderung. D.h. die Experimentalgruppen verhalten sich ähnlich wie die Kontrollgruppen in beiden Teilstudien.

Auf Grund der Ergebnisse der Teilstudien I und II liegt der Schluss nahe, dass ein handlungsorientierter Experimentalunterricht direktiven Lehr-Lern-Formen hinsichtlich der Entwicklung deklarativen Wissens keineswegs unterlegen ist. Im Gegenteil zeigt sich die Tendenz, dass Experimentalunterricht sich u. U. positiver als ein direktiver Unterricht auf die Entwicklung deklarativen Wissens auswirkt. Dies wird insbesondere in der Teilstudie II deutlich.

H2: Experimentalunterricht fördert die Aneignung prozeduralen Wissens und damit die Fähigkeit, Prozesse eigenständig nachzuvollziehen und zu modifizieren.

Hypothese H2 wird in beiden Teilstudien bestätigt und damit ebenfalls verifiziert.

In Teilstudie I ist der Leistungszuwachs der Experimentalgruppe zwischen 2. Vortest und 1. Nachtest höchst signifikant [T(df)=-5,869(44); p=,000], während die Veränderung der Kontrollgruppe nicht signifikant ist [T(df)=-,155(13); p=,879]. Es kann daraus geschlussfolgert werden, dass der Experimentalunterricht über entscheidenden Einfluss auf die Entwicklung von prozeduralem Wissen verfügt. Die Varianzanalyse verifiziert die Ergebnisse des T-Tests, denn sie zeigt einen signifikanten Einfluss des Experiments an. Weiterhin besagt die

Varianzaufklärung, dass ein mittlerer bis großer Effekt des Experimentierens auf den Lernerfolg im Bereich des prozeduralen Wissens vorliegt (η^2 =,108).

Der T-Test zeigt für die Teilstudie II einen höchst signifikanten Zuwachs [T(df)=-11,602(36); p=,000] bei der Experimentalgruppe vom 2. Vortest zum 1. Nachtest auf. Die Kontrollgruppe verzeichnet dagegen eine nicht signifikante Veränderung [T(df)=,000(6); p=1,000] vom 2. Vortest zum 1. Nachtest. Die Ergebnisse werden durch die Varianzanalyse bestätigt, da sie einen höchst signifikanten Einfluss der Intervention dokumentiert. Die Varianzaufklärung zeigt einen großen Effekt an (η^2 =,320).

H3: Experimentalunterricht fördert die Aneignung von Problemlösungswissen hinsichtlich der Befähigung zum Lösen problemhaltiger Aufgaben aus dem fachlichen Umfeld der Lernenden.

Hypothese H3 kann nur in der Teilstudie I bestätigt werden.

Wie aus der Auswertung der Teilstudie I des 2. Vortests und 1. Nachtests hervorgeht, entwickeln sich die Experimentalgruppe und die Kontrollgruppe sehr unterschiedlich. Im 2. Vortest und 1. Nachtest zeigt sich, dass die Experimentalgruppe einen höchst signifikanten [T(df)=-6,711(44); p=,000] Leistungszuwachs verzeichnet, während die Kontrollgruppe einen nicht signifikanten Leistungszuwachs [T(df)=-1,000(13); p=,336] aufweist. Die Ergebnisse werden ebenfalls durch die Varianzanalyse bestätigt, da ANOVA einen höchst signifikanten Einfluss des Experiments ausweist. Sie beträgt 0,168, und es kann damit auf einen großen Effekt geschlossen werden.

In Teilstudie II zeigt der T-Test für die Experimentalgruppe eine nicht signifikante Veränderung an. Für die Experimentalgruppe wird ein [T(df)=-2,017(36); p=,051] berechnet, d. h. es liegt keine signifikante Veränderung vor. In diesem Zusammenhang ist jedoch anzumerken, dass die Signifikanzgrenze (p≥0,05) nur geringfügig überschritten wird. Die Kontrollgruppe erzielt [T(df)=1,000(6); p=,356], damit wird ebenfalls eine nicht signifikante Veränderung dokumentiert. Die

Varianzanalyse weist in der Teilstudie II einen nicht signifikanten Einfluss des Experiments aus, der mit $\eta^2 = ,034$ mit einem geringen Effektmaß einhergeht.

Die beiden Teilstudien weisen damit unterschiedliche Untersuchungsergebnisse auf. Während in Teilstudie I ein Einfluss des Experiments auf die Entwicklung von Problemlösungswissen sehr deutlich nachgewiesen wird, ist dieser in Teilstudie II nicht signifikant. Dementsprechend kann kein Schluss aus den Untersuchungsergebnissen gezogen werden, da die Ergebnisse widersprüchlich sind. Folglich wird für die weitere Interpretation davon ausgegangen, dass Hypothese 3 nicht bestätigt werden konnte.

H4: *Experimentalunterricht fördert die Aneignung von den drei Wissensbereichen (deklaratives, prozedurales und Problemlösungswissen) bei leistungsstarken Lernenden, leistungsschwache Lernende werden demgegenüber benachteiligt.*

Es werden die Korrelationen zwischen dem Bildungsabschluss und der erzielten Entwicklung vom 2. Vortest zum 1. Nachtest betrachtet.

Die statistische Auswertung zeigt kein einheitliches Bild hinsichtlich der Korrelation zwischen Bildungsabschluss und Wissensentwicklung. Es wird für die ermittelten Korrelationen keine Signifikanz festgestellt (Ausnahme Teilstudie I, Bereich Problemlösungswissen, EG r=,366 (p=,013*). Weiterhin liegen die Korrelationen der Experimentalgruppe im sehr geringen oder geringen Bereich. In den Kontrollgruppen treten teilweise hohe oder nahezu hohe Korrelationen auf, diese sind jedoch vor dem Hintergrund der relativ kleinen Anzahl der Kontrollgruppen und der möglicherweise daraus resultierenden fehlenden Signifikanz zurückhaltend zu bewerten.

Auf Grund der hier dargelegten Datenlage kann die Hypothese weder falsifiziert noch verifiziert werden und muss folglich verworfen werden. Für die Bearbeitung dieser Fragestellung besteht weiterer Forschungsbedarf. Insbesondere sind hierzu verfeinertere Untersuchungsinstrumentarien als die hier verwendeten erforderlich, zum

Beispiel eine höhere Anzahl an Versuchsgruppen, höhere Anzahl an Probanden, Einbeziehung von weiteren persönlichen Daten, die über den Bildungsabschluss hinausgehen und ein Testdesign, das sich auf diese Problematik konzentriert. Dennoch kann festgehalten werden: Ein Effekt der Benachteiligung vorbildungsschwacher Schülerinnen und Schüler kann in der vorliegenden Untersuchung nicht festgestellt werden.

6. Resümee

In Bezug auf das hier untersuchte handlungsorientierte Lehr-Lern-Arrangement „Technisches Experiment" kann für die bau- und holztechnische Grundbildung ausgesagt werden, dass
- in instruktionsbezogenen Unterrichtsarrangements keine besseren Ergebnisse hinsichtlich der Entwicklung deklarativen Wissens festgestellt werden konnten,
- im Experimentalunterricht klar bessere Lerneffekte hinsichtlich der Aneignung prozeduralen Wissens vorliegen und
- lern- und leistungsschwache Schülerinnen und Schüler in handlungsorientierten Lernarrangements nicht benachteiligt sind.

In Bezug auf die Förderung von Problemlösungswissen wird zwar in der hier vorliegenden Untersuchung die Hypothese zurückgewiesen, da diese nicht in beiden Teilstudien bestätigt werden konnte und in einer der beiden Teilstudien ein nicht signifikantes Ergebnis vorliegt. Aber auch hier ergeben sich tendenziell ausgeprägtere Effekte zugunsten des experimentierenden Lernens; ein gegenteiliger Effekt jedenfalls wäre bei Betrachtung der vorliegenden Datenlage auch bei einer umfangreicheren Untersuchung eher unwahrscheinlich.

In diesem Sinne spricht die hier vorliegende Studie eher für die Annahme grundlegender Aussagen der einschlägigen Kognitionstheorien zur Entwicklung unterschiedlicher Wissensbereiche in handlungsorientierten Lehr-Lern-Arrangements und damit für die Beibehaltung und den weiteren Ausbau des Reformprozesses in der deutschen Berufsbildung. Ebenso lässt die Studie erkennen, dass das technische Experiment zur Umsetzung von handlungsorientiertem Unterricht, wie er im Besonderen durch die Lernfeldorientierung in den neu geordneten gewerblich-technischen Ausbildungsberufen fokussiert wird, einen wirksamen Beitrag liefern kann. Für den Transfer dieser Erkenntnisse in die Lehrerausbildung empfiehlt sich die Auseinandersetzung mit Schrittfolgen bzw. Algorithmen des technischen Experimentierens, wie sie von unterschiedlichen Autoren (BERNARD 1995, BÜNNING 2006, EICKER 1983, PAHL/VERMEHR 1995, PAHL 2007 u. a. m.) veröffentlicht worden sind, im Rahmen einer experimentell ausgerichteten fachdidaktischen Lehre.

Die Ergebnisse der vorliegenden Studie belegen einen positiven Einfluss des experimentierenden Lernens auf den Lernerfolg in unterschiedlichen Wissensbereichen. Eine genauere Aufschlüsselung des ersten Nachtests (nach Abschluss des Experimentalteils des Lernfeldes) zeigt, dass sich in den Segmenten der Tests, die sich dem deklarativen Wissen widmen, die Gruppen nicht nennenswert unterscheiden. Unterschiede ergeben sich zwischen den Klassen, die experimentell unterrichtet und den Klassen, die im schulüblichen vorwiegend instruktionsbezogenen „Methodenmix" unterrichtet wurden, in den Testbereichen zum prozeduralen Wissen und zum Problemlösungswissen. Hier schneiden die experimentell unterrichteten Lernenden besser ab als die Lernenden, die im schulüblichen „Methodenmix" unterrichtet wurden. Folglich kann davon ausgegangen werden, dass ein experimentell ausgerichteter Unterricht besonders für die Entwicklung des prozeduralen Wissens und des Problemlösungswissens förderlich ist und, dass Schülerinnen und Schüler mit unterschiedlicher individueller Leistungsfähigkeit gleichermaßen vom experimentellen Lernen profitieren.

Zusammenfassend kann festgehalten werden: Die Ergebnisse der vorliegenden Untersuchung zu den Effekten des experimentierenden Lernens in der Bau- und Holztechnik ermutigen zur weiteren fachdidaktischen Forschung auf diesem Gebiet. Sie rechtfertigen es, die fachdidaktische Lehrerausbildung stärker als in der Vergangenheit oft üblich an der Entwicklung pädagogischer Professionalität in handlungsorientierten Lehr-Lern-Methoden zu orientieren. Und sie ermuntern dazu, den im deutschen Berufsbildungssystem eingeschlagenen Reformprozess konsequent fortzusetzen.

Literatur

ANDERSON, J. R. (1983): The Architecture of Cognition. Cambridge, MA.

ANDERSON, J. R. (1984): Acquisition of proof skills in geometry. In: MICHALSKI, R. S./CARBONELL, J. G. (Hrsg.): Machine learning (Vol. 1). Berlin.

ANDERSON, J. R./BOYLE, C. F./CORBETT, A. T./LEWIS, M. W. (1990): Cognitive modelling and intelligent tutoring. Artificial Intelligence 42, 7-49.

ANDERSON, J. R. (1996): Kognitive Psychologie. 2. Auflage. Heidelberg.

BERNARD, F. (1995): Kapitel 3 Planung der Lernziele, Lerninhalte sowie Unterrichtsmethoden und -mittel. In: BERNARD, F./EBERT, D./SCHRÖDER, B.: Unterricht Metalltechnik, Fachdidaktische Handlungsanleitungen. Hamburg.

BORTZ, J. (1993): Statistik. Für Sozialwissenschaftler. (4., vollständig überarbeitete Auflage). Berlin, Heidelberg.

BORTZ, J./DÖRING, N. (2002): Forschungsmethoden und Evaluation für Human- und Sozialwissenschaftler. (3. Auflage). Berlin, Heidelberg, New York.

BÜNNING, F. (2006): Experimentierendes Lernen in der Holz- und Bautechnik – Fachwissenschaftlich und handlungstheoretisch begründete Experimente für die Berufsfelder Bau- und Holztechnik (= Berufsbildung, Arbeit und Innovation – Studientexte, Band 1). Bielefeld.

BÜNNING, F. (2008): Experimentierendes Lernen in der Bau- und Holztechnik. Habilitationsschrift Uni Magdeburg, Veröffentlichung in Vorbereitung.

CAMPBELL, D. T./STANLEY, J. C. (1970): Experimentelle und quasi-experimentelle Anordnungen in der Unterrichtsforschung (deutsche Fassung bearbeitet von SCHWARZ, E.). In: INGENKAMP, K./PAREY, E. (Hrsg.): Handbuch der Unterrichtsforschung. Teil I. Weinheim.

EICKER, F. (1983): Experimentierendes Lernen. Bad Salzdetfurth.

GSCHWENDTER, T./GEISSEL, B./NICKOLAUS, R. (2007): Förderung und Entwicklung der Fehleranalysefähigkeit in der Grundstufe der elektrotechnischen Ausbildung. In: bwp@ 13, Dezember 2007.

HURZ, A. (2000): Das Konzept der Handlungsorientierung in der technischen Berufsbildung. In: BADER, R./JENEWEIN, K. (Hrsg.): Didaktik der Technik zwischen Generalisierung und Spezialisierung. Frankfurt/M., 220-238.

JENEWEIN, K. (2000): Methoden beruflichen Lernens und Handelns in der Fachrichtung Elektrotechnik – Eine fachdidaktische Aufgabe. In: BERNARD, F./SCHRÖDER, B. (Hrsg.): Lehrerbildung im gesellschaftlichen Wandel. Frankfurt/M., 315-341.

KMK (2007): Handreichung für die Erarbeitung von Rahmenlehrplänen der Kultusministerkonferenz für den berufsbezogenen Unterricht in der Berufsschule und ihre Abstimmung mit Ausbildungsordnungen des Bundes für anerkannte Ausbildungsberufe in der Fassung von September 2007. Bonn.

KNÖLL, B. (2008): Differenzielle Effekte von methodischen Entscheidungen und Organisationsformen beruflicher Grundbildung auf die Kompetenz- und Methodenentwicklung in der gewerblich-technischen Ausbildung. Aachen (zugl. Diss. Universität Stuttgart).

NICKOLAUS, R./HEINZMANN, H./KNÖLL, B. (2005): Ergebnisse empirischer Untersuchungen zu Effekten methodischer Grundentscheidungen auf die Kompetenz- und Motivationsentwicklung in gewerblich-technischen Berufsschulen. In: ZBW, H. 1, 58-78.

PAHL, J.-P./VERMEHR, B. (1995): Das Unterrichtsverfahren Technisches Experiment. In: BLOY, W./PAHL, J.-P. (Hrsg.): Das Unterrichtsverfahren Technisches Experiment. Seelze-Velber.

PAHL, J.-P. (2007): Ausbildungs- und Unterrichtsverfahren – ein Kompendium für den Lernbereich Arbeit und Technik (= Berufsbildung, Arbeit und Innovation – Studientexte, Band 2). Bielefeld.

Frauke Göttsche und Tim Strater

Standards für die didaktische Qualität von Ausbildung und Unterricht in den Berufsfeldern Bautechnik, Holztechnik sowie Farbtechnik und Raumgestaltung

1. Durchführung des Workshops

Im Rahmen der Fachtagung in Nürnberg wurde ein Workshop durchgeführt, um mit den Tagungsteilnehmern ausgewählte Fragen der Unterrichtsqualität in einer etwas anderen Form zu diskutieren. Hierzu wurden die Teilnehmer/innen in wechselnde Kleingruppen eingeteilt und bekamen die Aufgabe, zu vorbereiteten Thesen Stellung zu beziehen.

Der Impuls für die Meinungsäußerungen der Workshopteilnehmer wurde durch eine initiierte Moderation gegeben. Hierzu wurden Pro- und Kontra-Thesen zu drei aktuellen Themengebieten der Berufsbildung (Lernfeld-Konzept, E-Learning, individuelle Lernförderung) angeboten. Die Thesen waren vor allem durch unveröffentlichte Meinungsäußerungen, z.B. von Lehrenden an Berufsschulen und Universitäten, inspiriert. Die Teilnehmer des Workshops bekamen die Gelegenheit, die Themen in kleinen Gruppen differenziert zu diskutieren und dabei die Thesen zu bestätigen, zu widerlegen, weiterzuentwickeln oder neue Aspekte beizutragen.

Zu jedem Thema wurden Diskussionsrunden durchgeführt. Um interessante Fachdiskussionen anzuregen und gleichzeitig die Aussagen der Teilnehmer des Workshops festzuhalten, wurden in jeder Phase neue Gruppen nach Farben, Zahlen oder Symbolen gebildet. Vor der Gruppendiskussion hielt jedes Gruppenmitglied eigene Thesen zum vorgegebenen Thema auf Karten fest, die als Diskussionsgrundlage dienten. Nach Abschluss der Gruppendiskussionen wurden besonders interessante Ergebnisse mündlich für das Plenum zusammengefasst.

Abb. 1: Gruppenfindung

Abb. 2: Formulierung der Thesen

Abb. 3: Gruppendiskussion

2. Themenschwerpunkte

Folgende Thesen und Fragen wurden durch die Teilnehmer des Workshops bearbeitet, diskutiert und dokumentiert:

Thema 1: Lernfeldkonzept
These 1: Das Lernfeldkonzept sorgt für eine Verbindung von Theorie und Praxis. Es bezieht die berufsschulischen Inhalte auf die arbeitsweltliche Realität, z.b. durch die Bearbeitung von Kundenaufträgen.
These 2: Das Lernfeldkonzept hat in der Praxis zu methodischer Eintönigkeit geführt. Viele Lernsituationen wirken konstruiert und sind für die Schüler nicht motivierend.
Fragen an die Teilnehmer:
Welche Erfahrungen haben Sie?
Wie könnte/sollte eine Weiterentwicklung des Lernfeldkonzepts aussehen?

Thema 2: E-Learning
These 1: E-Learning gestaltet sich häufig umständlich und ineffektiv. Es gibt kaum überzeugende Praxisbeispiele.
These 2: E-Learning ermöglicht selbstständiges Lernen, unabhängig von Ort oder Zeit. Es motiviert die Lernenden.
Fragen an die Teilnehmer:
Welche Erfahrungen haben Sie?
Welche Kriterien sind an effektives E-Learning zu stellen?

Thema 3: Individuelle Lernförderung
These 1: Individuelle Lernförderung ist ein in der Praxis kaum zu erfüllender Anspruch. Die gegebenen Rahmenbedingungen lassen es nicht zu.
These 2: Jeder Lernende ist nach seinen Möglichkeiten individuell zu fördern und zu fordern. Individuelle Förderung muss Schwerpunkt aller Reformprozesse sein.
Fragen an die Teilnehmer:
Welche Erfahrungen haben Sie?
Welche Elemente sollte ein Konzept zur individuellen Lernförderung aufweisen?

3. Grundlagen der Evaluation

Gemäß SCHRATZ (1998) und ROLFF (2002) ist die Evaluation ein wesentliches Instrument der Bildungsentwicklung. Insbesondere gilt dies für die Schulentwicklung, für die sie vor allem die Funktion hat, den Entwicklungsstand einer Bildungseinrichtung festzustellen. Hauptaufgabe des Evaluationsprozesses ist es, erhobenes Datenmaterial zu ordnen, zu gewichten, zu interpretieren und mögliche Empfehlungen zur Weiterentwicklung abzuleiten. Dabei können die Daten auf unterschiedliche Weise erhoben (quantitativ oder qualitativ, z.B. durch Fragebogen, Interviews, Kartenabfrage, Fotodokumentation u.a.) und ausgewertet (z.B. durch grafische Darstellungen, Diagramme, Auflistungen, schriftliche Darstellungen u.a.) werden. Sowohl die

Erhebung als auch die Auswertung sollten dem Anlass und der Zielgruppe angepasst sein.

Für die Auswertung der Ergebnisse des Workshops im Rahmen
der Fachtagung Bau, Holz, Farbe wurde die Evaluation zur Feststellung des Entwicklungsstandes einiger zuvor gezielt ausgewählter
Bereiche genutzt. Die der Evaluation zugrunde liegende Abfrage
wurde stichpunktartig vorgenommen. Befragt wurden die jeweils
anwesenden Repräsentanten der verschiedenen Institutionen, die
in der Berufsbildung aktiv sind. Die Ergebnisse der Evaluation sind
damit nicht generell aussagekräftig für das berufliche Bildungssystem
in Deutschland, lassen aber dennoch Rückschlüsse auf einen ungefähren Entwicklungsstand zu.

Die vorliegende Evaluation wird nach den Richtlinien des Evaluati-
onszyklus vorgenommen (vgl. BUHREN 2000). In den ersten Schritten
werden dabei das Evaluationsvorhaben und die Leitsätze gewählt.
Hierbei stehen drei Hauptanliegen im Vordergrund:
- Ermittlung des Entwicklungsstandes der Arbeit mit dem Lern-
  feldkonzept,
- Ausblick auf die Integration neuer Medien in den Fachunterricht,
- Eröffnung des neuen aber immer mehr drängenden Arbeits-
  feldes der individuellen Förderung.
Es gilt nun in weiteren Schritten, Kriterien und Indikatoren zu diesen
Anliegen zu finden. Dabei ist zu beachten, dass hier gezielt nach
wichtigen Untersuchungskriterien gefragt wird. Die zu ermittelnden
Daten sollten dabei miteinander vergleichbar sein. Ausgangspunkt
der Evaluation ist in diesem Fall eine moderierte offene Fragestellung,
bei der jeweils zwei kontroverse Thesen gegenübergestellt werden,
welche das Augenmerk der Befragten auf ein bestimmtes Kriterium
fokussieren sollen. Zu den einander gegenübergestellten Thesen werden im Anschluss zwei Fragen gestellt, zu denen sich die Teilnehmer
des Workshops äußern sollen. Die erste gilt den persönlichen Erfahrungen. Sie dient der Positionierung innerhalb der Entwicklung.
Die zweite ist eine offenere Frage nach der persönlichen Stellung
zum Thema.

Die Ziele dieser gewählten Evaluationsform sind:
- Feststellung des ungefähren Entwicklungstandes,
- Klärung des Bedarfes zur Weiterführung der Entwicklung,
- Positionierung der Befragten zum Thema.

Die einzelnen Kriterien und die zugehörigen Indikatoren wurden durch die moderierte Einleitung zur Fragestellung als möglicher Leitfaden bzw. Diskussionsansatz in den kontroversen Aussagen vorgegeben.

Als Messinstrument wurde eine moderierte Kartenabfrage gewählt. Die Moderation erfolgte dabei durch die Vorgabe der Thesen und der Fragestellungen. Diese Methode ist zielgerichtet und die zu erwartende Datenmenge ist für die Weiterarbeit überschaubar, so dass mögliche Aussagen und Schlussfolgerungen sowie Empfehlungen für ein zukünftiges Vorgehen zügig vorgelegt werden können.

Die Datenerhebung erfolgte durch die Einsammlung von jeweils zwei Aussagen pro Teilnehmer. Die Analyse und Interpretation der Daten erfolgte nach Sichtung mit Hilfe der FIWE-Methode (http://www.univation.org/download/QS_29.pdf). FIWE steht für Fakt, Interpretation, Werte, Empfehlung. Dabei wird davon ausgegangen, dass das gleiche Faktum (erhaltenes Datenmaterial/Datenitem) zu unterschiedlichen Interpretationen und je nach Wertung zu unterschiedlichen, aber auch ähnlichen oder gleichen Handlungsempfehlungen führen kann.

Tabelle 1: **Beispiel für die Auswertung von Datenmaterial nach der FIWE-Methode mit ähnlichen Empfehlungen.**

Fakt	Interpretation	Werte	Empfehlung
Die Probleme bei der Weiterentwicklung der Lernfeldorientierung werden bei den methodischen Umsetzungen durch die Lehrkräfte gesehen	a) Die Lehrer sind überfordert	a) Lehrer müssen umdenken und sich weiterentwickeln	a) Weiterbildungen und Hilfen sollten vermehrt angeboten werden
	b) Die Lehrer brauchen mehr Zeit für Weiterbildungen und deren Umsetzung	b) Eine Neuorientierung im Unterricht ist unabdingbar	b) Der Erfahrungsaustausch von Lehrkräften sowie deren Motivation und Weiterbildung muss gefördert werden
		c) Lehrer müssen sich mehr engagieren	

4. Ergebnisse der Evaluation

Die Aussagen der Teilnehmer wurden in folgende Evaluationsschwerpunkte unterteilt:
- positive Aussagen zum Thema
- negative Aussagen
- Forderungen

Bei mehr als einer Nennung desselben Aspekts wurde zudem eine Gewichtung nach Häufigkeit vorgenommen. Die Ergebnisse der einzelnen Schwerpunkte wurden gedeutet bzw. es wurden Empfehlungen formuliert. Anschließend wurde zum jeweiligen Themenschwerpunkt ein Resümee verfasst.

4.1 Lernfeldkonzept

Positive Aussagen zum Lernfeldkonzept
- Das Lernfeldkonzept ermöglicht/ begünstigt die Methodenvielfalt (4 x).
- Die Motivation der Schüler ist höher.
- Das Lernfeldkonzept ermöglicht/ begünstigt die Verknüpfung zwischen Theorie und Praxis (4 x).

Deutung:
Es gibt schon viele erfolgreiche Ansätze zur Umsetzung des Lernfeldkonzepts.

Negative Aussagen zum Lernfeldkonzept
- Die Verbindung zwischen Lernfeld und Methodik ist zu komplex (3 x).
- Die fachwissenschaftliche Tiefe fehlt (2 x).
- Die Allgemeinbildung kommt zu kurz (2 x).
- Die Anpassung an die betriebliche Praxis geht zu weit/ wirkt künstlich (3 x).
- Die Akzeptanz bei den SchülerInnen ist gering (Auffällig ist, dass dieser Kritikpunkt, der vor der Einführung der Lernfelder

besonders häufig vorgebracht wurde, nur von einem Teilnehmer des Workshops genannt wird).

- In der Plenumsdiskussion wurde geäußert, dass das Konzept der Kundenorientierung nicht auf alle Berufe des Bauwesens anwendbar ist. So haben beispielsweise Straßenbauer in ihrer Berufspraxis so gut wie keinen Kundenkontakt.

Empfehlungen:
1. Es sollte ein stärkerer Austausch mit erfolgreichen KollegInnen stattfinden.
2. Die Ziele des Lernfeldkonzepts müssen überdacht bzw. überarbeitet werden. So stellt sich z.b. die Frage, ob es sinnvoll ist, die Allgemeinbildung, die bislang kein Ziel des Lernfeld-Konzepts ist, in der Zukunft stärker in den Vordergrund zu stellen.

Forderungen zum Lernfeldkonzept

- Der Methodenwechsel im Lernfeldunterricht muss stärker in den Blick genommen werden (8 x).
- Lehrer müssen sich mehr fortbilden (6 x).
- Die Teamarbeit muss stärker gefördert werden.
- Es muss eine bessere Verbindung zwischen Theorie und Praxis hergestellt werden (auch: Betriebspraktika für Lehrer) (5 x).
- Die Lernortkooperation muss verbessert/ gefördert werden (6 x).
- Der Erfolg des Lernfeldunterrichts ist abhängig vom Engagement der Lehrer (4 x).
- Die Rahmenbedingungen der Schule müssen verbessert werden (2 x).

Deutung:
1. Die theoretische Auseinandersetzung im Unterricht deckt sich nicht mit den Ausbildungsplänen der Betriebe/ ÜLU, bislang gibt es nur Empfehlungen zur Lernortkooperation im Lehrplan.
2. Die Lehrer sehen sich, im Gegensatz zum Jahr 2004, im Vordergrund der Lernfeldentwicklung.
3. Unter den Teilnehmerinnen und Teilnehmern des Workshops

herrscht die Sicht auf die Weiterentwicklung von Methoden und Fortbildung vor.

4. Das Verantwortungsgefühl wird als Motor für die Weiterentwicklung gesehen.

Empfehlungen:

1. Das eigene Potential der Lehrerinnen und Lehrer sollte stärker genutzt und ausgebaut werden.
2. Die Kommunikation mit anderen Lernorten sollte verbessert werden. Zwar ist die Lernortkooperation nicht zwingend Ansatzpunkt zur Weiterentwicklung des Lernfeld-Konzepts, wäre aber eine große Erleichterung.

Resümee:

1. Im Vergleich zur Debatte um 2004 werden Forderungen an Schüler und schulische Ausstattung kaum noch diskutiert. Hier hat also ein Paradigmenwechsel mit Blick auf Verantwortung der Lehrenden stattgefunden (ca. 2/3 der Aussagen).
2. Im Vordergrund steht die Sicht auf die Weiterentwicklung der Methoden und der Fortbildung der Lehrer.

4.2 E-Learning

Positive Aussagen zum E-Learning

- E-Learning ist eine sinnvolle ergänzende Methode im Unterricht und in der Weiterbildung, vor allem das „Blended Learning" (7 x).
- E-Learning stärkt die Schülermotivation (5 x).
- E-Learning ermöglicht individuelles Lernen und Differenzierung (2 x).
- Allgemeine Zustimmung (7 x).

Deutung:
Es gibt schon erfolgreiche Ansätze zur Umsetzung von E-Learning.

Negative Aussagen zum E-Learning
- Die persönliche Kommunikation wird geschwächt (4 x).
- Die Individualität geht verloren (Widerspruch zu den positiven Aussagen).
- Schwächere Schüler werden benachteiligt (2 x).
- Allgemeine Zweifel am Erfolg (2 x).
- Allgemeine Ablehnung (4 x).

Deutung:
Es ist eine allgemeine Skepsis gegenüber dem Einsatz von Technik im Unterricht erkennbar.

Forderungen zum E-Learning
- E-Learning sollte als Ergänzung im Unterricht eingesetzt werden (6 x).
- E-Learning sollte zur Unterstützung der Motivation eingesetzt werden (5 x).
- Lehrer sollten einen Ausgleich für die erhöhte Arbeitszeit bekommen (4 x).
- Die Materialien müssen eine gute Qualität haben (3 x).
- Die Lehrer müssen kompetent sein (Fortbildung) (2 x).
- Die Ausstattung muss an der Schule vorhanden sein (2 x).
- E-Learning sollte in Unterrichtskonzepte integriert werden.
- E-Learning setzt bei den Schülern einen Mindeststandard der IT-Kenntnisse voraus.

Resümee:
1. Es liegen bereits einige Erfahrungen vor, die in der Regel positiv sind.
2. Der Einsatz von E-Learning wird hauptsächlich als kreative Ergänzung im Unterricht gesehen.
3. Hauptprobleme für den Einsatz im Unterricht sind Ausstattung, Kompetenz der Lehrenden und Lernenden sowie tragfähige Konzepte.

4. Einige Teilnehmer sehen die Gefahr, dass die persönliche Kommunikation zu wenig gefördert wird.

4.3 Individuelles Lernen

Positive Aussagen zum individuellen Lernen
- Der Ansatz ist gut verknüpfbar mit dem Lernfeld-Konzept, erste Ansätze sind sichtbar (3 x).
- Die Einsatzbereiche für das individuelle Lernen werden vor allem in den Bereichen Üben und Wiederholen gesehen (2 x).
- Allgemeine Zustimmung (9 x).

Deutung:
1. Bislang liegen wenige Erfahrungen vor, es herrscht diffuses Interesse.
2. Die Notwendigkeit für die individuelle Lernförderung wird gesehen, der Handlungsbedarf ist erkennbar.
3. Vorstellungen zur Umsetzung sind noch kaum entwickelt.

Negative Aussagen zum individuellen Lernen
- Die Lehrer werden überfordert (3 x).
- Die Schüler werden überfordert (Motivation, evtl. Mehrarbeit?) (3 x).
- Die Rahmenbedingungen sind nicht gegeben (2 x).
- Allgemeine Ablehnung (2 x).

Forderungen zum individuellen Lernen
- Es müssen Methoden zur individuellen Lernförderung vermittelt werden (7 x).
- Die individuelle Lernförderung nimmt viel Zeit in Anspruch (3 x).
- Die Lehrer müssen hierfür besonders aus- und fortgebildet werden (4 x).
- Die Klassenfrequenzen müssen verkleinert werden (6 x).
- Die Schüler müssen stärker in den Blick genommen werden (7 x).

Deutung:
1. Die Beteiligten erkennen den Entwicklungsbedarf und wollen sich entwickeln.
2. Es werden ausgeprägte Forderungen nach Kompetenz geäußert.

Empfehlungen:
Die Schulleitungen sollten die Entwicklung fördern und die aktiven Lehrkräfte stärken.

Resümee:
1. Es gibt nur wenige Konzepte oder konkrete Vorstellungen zur Umsetzung.
2. Die vielen Forderungen machen die Dringlichkeit des Bedarfs deutlich.
3. Die individuelle Lernförderung wird als beginnendes Arbeitsfeld wahrgenommen.

4.4 Gesamtauswertung der Ergebnisse

Insgesamt hat sich ein differenziertes Meinungsbild ergeben, das zu den drei benannten Themenfeldern einen Überblick über die Erfahrungen der Lehrkräfte und Berufspädagogen ermöglicht. Die Erhebung bei den Teilnehmerinnen und Teilnehmer des Workshops macht eine weitgehend hohe Akzeptanz des Lernfeldansatzes deutlich, auch wenn einzelne Schwierigkeiten der Umsetzung angeführt werden.

Eine innovative Spitze hat zudem positive Erfahrung mit dem E-Learning gemacht. Die anderen Teilnehmer haben zumindest mehr oder weniger konkrete Vorstellungen davon. Damit ist das E-Learning ein Zukunftsthema für die Weiterentwicklung an den berufsbildenden Schulen.

Die individuelle Lernförderung ist immer noch ein weitgehend neues Arbeitsfeld und wirft viele Fragen auf. Zu diesem Themenkomplex scheinen die Teilnehmer des Workshops insgesamt über die wenigsten Erfahrungen zu verfügen.

Das Verfahren, durch impulsgesteuerte Diskussionen in wechselnden Gruppen Fragen der Berufsbildung aufzugreifen, kann insgesamt als erfolgreicher Versuch gelten. In kurzer Zeit können auf diese Weise zu wichtigen Themenfeldern die Erfahrungen der Tagungsteilnehmer einbezogen und Entwicklungstrends erfasst werden. Nicht zu unterschätzen ist auch der Impuls, neben der Diskussion auch eine vertiefte Befassung mit einzelnen Fragen der beruflichen Bildung anzuregen, die über einen solchen Workshop hinausgeht. Als Ergänzung zur traditionellen Tagungskultur scheint ein solches Vorgehen durchaus geeignet.

Literatur

BUHREN, C. (2000): Schulentwicklung und Evaluation – Ansätze zur Qualitätssicherung von Schule und Unterricht. Dortmund.

ROLFF, H-G.: Instrumente und Verfahren der Schulentwicklung. Studienbrief im Rahmen des Fernstudiums Schulmanagement; unveröffentlichtes Manuskript, Kaiserslautern.

SCHRATZ, M./STEINER-LÖFFLER, U. (1998): Die Lernende Schule. Arbeitsbuch pädagogischer Schulentwicklung. Weinheim.

Egbert Meiritz

Qualitätsstandards durch zentrale Abschlussprüfungen – Zentralabitur im Fach Bautechnik am Beruflichen Gymnasium in Nordrhein-Westfalen

1. Einleitung

Warum dem Thema Zentralabitur einen eigenen Beitrag widmen und das bei einer solch kleinen Lerngruppe gegenüber den Auszubildenzahlen im Baugewerbe? Betrachtet man die Zahlen der beiden Lerngruppen über die letzten Jahre, kann man feststellen, dass vollzeitschulische Lerngruppen zunehmen, während die Ausbildungszahlen gesunken sind. Gleichzeitig stellt die TOSCA Studie von 2004 für das Land Baden-Württemberg fest, dass in den beruflichen Gymnasien der Anteil an sozial benachteiligten Schülerinnen und Schülern aus bildungsfernen Schichten signifikant höher ist als an allgemeinbildenden Gymnasien und mittlerweile jeder dritte Abiturient in Baden-Württemberg sein Abitur am Beruflichen Gymnasium erworben hat (vgl. KÖLLER u.a. 2004, 198f.). Nach statistischer Auswertung der Anmeldezahlen zu den weiterführenden Schulen in Nordrhein-Westfalen ließ sich erstmals ein Trend feststellen, bei dem Eltern bewusst Gymnasien gemieden haben und ihre Kinder an Realschulen und Gesamtschulen angemeldet haben, um so ihren Kindern den Leistungsdruck des „Turboabiturs" zu ersparen (vgl. LANDESELTERNRAT 2008). Aus diesen Faktoren wird erkennbar, dass die Beruflichen Gymnasien in Zukunft eine stärkere gesellschaftliche Bedeutung erlangen werden und mit größerem Zulauf zu rechnen ist.

Zentrale Abschlussprüfungen sind für die Lehrkräfte an berufsbildenden Schulen nichts Außergewöhnliches und auch nichts Neues. Schon seit Jahrzehnten ist das Prüfungsverfahren im Ausbildungsbereich der Industrie- und Handelskammern zentral organisiert und in vielen Handwerkskammern ähnlich strukturiert. Für Lehrerinnen und Lehrer in den Bildungsgängen, die zur Allgemeinen Hochschulreife führen, stellte und stellt sich immer noch ein differenziertes Bild dar. In einigen Bundesländern mit der Tradition von eigenständigen Berufs-, Fach- oder Technikgymnasien gab es schon seit längerem zentrale Abschlussprüfungen. In Nordrhein-Westfalen machte sich das Schulministerium erst im 21. Jahrhundert auf den Weg zum Zentralabitur. Nachdem das Verfahren für die Gesamtschulen und Gymnasien eingeleitet und für das Jahr 2007 der erste Durchgang festgeschrieben war, geriet das berufsbildende Schulsystem unter Zugzwang und so wurde für 2008 ein teilzentrales Verfahren beschritten, bei dem zunächst nur die profilbildenden Fächer – d. h. die berufsorientierten Leistungskursfächer und damit auch das Fach Bautechnik – zentral geprüft wurden. Dazu war es allerdings auch erforderlich, neue Lehrpläne zu entwickeln. Die Notwendigkeit ergab sich auch aus der Situation, dass bereits 1997 das Berufskolleggesetz erlassen wurde und damit der Modellversuch „Kollegschule" für beendet erklärt wurde. Nach einer Übergangszeit von fünf Jahren sollten nun alle Rechtsgrundlagen und Vorschriften angepasst werden. Dies bedeutete, dass auch die Richtlinien und Lehrpläne, die es bisher beispielsweise für das Fach Bautechnik in zweifacher Ausfertigung für zwei berufsbildende Schulsysteme gab, neu erstellt werden mussten. Zeitgleich waren die „Einheitlichen Prüfungsanforderungen" für das Fach Technik in Überarbeitung, und auch die Einführung von G8 (Verkürzung der Schulzeit des Gymnasiums auf acht Schuljahre im Jahr 2005) – dem „Turboabitur" in Nordrhein-Westfalen – waren Beweggründe, zu diesem Zeitpunkt zu handeln.

2. Ordnungskriterien zur Entwicklung der zentralen Prüfungen zur Allgemeinen Hochschulreife

Als 2004 die Steuergruppe im Ministerium für Schule und Weiterbildung (damals noch für Schule, Jugend und Kinder) ihre Arbeit aufnahm, stand sie vor der großen Aufgabe, den Bestand von 28

Bildungsgängen mit annähernd genauso vielen Leistungskursen und individuellen Stundentafeln sowie mehr als 70 – zum Teil mehr als fünfzehn Jahre alte – Lehrpläne aus zwei parallelen Systemen zu sichten und auf ihre Zukunftstauglichkeit zu überprüfen.

Während auf Bundesebene Kommissionen mit der Überarbeitung der „Einheitlichen Prüfungsanforderungen in der Abiturprüfung" ihre Aktivitäten aufnahmen – die EPA für das Fach Technik wurde von der KMK am 16.11.2006 beschlossen und für gültig erklärt –, begann auf Landesebene in Nordrhein-Westfalen die eigentliche inhaltliche Arbeit mit der Entscheidung, Bildungspläne zu schreiben für die *„Bildungsgänge des Berufskollegs, die … zur allgemeinen Hochschulreife … führen"* (gemäß der Ausbildungs- und Prüfungsordnung für das Berufskolleg). Diese Bildungspläne setzen sich zusammen aus den **„Pädagogischen Leitideen"**, die für alle Bildungsgänge gelten, der **„Didaktischen Organisation im Bildungsgang"** der entsprechenden Fachbereiche, aufgeteilt nach den Fachbereichen Erziehung und Soziales, Kunst und Gestaltung, Technik und Wirtschaft und Verwaltung. Im dritten Teil der Bildungspläne befinden sich die **Fachlehrpläne, z. B. Bautechnik**; zukünftig aber auch alle Fachlehrpläne für die weiteren Fächer des Bildungsgangs, z. B. Mathematik, Englisch, Deutsch, Physik, Gesellschaftslehre/Geschichte, etc.

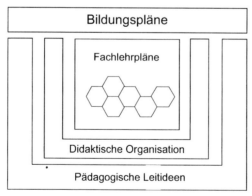

Abb. 1: Konstruktionsmerkmale der Bildungspläne (ALLENDORFF 2006)

Die Bildungspläne sind Strukturmerkmale, die auf methodisch-didaktische Weise auf den Unterricht wirken. Für das Prüfungsverfahren werden jedoch weitere Elemente benötigt. Denn die Erstellung der Prüfungsvorschläge wird nicht an ein externes Institut vergeben, das für alle Bildungsgänge die Prüfungsaufgaben entwickelt. Vielmehr werden die Lehrkräfte in den Berufskollegs in die Aufgabenerstellung mit eingebunden, sodass eine Nähe zur Unterrichtspraxis gewährleistet werden kann. Im Wechsel werden Schulen über die Schulaufsicht aufgefordert, Aufgabenvorschläge zu erstellen und einer Aufgabenauswahlkommission vorzulegen. Für die Erstellung der Aufgabenvorschläge stellt das Ministerium Vorgaben zur Verfügung, nach denen die Lehrkräfte ihre Vorschläge entwickeln – oder besser gesagt „konstruieren" – sollen.

In den **Konstruktions**merkmalen werden beispielsweise Vorgaben zur Aufgabenstellung für das Fach Bautechnik formuliert: „… als Entwurfsaufgabe, Konstruktionsaufgabe oder aus dem Bereich der Schadensanalyse …" Die Aufgabe soll „eine komplexe Ausgangssituation als Ausgangspunkt von Problemanalysen und von konkreten, begründeten Lösungsvorschlägen" enthalten. Dabei sollten sich „die Ausgangssituationen … auf planerische oder konstruktive Probleme beziehen" oder „an prozessorientierten Betrachtungen ausrichten". Damit will die Aufgabenauswahlkommission sicherstellen, dass „die Aufgabenstellungen … auf eine Integration fachwissenschaftlicher Inhalte in ganzheitliche Strukturen bautechnischen Handelns abzielen" (MINISTERIUM FÜR SCHULE UND WEITERBILDUNG 2006f, 1-4). Diese Vorgaben sind Konstanten. Sie verändern sich in der nächsten Zeit genauso wenig wie die Fachlehrpläne.

Darüber hinaus werden jährlich neue **Vorgaben für die Abiturprüfung** im Fach Bautechnik durch die Verbindlichkeit von Themen und Inhalten festgelegt, die die Varianz der Aufgabenstellung ausmachen. Dies wird natürlich auch Einfluss haben auf die Schwerpunktsetzung im Unterricht, wenn die Lehrkraft weiß, dass im Jahr 2008 die drei Themen „Prüfen und Bewerten eines Bauvorentwurfes, Bemessung eines Sparrens im Pfettendach, Planung einer zweischaligen Außenwandkonstruktion" im Zentralabitur

gefordert werden (MINISTERIUM FÜR SCHULE UND WEITERBIL-
DUNG 2006e, 3).

Flankiert wurde dieses Verfahren mit der Durchführung einer **Probe-klausur** in der Jahrgangsstufe 12 in 2007, mit **Beispielaufgaben** ein-schließlich Erläuterungen zur Bewertung sowie durch ein internes Verfahren zur **Evaluation der Probeklausuren**. Letztere Ergebnisse stehen den Mitgliedern der Aufgabenauswahlkommission zur Ver-fügung zur ständigen Verbesserung der Qualität der Prüfungsauf-gaben.

3. Bildung im Medium des bautechnischen Berufsfeldes im Fokus der Studierfähigkeit

„Das Berufskolleg vermittelt den Schülerinnen und Schülern eine umfassende berufliche, gesellschaftliche und personale Handlungs-kompetenz und bereitet sie auf ein lebensbegleitendes Lernen vor. Es qualifiziert die Schülerinnen und Schüler, an zunehmend inter-national geprägten Entwicklungen in Gesellschaft und Wirtschaft teilzunehmen und diese aktiv mitzugestalten" (MINISTERIUM FÜR SCHULE UND WEITERBILDUNG 2007).

Die Zielstellung der Bildungsgänge wird durch die Leitbegriffe Handlungskompetenz, Wissenschaftspropädeutik und studien- und berufsbezogene Qualifikationen gekennzeichnet (MINISTERIUM FÜR SCHULE UND WEITERBILDUNG 2006a).

Diese Leitziele stellen die Autoren den „Pädagogischen Leitideen" der neuen Bildungspläne voran. Sie machen darin deutlich, dass auch für das Berufliche Gymnasium in Nordrhein-Westfalen – wie vermut-lich auch für viele gymnasiale Oberstufen im berufsbildenden System der anderen Bundesländer – die **umfassende berufliche Handlungs-kompetenz** Leitgedanke ist und bleibt. Daneben werden aus dem bisher bestehenden Konzept der Bildungsgänge, die zur Allgemeinen Hochschulreife führen, die Leitbegriffe Wissenschaftspropädeutik und studien- und berufsbezogene Qualifikationen übernommen (vgl. ebd., 7).

Daraus ergibt sich folgendes didaktisches Konzept mit fünf grundlegenden didaktischen Gestaltungsmerkmalen:

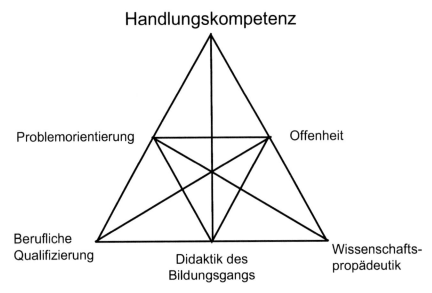

Abb. 2: Zielstellung und didaktische Merkmale der Bildungsgänge
(MINISTERIUM FÜR SCHULE UND WEITERBILDUNG 2006a, 8)

Im Fach Bautechnik ist nun im Sinne der **Problemorientierung** als
zentrales didaktisches Merkmal eine spezifische Unterrichtsstrategie
zu entwickeln, die Problemlösekompetenz als integralen Bestandteil
des Leitziels Handlungskompetenz aufnimmt und einen besonderen
kognitiven Leistungsbereich ausweist. Dies kann durch projektorien-
tiertes bzw. -bezogenes Vorgehen mit Entwurfs- und Konstruktions-
aufgaben oder mit Beispielen aus dem Bereich der Schadensanalyse
erfolgen. Dabei ist zu berücksichtigen, dass zwar von einem hohen
Maß an kognitiver Leistungsfähigkeit der Schülerinnen und Schüler in diesen Klassen ausgegangen werden kann, dennoch aufgrund
des mangelnden Praxisbezugs analytische Schritte nach Entwurf und
Konstruktion erwartet werden können.

„Problemorientierung im Unterricht zielt auf die Entwicklung von Problemlösekompetenz" (ebd.). Mit der Problemlösekompetenz in der Bautechnik sollen Schülerinnen und Schüler ihre Bereitschaft und Fähigkeit, in problemhaltigen Situationen, für deren Bewältigung keine Routinen verfügbar sind, zielorientiert zu denken und zu handeln, einüben. Hier gibt es innerhalb der Bautechnik besonders geeignete Beispiele im Themenfeld „Bauen im Bestand" sowie in der Bauphysik. Dort kann Problemlösekompetenz analytische wie kreative Fähigkeiten fördern.

Mit dem didaktischen Merkmal der **Offenheit** schaffen die Bildungspläne Raum, um regionale Aspekte, aktuelle Bauvorhaben, Stadtentwicklung in den Unterricht mit aufzunehmen und damit für die Komplexität aus allen Lebensbereichen zu öffnen. Entwicklungen und Situationen in Wirtschaft, Politik und Gesellschaft, die durch Bauplanung und Realisation von Bauvorhaben entstehen, können an Themen wie Flächenverbrauch, nachhaltige Energieeffizienz bearbeitet werden. Sie führen zu einer Bereicherung des Unterrichts und werden zu einer wichtigen Voraussetzung für eine zeitgemäße aktive Kompetenzentwicklung für Schülerinnen und Schüler.

Alle Fächer, die zu einer Allgemeinen Hochschulreife führen, haben die Aufgabe **wissenschaftspropädeutisch** zu wirken. „Im wissenschaftspropädeutischen Unterricht setzen sich die Schülerinnen und Schüler mit wissenschaftlichen Verfahren und Erkenntnisweisen auseinander" (ebd.). Dazu gehören „Techniken wissenschaftlichen Arbeitens, wissenschaftliche Methoden (hermeneutische und empirische, deduktive und induktive Verfahren; Hypothesenbildung; Verifizierung; Beobachtung; Vergleich; Interpretation etc.), Methodenkritik (Möglichkeiten und Grenzen fachwissenschaftlicher Methoden) sowie Überprüfen und Infragestellen fachwissenschaftlicher Ergebnisse" (ebd.). Dieser Anspruch für den Leistungskurs Bautechnik ist nicht neu, stellt aber einen Perspektivwechsel gegenüber den Bildungsgängen der Dualen Ausbildung dar, weil dort die Handlungskompetenz in konkreten Arbeits- und Geschäftsprozessen gefordert wird.

Jedoch fordert das Konzept trotzdem dazu auf, den Unterricht, die Problemstellungen auf konkrete berufliche Handlungen zu beziehen.

Bautechnik soll weiterhin **berufsqualifizierend** bleiben und nicht zur Anwendung von „fischertechnik" degradiert werden. Die Autoren stellen klar: „Bildung entsteht so im Aufbau berufsrelevanten Wissens und Könnens, das ein reflektiertes Verständnis von Zusammenhängen beruflicher Praxis, Technik, Wissenschaft, Wirtschaft, Politik und Kultur und individuellen Handlungsmöglichkeiten einschließt" (ebd.).

Die **Bildungsgangdidaktik** fordert ein hohes Maß an Interdisziplinarität. Bautechnik ist das Leitfach. Es soll den anderen Fächern Orientierung geben für die Ausgestaltung ihrer eigenen Themen und Lerninhalte. So orientiert sich das didaktische Handeln der Lehrkräfte am subjektiven Bildungsgang und steuert so Kompetenzentwicklung und Identitätsbildung der Schülerinnen und Schüler. Wer mit sechzehn Jahren den Wunsch verspürt, Bauingenieur oder Architekt zu werden, der sollte dies im Bildungsgang mit dem Leistungskurs Bautechnik schon einüben können. Die Vision ist dabei: Der Leistungskurs Bautechnik ist der Königsweg zum Studium des Bauingenieurwesens oder der Architektur!

Das Fach Bautechnik stellt damit sicher, dass organisatorisch ein fachlich differenzierter Handlungszusammenhang geschaffen wird

- durch Phasen des Bildungsgangs, die sich an den Entwicklungsständen der Schülerinnen und Schüler orientieren,
- durch lernbereichsübergreifende und fächerintegrierende Projekte und
- durch eine auf die Lern- und Entwicklungsperspektiven der Schülerinnen und Schüler ausgerichtete Koordination der Lehrplanungen zwischen den im Bildungsgang unterrichtenden Lehrkräften.

Dies wird in der didaktisch-methodischen Jahresplanung vereinbart und fixiert.

Bildung findet somit statt im Medium des Berufs. Bautechnik kann nicht nur berufs-, sondern auch studienqualifizierend sein!

4. Technikdidaktische Ansätze zur Strukturierung des Faches Bautechnik

Wie bereits oben erwähnt, kommt dem Fach Bautechnik im Bildungsgang mit der didaktisch-methodischen Jahresplanung die Aufgabe zu, einen fachlich differenzierten Handlungszusammenhang zu schaffen. Zur Umsetzung der pädagogischen Leitideen erhalten die Lehrkräfte einen Leitfaden zur **didaktischen Organisation** (Teil II der Bildungspläne). Die Aufgabe der „didaktischen Organisation" ist es, „die Konzeption der pädagogischen Leitideen für den jeweiligen Bildungsgang didaktisch zu konkretisieren und durch eine darauf bezogene Bildungsgangarbeit die Gestaltung der Lehr- und Lernprozesse zu unterstützen" (MINISTERIUM FÜR SCHULE UND WEITERBILDUNG 2006b, 9). Es wird eine didaktische Struktur der Bildungsgänge entwickelt, die den Gegenstandsbereich der Bildungsgänge definiert, die geforderte Kompetenzentwicklung und die prognostizierten beruflichen Prozesse beschreibt.

Das Besondere an dieser Konzeption für die technischen Bildungsgänge ist nicht die Beschreibung der Kompetenzentwicklungen. Diese sind kongruent zu den bisher existierenden, weichen vermutlich nur in den Anforderungsbereichen bzw. Niveaustufen ab. Aber mit dem Teil II der Bildungspläne wird ein gemeinsamer Domänenbegriff „Technik" eingeführt und für alle technischen Bildungsgänge – von der Chemietechnik über die Bautechnik bis zur Datenverarbeitungstechnik – ein gemeinsamer Technikbegriff sowie ein gemeinsamer technikdidaktischer Ansatz für gültig erklärt. Dies hat es so bisher noch nicht – zumindest in Nordrhein-Westfalen – gegeben.

Mit der Beschreibung des Gegenstandsbereichs der Bildungsgänge wird hier ein Domänenbegriff Technik definiert:

„Berufliche Praxis als Gegenstandsbereich der technischen Bildungsgänge ist die in der Berufsarbeit aktualisierte Wechselbeziehung zwischen Mensch, Technik , Organisation (Wirtschaft) und Kultur unter den Rahmenbedingungen von Natur und Gesellschaft" (ebd., 10).

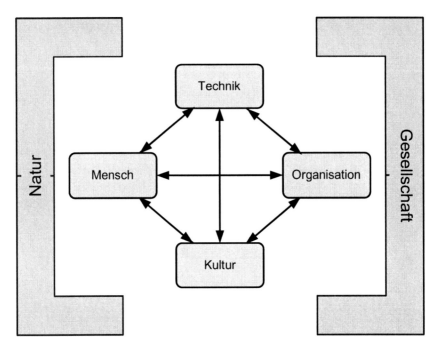

Abb. 3: Gegenstandsbereich / Domäne der technischen Bildungsgänge
(MINISTERIUM FÜR SCHULE UND WEITERBILDUNG 2006b, 9)

Technik stellt in der Berufswelt des arbeitenden Menschen, mit den
wirtschaftlichen Strukturen der Organisation sowie der Kultur der
Arbeit eine Einheit dar. Technik ist also nur als Mittel und als Ergebnis
menschlicher Arbeit zu verstehen.

Der Technikbegriff, dem dieses Verständnis zugrunde liegt, beruht
auf der VDI-Richtlinie 3780: Technikbewertung: Begriffe und Grundlagen. Dort heißt es: Technik im diesem Sinne „umfasst

- die Menge der nutzenorientierten, künstlichen, gegenständ-
  lichen Gebilde auch Artefakte oder Sachsysteme genannt;
- die Menge menschlicher Handlungen und Einrichtungen, in
  denen Sachsysteme entstehen;
- die Menge menschlicher Handlungen, in denen Sachsysteme
  verwendet werden" (VDI 1991).

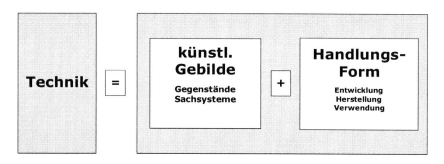

Abb. 4: Technikdefinition: Technik = Sache (Realtechnik) + sachbezogenes Handeln (MINISTERIUM FÜR SCHULE UND WEITERBILDUNG 2006b, 17)

Damit soll der Ganzheitlichkeitsanspruch deutlich werden, dass Technik die technischen Sachsysteme (Realtechnik) genauso umfasst wie deren Entstehung und Verwendung. Gleichzeitig ist die Herkunft und Nähe zum technikdidaktischen Ansatz der Systemtheorie ROPOHLS zu erkennen.

In den Mittelpunkt des technikdidaktischen Ansatzes rücken soziotechnische Systeme. „Den Kern der soziotechnischen Systeme bilden die technischen Sachsysteme der Domäne des jeweiligen Bildungsgangs. Entsprechend dem Verständnis von beruflich technologischer Bildung sind über die Sachsysteme hinaus deren Entstehung und Verwendung im Bildungsgang zu thematisieren. Soziotechnische Systeme der ‚Technikentstehung' umfassen die Handlungsphasen Zielsetzung, Planung, Entwicklung und Herstellung; Soziotechnische Systeme der ‚Technikverwendung' umfassen die Handlungsphasen Verteilung, Nutzung und Beseitigung" (ebd., 19).

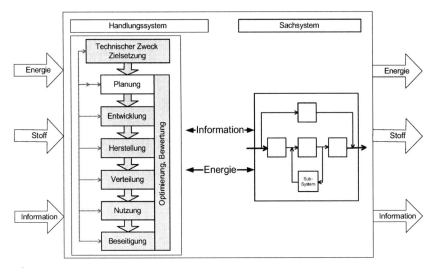

Abb. 5: Schema eines soziotechnischen Systems
(a.a.O., 18, nach ROPOHL 1979)

Hier sind die Lehrkräfte der Bautechnik gefordert, soziotechnische Systeme zu definieren, die diesem Ansatz gerecht werden. Mit zunehmender Vernetzung von Bauplanung, Bauausführung, Baubetrieb und Objektbewirtschaftung während des gesamten Lebenszyklus auf der einen Seite und Nachhaltigkeit durch Energieeffizienz und Fragen der Umweltverträglichkeit und Folgenabschätzungen auf der anderen Seite werden auch für die Bautechnik systemtheoretische Betrachtungsweisen, in denen menschliche Handlungssysteme mit technischen Sachsystemen mit Stoff-, Energie- bzw. Informationsströmen zu einer integrativen Einheit werden, nachvollziehbar und anwendbar. Deutlich wird daran ein niveauvoller Wissenschaftsbezug, der bisweilen politische, gesellschaftliche und philosophische Züge trägt (vgl. MINISTERIUM FÜR SCHULE UND WEITERBILDUNG 2006b, 18).

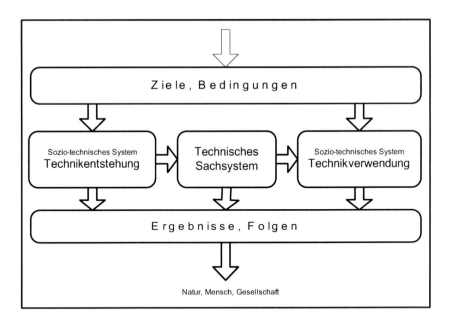

Abb. 6: Soziotechnische Systeme (Überblick) (ROPOHL 1999, 44)

Die Lehrplankommission hat dies für das Leistungskursfach Bautechnik bereits weitgehend konkretisiert: „Der Gegenstandsbereich der Bautechnik orientiert sich am Lebenszyklus von Bauwerken. Dazu gehören die Teilaspekte Planung, Entwurf, Bauausführung, Bauunterhaltung und Bewirtschaftung, Denkmalpflege sowie Recycling. Dabei bilden rechtliche, statische, bauphysikalische sowie ökologische und ökonomische Erfordernisse die Grundlage. Das Bauen im Bestand sowie ökologische Gesichtspunkte gewinnen zunehmend an Bedeutung" (MINISTERIUM FÜR SCHULE UND WEITERBILDUNG 2006c, 7). Dabei hat die Lehrplankommission die Berücksichtigung des Spannungsfeldes Umwelt, Wirtschaft und Gesellschaft mit in den Blick genommen sowie das berufliche Handeln in gesellschaftlicher und ökologischer Verantwortung festgeschrieben. Ebenso fordert sie die Lehrerinnen und Lehrer auf, berufliche Anforderungen unter Berücksichtigung bautechnischer Aufgaben in einen komplexen

Zusammenhang zu stellen. „An konkreten Bauwerken werden Bauteile unter bauphysikalischen, konstruktiven, ökologischen und ökonomischen Aspekten analysiert, konstruiert, dimensioniert und bewertet. Dabei gewinnt der Gesichtspunkt der Nachhaltigkeit besondere Bedeutung." (ebd., 7).

Die Kompetenzentwicklung in *technischen* Bildungsgängen steht als Leitziel im Mittelpunkt der Bildungsgangarbeit. Das Ziel der Kompetenzentwicklung bildet die Schlüsselperspektive für die Bildungsgangarbeit. Sie wird an dieser Stelle konkretisiert für die technischen Bildungsgänge und gibt Anstöße, sie auf das Fach Bautechnik zu präzisieren. Der Fachlehrplan selbst formuliert aufgrund dieser Vorgaben keine Kompetenzen, sondern grenzt Themen und Inhalte ein, an denen die Kompetenzentwicklung erfolgen soll.

Übersicht über die Kursthemen im Fach Bautechnik	
Kurshalbjahr	Kursthemen
11.1	Baukörper in Mauerwerk – Gestaltungs- und Planungsprozess
11.2	Tragkonstruktionen aus Holz – Entwurf und Planungsprozess
12.1	Statisch bestimmte Tragkonstruktionen im Stahlbetonbau
12.2	Bauphysikalische Anforderungen an Gebäudeteile
13.1	Planungskonzept und rechnerische Nachweise für ein Wohnbauprojekt
13.2	Konstruktionsdetails und Bauantrag für ein Wohnbauprojekt

Abb. 7: Themen und Inhalte der Kurshalbjahre (a.a.O., 9)

5. Konkretisierung an Beispielen

Der Fachlehrplan gibt für die alltägliche Unterrichtspraxis Themen und Inhalte vor. In einem einführenden Beispiel werden Anregungen gegeben, wie die Inhalte in das Konzept soziotechnischer Sachsysteme und der Kompetenzentwicklung eingeordnet werden können:

Beispiel aus 12.2

Kursthema: Bauphysikalische Anforderungen an Gebäudeteile	
Zum Beispiel: Ein- und zweischalige Außenwandkonstruktionen (Dachkonstruktionen, ...) analysieren und ihren Aufbau hinsichtlich der bauphysikalischen Anforderungen bestimmen und bewerten	
Tabelle 1: **Themen** – Inhalte	Tabelle 2: **Hinweise** (Berufs- und Bildungsgangbezüge, Anwendungsmodelle, Projekte, Hilfsmittel etc.)
Tabelle 3: **Nachweis für ein behagliches Raumklima**	
– Wärmetechnische Berechnungen an unterschiedlichen Außenbauteilen – Optimierung unterschiedlicher Konstruktionen – Berücksichtigung ökologischer und ökonomischer Aspekte	Bauteilverfahren Anwendung branchentypischer Software Gebäudepass Bewertung von Dämmstoffen
Tabelle 4: **Qualitative Beurteilung von Wärmebrücken**	
– Anschlüsse und Bauteildurchführungen – Geometrische Wärmebrücken	
Tabelle 5: **Bewertung von Bauteilen hinsichtlich des Feuchteschutzes**	
– Konstruktive Aspekte – Tauwasserbildung an den Oberflächen und im Innern von Bauteilen – Nachweis von Tauwasserausfall mit Jahresbilanz	Bauschadensbilder Detaildarstellung der Konstruktion Heiz- und Lüftungsverhalten Glaser-Verfahren
Tabelle 6: **Bewertung der Luftdichtigkeit der Gebäudehülle**	Blower-Door-Verfahren
Tabelle 7: **Planung konstruktiver Maßnahmen zur Luft- und Trittschalldämmung**	Schallnebenwege und Schallbrücken, Fugenproblematik, Entkopplung

Abb. 8: Übersicht Kurshalbjahr 12.2 (ebd., 14)

Für die Prüfungssituation steht eine Beispielaufgabe zur Verfügung, die den Lehrkräften Orientierung bieten soll zur Erstellung eigener Aufgabenstellungen:

Fach Bautechnik – Informationen für die Hand der Lehrerin/des Lehrers
Profil bildender Leistungskurs

Konstruktionsmerkmale der Aufgabe 2: Entwurfsaufgabe

Beschreibung der Ausgangssituation:

Das Ehepaar Sohlbach hat im Umland der Stadt Schwerin ein Grundstück mit einem eingeschossigen Flachdachbau erworben. Dieses fensterlose, ehemalige Lagergebäude soll zu einem Ferienhaus umgebaut werden (Vorgaben: siehe Anlage, Lageplan, Bestandszeichnungen, Nutzungs-, Baubeschreibung und Hinweise). Für die Planung dieses Vorhabens ergeben sich folgende Aufgabenstellungen:

Nutzungsbeschreibung:

- Das Ehepaar möchte das Gebäude im Sommer und Winter als Ferienhaus nutzen.
- Die Heizungsanlage wird auf dem Dachboden unter der neu entstehenden Satteldachkonstruktion untergebracht. Dieser Dachboden ist über eine Bodeneinschubtreppe erreichbar.
- Das Bad soll mindestens ein WC, ein Waschbecken und eine Dusche erhalten.
- Die Küchenzeile soll mit Spüle, Herd, Backofen und Kühlschrank ausgestattet werden.
- Das Schlafzimmer soll räumlich von den anderen Räumen abgeschlossen sein.
- Das Wohn- und Esszimmer soll einen Esstisch und gepolsterte Sitzmöbel für jeweils mindestens vier Personen erhalten. Ein Sitzmöbel soll für eventuelle Kurzbesuche der erwachsenen Tochter des Ehepaares als Schlafcouch genutzt werden können.

Baubeschreibung:

Bauort: Schwerin
Lage über NN: 20m

Vorhanden:

Außenwand: Kalksandsteine DIN V 106 – KS 12 – 1,4 – 3DF / MGII

Attika: Die vorhandene Dachaufkantung aus Stahlbeton dient für den Dachausbau als Drempel und kann alle Kräfte aus dem entstehenden Dachtragwerk aufnehmen.

Geplant:

Außenwand: zweischaliges Mauerwerk mit Kerndämmung

Pfettendach mit einfach stehendem Stuhl:

- Dachneigung 35°, Sparren 6/20 cm, Achsabstand a = 75 cm,
- winkliges Aufholz 16 cm, Nadelvollholz C 24
- Fußpfette 12/12 cm, sie liegt mittig auf, Verankerung mit dem Stahlbetondrempel durch Injektionsanker M16
- Firstpfette 12/26 cm, die aufzumauernden Giebelwände und eine mittig anzuordnende Stütze bilden die Auflager für die Firstpfette.

Dachaufbau: belüftete Dachkonstruktion

Falzziegel mit g_k = 0,55 kN / m²

Nadelholz mit g_k = 6,0 kN / m³

20 cm Dämmung mit g_k = 1,0 kN / m³

1,25 cm Gipskartonplatten mit g_k = 9,0 kN / m³

Notwendige Unterkonstruktionen sind in diesen Werten schon berücksichtigt worden.

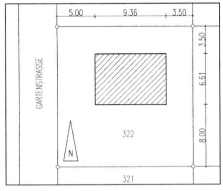

Abbildung: Lageplan des Grundstückes mit Flachdachgebäude, ohne Maßstab

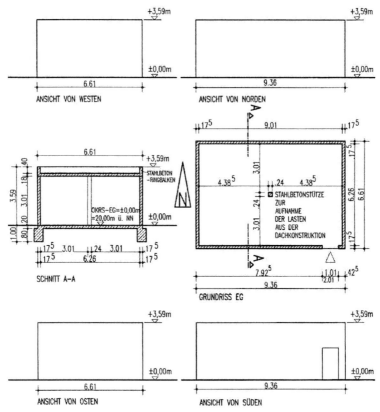

Abbildung: Grundriss, Querschnitt und Ansichten
des bestehenden Flachdachgebäudes, ohne Maßstab

Aufgabe 2

Das Ehepaar wünscht einen funktionalen und energietechnisch sinnvollen Entwurf der Grundrissanlage des Erdgeschosses nach der vorliegenden Nutzungsbeschreibung.

Trennwände, Tür- und Fensteröffnungen können an jeder Stelle des Raumes und der Außenwände eingefügt werden. Die äußeren Abmessungen des bestehenden Gebäudes dürfen nicht verändert werden. Die Versorgungs- und Abwasserleitungen liegen unterhalb der öffentlichen Straße.

2.1 Entwickeln Sie einen Lösungsvorschlag für das Erdgeschoss. Erstellen Sie hierfür eine maßstäbliche Grundrissskizze, M 1: 50 (DIN A3, kariertes oder Millimeterpapier). Die Außenwand soll für diese Teilaufgabe nur als einschalige Konstruktion in einer Stärke von 17,5 cm angenommen und dargestellt werden! Bemaßen Sie die Innenräume und die Fensteröffnungen und möblieren Sie den Grundriss!

2.2 Erläutern Sie Ihre Entwurfsplanung in Bezug auf die Aspekte der Funktionalität und des energieoptimierten Bauens!

Neben der Aufgabenstellung werden den Lehrkräften Hinweise zur Materialgrundlage (hier: Lageplan, Grundriss, Schnitt, Ansichten, Nutzungsbeschreibung und Baubeschreibung), Bezüge zum Fachlehrplan (hier: Raumkonzept, Funktionsabläufe, energieoptimiertes Bauen, Bemessung eines Sparrens im Pfettendach, Planung einer zweischaligen Außenwandkonstruktion) und zugelassene Hilfsmittel (hier: nicht programmierbarer wissenschaftlicher Taschenrechner, A3-Zeichenplatte, Literatur zur Auswahl) gemacht (MINISTERIUM FÜR SCHULE UND WEITERBILDUNG 2006d, 3-8).

6. Kriteriengeleitete Erfassung der Leistungen

Für die Aufgabe sind kriteriengeleitete Beurteilungen gefordert. Teilleistungen werden operationalisiert und mit Punkten in Anforderungsbereichen festgeschrieben. Dieses Verfahren traf in Implementationsveranstaltungen auf ein geteiltes Echo. Gerade Lehrerinnen und Lehrer, die Verfechter komplexer Aufgabenstellungen waren, erwiesen sich als Kritiker der kriteriengeleiteten Beurteilungen. Dennoch überwog die Ansicht, dass zur Herstellung einer Vergleichbarkeit und Sicherung von Qualitätsstandards eine stärkere Differenzierung der Beurteilung notwendig ist. Zum o. g. Beispiel folgt die Vorgabe zur Beurteilung der Schülerleistungen, die mit jeder zentral gestellten Aufgabe den Lehrkräften zur Verfügung gestellt wird.

Auf-gaben	Teilauf-gaben	Anforderung	Anforderungs-bereiche und Punkte		
		Aufgabenstellung und erwartete Lösung	I	II	III
2	2.1	**Entwickeln Sie einen Lösungsvorschlag für das Erdgeschoss. Erstellen Sie hierfür eine maßstäbliche Grundrissskizze, M 1: 50 (DIN A3, kariertes oder Milli-meterpapier). Die Außenwand soll für diese Teilauf-gabe nur als einschalige Konstruktion in einer Stärke von 17,5 cm angenommen und dargestellt werden. Bemaßen Sie die Innenräume und die Fensteröff-nungen und möblieren Sie den Grundriss.**			
		Alle Räume müssen die für die geforderten Einrichtungs-gegenstände erforderlichen Stellflächen und ausreichend dimensionierte Bewegungsflächen aufweisen. Die Skizze muss einen Nordpfeil enthalten. Folgende weitere Bedin-gungen sollten durch den Entwurf erfüllt werden:	1	1	3
		- Keine über die vorhandenen Gebäudegrenzen hinaus gehenden Anbauten - Sinnvolle Einbindung der vorhandenen, Lasten abtra-genden Stütze in der Gebäudemitte		2	3
		- Eingang im Westen - Unterbringung der Hausanschlüsse und Verteiler nach Westen hin - Ausrichtung des Wohn- und Esszimmers nach Süden - Ausrichtung des Bades und der Küche nach Nordwesten - Ausrichtung des Schlafraumes nach Nordosten	1		2
		- Garderobe im Eingangsbereich - Räumlich abgeschlossener Schlafraum mit Doppelbett und Schrank - Bad mit WC, Dusche und Waschbecken - Küchenzeile mit Spüle, Herd, Backofen und Kühlschrank - Wohn- und Esszimmer mit Esstisch mit Stühlen und Polstermöbelgruppe für jeweils vier Personen incl. Schlafcouch	1	1	2
		- Kein innen liegendes Bad - Ausreichende natürliche Belichtung der Räume mit Fen-sterflächen, die in etwa einem Achtel der Grundrissfläche des jeweiligen Raumes entspricht - Kleine Fensteröffnungen nach Norden - Große Glasflächen nach Süden		1	3

Auf-gaben	Teilauf-gaben	Anforderung	Anforde-rungs-bereiche und Punkte		
		Aufgabenstellung und erwartete Lösung	I	II	III
	2.2	**Erläutern Sie Ihre Entwurfsplanung in Bezug auf die Aspekte der Funktionalität und des energie-optimierten Bauens.**			
		Die Schülerinnen und Schüler erläutern begründet die Funktionalität ihrer Entwurfsplanung: - Eingang im Westen „kurze Erschließungswege von der Straße und einem möglichen Stellplatz aus" - Unterbringung der Hausanschlüsse und Verteiler nach Westen hin „kürzere Versorgungsleitungen" - Ausrichtung des Wohn- und Esszimmers nach Süden „optimale Belichtung des täglichen Aufenthaltsraumes, sinnvolle Orientierung zu einer möglichen Südterrasse" - Ausrichtung des Bades und der Küche nach Nordwe-sten „Räume werden über Tag seltener genutzt als das Wohn- und Esszimmer, kürzere Leitungswege für die Entwässerung" - Ausrichtung des Schlafraumes nach Nordosten „dem Straßenlärm abgewandte Gebäudeseite, geringere Auf-heizung des Raumes" - Garderobe im Eingangsbereich „Aufbewahrung von Mänteln und Jacken"	3	3	
		Die Schülerinnen und Schüler nennen begründet Aspekte zum energieoptimierten Bauen: - Kein innen liegendes Bad „keine mechanische Lüftung und tagsüber keine künstliche Beleuchtung notwendig" - Ausreichende natürliche Belichtung der Räume mit Fen-sterflächen, die in etwa ein Achtel der Grundrissfläche des jeweiligen Raumes betragen „Bei Sonnenlicht wird keine künstliche Beleuchtung notwendig" - Kleine Fensteröffnungen nach Norden „geringere Trans-missionswärmeverluste, die im Norden nicht durch solare Wärmegewinne kompensiert werden können, oder nur durch sehr aufwendige Fensterkonstruktionen vermie-den werden können" - Große Glasflächen nach Süden „solare Wärmegewinne"	3	4	

Abb. 9: Darstellung der erwarteten Schülerleistungen (ebd., S. 13)

Diese kriterielle Erfassung ermöglicht eine abgestufte Beurteilung. Sie erfasst die erwarteten Lösungen und ermöglicht Lehrerinnen und Lehrern, zu gleichen Beurteilungen zu kommen, ohne die Aufgabe selber konzipiert zu haben. Deutlich zu erkennen ist die kleinschrittige Bepunktung. Auf den ersten Eindruck mag die kleinschrittige Bepunktung einer komplexen Aufgabenstellung unangemessen erscheinen. Bei der Evaluation der Probeklausuren hat sich gezeigt, dass gerade die Aufgabenstellungen, die dieser kleinschrittigen Bepunktung folgten, relativ ähnlich Ergebnisse in der Beurteilung ergaben, große Punktespektren hingegen eine große Streuung zur Folge hatten.

Darüber hinaus ist ein weiterer Lösungsbereich definiert worden: der Darstellungsbereich. Hier werden Punkte für die Ausarbeitung festgeschrieben, die sonst immer unter „weichen" Punkten vergeben wurden.

	Die Schülerin / der Schüler	Lösungs- qualität
1.1	- erstellt eine lesbare Systemskizze, deren Beschriftungen und Maß-ketten sinnvoll angeordnet sind und die in ihrer Genauigkeit und Sauberkeit den Maßstäben einer Skizze entspricht, - legt den Rechengang sauber, vollständig und nachvollziehbar dar, - nennt die den Rechnungen zugrunde gelegten Formeln, - gibt Zwischenergebnisse an.	4
1.2	- legt den Rechengang sauber, vollständig und nachvollziehbar dar, - nennt die den Rechnungen zugrunde gelegten Formeln, - gibt Zwischenergebnisse an.	3
2.1	- erstellt eine maßstäbliche Skizze des Wandquerschnitts mit normge-rechter Schraffur und Bemaßung, - legt den Rechengang sauber, vollständig und nachvollziehbar dar, - nennt die den Rechnungen zugrunde gelegten Formeln, - gibt Zwischenergebnisse an.	4
2.2	- erstellt eine maßstäbliche Skizze des Wandquerschnitts mit normge-rechter Schraffur und Bemaßung, - legt den Rechengang sauber, vollständig und nachvollziehbar dar, - nennt die den Rechnungen zugrunde gelegten Formeln, - gibt Zwischenergebnisse an.	4

2.3	- beschreibt in ganzen Sätzen und in sachlogischem Zusammenhang die bauphysikalischen Auswirkungen.	2
3.1	- beschreibt in ganzen Sätzen und in sachlogischem Zusammenhang Analyse und Schadensursachen.	2
3.2	- beschreibt in ganzen Sätzen und in sachlogischem Zusammenhang Maßnahmen und formuliert eigenständige Beurteilung.	2
3.3	- beschreibt in ganzen Sätzen und in sachlogischem Zusammenhang Erläuterungen zu Abdichtungsmaßnahmen.	2
3.4	- erstellt eine maßstäbliche Skizze der Abdichtungsmaßnahmen mit normgerechter Schraffur und Bemaßung.	2
	Summe Darstellungsleistung	25

Abb. 10: Darstellungsleistungen zu einer Abiturklausur im Fach Bautechnik

Letztlich kann zusammenfassend gesagt werden, dass die kriteriengeleitete Erfassung der Schülerleistungen bei zentralen Prüfungen ein steuerndes Kriterium für die Sicherung von Qualitätsstandards darstellt.

7. Konsequenzen für die Fachdidaktik Bautechnik bzw. für die Lehrerausbildung in der Bautechnik

Auch für die berufliche Bildung ist mit zentralen Abschlussprüfungen in vollzeitschulischen Bildungsgängen in Zukunft verstärkt zu rechnen, besonders mit Blick als Alternative zum klassischen Bildungsweg der Gymnasien.

Des Weiteren wird in Nordrhein-Westfalen und auch auf KMK-Ebene über (teil-)zentrale Abschlussprüfungen des mittleren Bildungsabschlusses im berufsbildenden System diskutiert.

Deshalb werden zentrale Abschlussprüfungen auch für die Fachdidaktik Bautechnik bzw. für die Lehrerausbildung in der Bautechnik nicht ohne Auswirkungen bleiben:

- Zentrale vollzeitschulische Abschlussprüfungen grenzen die Themenvielfalt und Inhalte ein. Im vorliegenden Fachlehrplan wurde das Thema Tiefbau vollständig ausgeblendet. Ein Leistungskurs, der dem Berufsfeld Holztechnik entspringt, ist nicht vorgesehen.

- Auf die Bedeutungszunahme vollzeitschulischer Bildungsgänge muss durch geeignete Konzepte reagiert werden.
  Dies gilt besonders unter der internationalen Perspektive
  des Europäischen Qualifikationsrahmens und der Standards:
  EQF – NQF – ECVET.
- Studienqualifzierende Bildungsgänge, die wissenschafts-
  propädeutisches Lernen in den Blick nehmen, müssen neben
  dem Lernfeldkonzept verstärkt im Rahmen der Lehrerausbildung in der ersten und zweiten Phase Berücksichtigung
  finden.
- Modelle zur Verbindung von allgemeinbildenden und beruflichen Abschlüssen können durch Forschung innovativ mitge-
  staltet werden.
- Die Auseinandersetzung mit dem technikdidaktischen Ansatz
  der Systemtheorie ist im Rahmen der Fortentwicklung einer
  zukunftsorientierten Fachdidaktik zu überprüfen und ggf.
  weiterzuentwickeln.
- Zentrale schulische Abschlussprüfungen und deren Ordnungs-
  kriterien sollten bundesweit wissenschaftlich und kritisch begleitet werden.

8. Schlussbemerkungen

Zusammengefasst können folgende Aussagen und Forderungen
diskutiert werden: Zentrale Abschlussprüfungen können durch ihre
Konstruktion Qualitätsstandards von beruflicher Bildung sicherstellen. Durch die Einbindung der Lehrkräfte bei der Erstellung der Aufgaben kann das Konzept zentraler Prüfungen für die Allgemeine
Hochschulreife ein hohes Maß an Akzeptanz erzielen. Die Eingren-
zung von Fachthemen ist durchaus kritisch zu betrachten. Lernen und
Lehren mit einem hohen Grad an Wissenschaftsbezug muss konzep-
tionell in die Lehrerausbildung integriert werden, um angehende
Lehrerinnen und Lehrer auf wachsende Schülerzahlen und Lerngruppen in studienqualifizierenden vollzeitschulischen Bildungsgängen

vorzubereiten. Die Fachdidaktik sollte Chancen wahren, Standards beruflicher Bildung berufsfeldbezogen mitzuentwickeln.

Literatur

KULTUSMINISTERKONFERENZ (2006): Einheitliche Prüfungsanforderungen in der Abiturprüfung. Technik. Beschluss vom 01.12.1989 in der Fassung vom 16.11.2006.

MINISTERIUM FÜR SCHULE UND WEITERBILDUNG DES LANDES NORDRHEIN-WESTFALEN (2006a): Bildungspläne zur Erprobung für die Bildungsgänge, die zu einem Berufsabschluss nach Landesrecht und zur allgemeinen Hochschulreife oder zu beruflichen Kenntnissen und zur allgemeinen Hochschulreife führen. Teil I: Pädagogische Leitideen. Düsseldorf.

MINISTERIUM FÜR SCHULE UND WEITERBILDUNG DES LANDES NORDRHEIN-WESTFALEN (2006b):Bildungspläne zur Erprobung für die Bildungsgänge, die zu einem Berufsabschluss nach Landesrecht und zur allgemeinen Hochschulreife oder zu beruflichen Kenntnissen und zur allgemeinen Hochschulreife führen. Teil II: Didaktische Organisation der Bildungsgänge im Fachbereich „Technik". Düsseldorf.

MINISTERIUM FÜR SCHULE UND WEITERBILDUNG DES LANDES NORDRHEIN-WESTFALEN (2006c):Bildungspläne zur Erprobung für die Bildungsgänge, die zu einem Berufsabschluss nach Landesrecht und zur allgemeinen Hochschulreife oder zu beruflichen Kenntnissen und zur allgemeinen Hochschulreife führen. Teil III: Fachlehrplan Bautechnik. Düsseldorf.

MINISTERIUM FÜR SCHULE UND WEITERBILDUNG DES LANDES NORDRHEIN-WESTFALEN (2006d):Beispiel-Abiturprüfung in den Bildungsgängen des Berufskollegs Profil bildender Leistungskurs (2. Leistungskurs). Fach Bautechnik. Düsseldorf.

MINISTERIUM FÜR SCHULE UND WEITERBILDUNG DES LANDES NORDR-HEIN-WESTFALEN (2006e):Vorgaben für die Abiturprüfung in den Bildungsgängen des Berufskollegs Anlagen D 1 - D 28 im Jahr 2008. Vorgaben für das Fach Bautechnik. Düsseldorf.

MINISTERIUM FÜR SCHULE UND WEITERBILDUNG DES LANDES NORDR-HEIN-WESTFALEN (2006f): Vorgaben für die Konstruktion von Aufgaben für die schriftliche Abiturprüfung im Fach Bautechnik. Düsseldorf.

MINISTERIUM FÜR SCHULE UND WEITERBILDUNG DES LANDES NORDR-HEIN-WESTFALEN (2007): Verordnung über die Ausbildung und Prüfung in den Bildungsgängen des Berufskollegs (APO-BK). In: Bereinigte Amtliche Sammlung der Schulvorschriften des Landes Nordrhein-Westfalen. BASS 2007/2008. 22. Ausgabe. Düsseldorf/Frechen 2007, S. 13/75 – 13/156.

ALLENDORFF, O. (2006): Präsentation zur Implementation der neuen Bildungspläne zur Erprobung für die Bildungsgänge, die zu einem Berufsabschluss nach Landesrecht und zur allgemeinen Hochschulreife oder zu beruflichen Kenntnissen und zur allgemeinen Hochschulreife führen im Fachbereich Technik . Unveröffentlichtes Manuskript. Köln.

BADER,R./ JENEWEIN, K. (Hrsg.) (2000): Didaktik der Technik zwischen Generalisierung und Spezialisierung. Frankfurt am Main.

BANSE, G./ GRUNWALD, A./ KÖNIG, W./ ROPOHL, G. (Hrsg.) (2006): Erkennen und Gestalten: Eine Theorie der Technikwissenschaften. Berlin.

BONZ, B./ OTT, B. (Hrsg.) (2003): Allgemeine Technikdidaktik – Theorieansätze und Praxisbezüge. Baltmannsweiler.

KÖLLER, O./ WATERMANN, R./ TRAUTWEIN, U./ Lüdtke, O. (Hrsg.) (2004): Wege zur Hochschulreife in Baden-Württemberg. TOSCA. Eine Untersuchung an allgemein bildenden und beruflichen Gymnasien. Opladen.

LANDESELTERNRAT DER GESAMTSCHULEN IN NRW E.V. (2008): Gesamtschulen im Aufwind. Zusatzinformationen zur Pressemitteilung am
08.02.2008.

ROPOHL, G. (2004): Arbeits- und Techniklehre. Philosophische Beiträge zur
technologischen Bildung. Berlin.

ROPOHL, G. (1999): Allgemeine Technologie. Eine Systemtheorie der
Technik. 2. Auflage München/Wien.

ROPOHL, G. (1998): Wie die Technik zur Vernunft kommt. Beiträge zum
Paradigmenwechsel in den Technikwissenschaften. Amsterdam.

VDI (1991): Richtlinie 3780: Technikbewertung – Begriffe und Grundlagen.
Berlin.

Hans-Jürgen Lindemann

Prüfungsaufgabenerstellung – Qualifizierung von Lehrkräften für diese Aufgabe

1. Rahmenbedingungen

1.1 Die bisherigen Prozesse zur Erstellung von Curricula und Prüfungsaufgabensätzen

Bisher sind die Aufgaben für die Prüfung der Fachhochschulreife meist von den Kolleginnen und Kollegen erstellt worden, die in dem Bereich auch unterrichten. Die Prüfungsaufgabenerstellung war dezentral organisiert. Ähnlich wie bei Aufgabenstellungen im Abitur wurden und werden in der Regel zwei Vorschläge beim zuständigen Ministerium eingereicht, von denen einer dann als Prüfungsaufgabensatz eingesetzt wurde und wird. Eine enge Abstimmung zwischen der didaktischen Gestaltung des Unterrichts und der Prüfung war von daher gegeben.

Der bisherige Regelkreislauf lässt sich wie folgt beschreiben:
1. Schritt: Die Formulierung präziser Bildungs- und Qualifizierungsziele für den Bildungsgang und für das Fach Technik ist der erste Schritt. Das Curriculum ist nach Fächern organisiert. Wie bisher üblich, folgt auch das Fach Technik vorgegebenen Bildungszielen, wobei eine Orientierung auf die Studierfähigkeit an einer Fachhochschule im Vordergrund steht. Nach der Einführung der Berufsoberschule in einigen Bundesländern, darunter Berlin, beinhalten die Bildungsziele auch die Studierfähigkeit für die Universität, die allgemeine Hochschulreife.
2. Schritt: Im zweiten Schritt erfolgt die Erstellung des Curriculums. Dies wird in der Regel durch Rahmenlehrplangruppen der Landesinstitute erledigt.

3. Schritt: Das Curriculum wird auf der Mesoebene je nach Bundesland in den einzelnen Schulen oder Schulaufsichtsbezirken präzisiert. Für den Unterricht selbst sind Stoffverteilungspläne oder Ziel-/Inhaltspläne maßgebend.
4. Schritt: Im vierten Schritt erfolgt dann die Aufgabenerstellung. Dies geschieht durch die unterrichtenden Lehrer. Verantwortlich auf der Schulebene ist ein Fachbereichsleiter in Berlin bzw. ein Fachberater in anderen Bundesländern. Die in aller Regel zwei Aufgabensätze werden der Fachaufsicht zur Prüfung eingereicht.
5. Schritt: Im fünften und letzten Schritt werden die Aufgabensätze fachlich und rechtlich von der Schulaufsicht überprüft. Dabei wird zunächst geprüft, ob die Aufgaben der Prüfungssätze mit den allgemeinen Bildungs- und Qualifizierungszielen für das Fach übereinstimmen. Weiterhin wird geprüft, ob die Aufgaben fachlich richtig sind und dem Niveau der Anforderungen entsprechen, die im Curriculum und in den Bildungszielen niedergelegt sind. Die Aufgabensätze werden dann dahingehend überprüft, ob die bestehenden Rechtsvorschriften eingehalten werden. Hierbei steht insbesondere die Frage im Vordergrund, ob die Prüfungsaufgaben mit den Vorgaben der Verordnung über die FOS-Prüfung (Prüfungsverordnung o.ä. – je nach Bundesland) in Einklang stehen.

Es gibt in der Schulaufsicht in aller Regel Beamte, die für die großen Fächer auch die Kompetenz haben, fachlich beurteilen zu können, was vorgelegt wird. Die jeweilige Bildungsverwaltung ist so aufgebaut, dass sie die Prüfungsaufgaben sowohl fachlich als auch rechtlich prüfen kann, d.h. die Schulaufsicht hält neben der Rechtsaufsicht auch eine Fachaufsicht vor, die nach Unterrichtsfächern gegliedert ist.

1. Rahmenbedingungen: (Inputsteuerung):

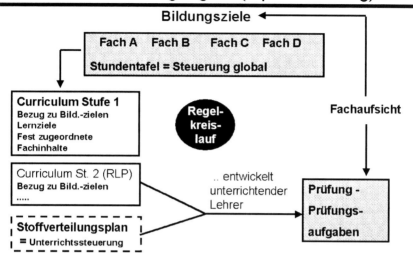

Abb. 1: Regelkreislauf der dezentralen Aufgabenerstellung

1.2 Die neuen Prozesse zur Erstellung von Curricula und Prüfungsaufgabensätzen

Mit Einführung zentraler Prüfungen nach vorgegebenen kompetenzorientierten Bildungsstandards verändert sich der oben beschriebene Regelkreislauf grundlegend. Die bislang verzahnten Prozesse der Curriculum- und Prüfungsaufgabenerstellung werden in zwei unabhängige Prozesse getrennt. Wie bisher gibt es den Prozess der Curriculumentwicklung. Dieser allerdings erfährt einige Modifikationen, wie weiter unten zu zeigen ist. Neben diesen Prozess stellen die Verwaltungen durch die neue Praxis den Prozess der zentralen Erstellung der Prüfungsaufgabensätze. Wenn beide Prozesse zu qualitativ hochwertigen Ergebnissen führen sollen, setzt das voraus, dass beide Prozesse aufeinander bezogen sind. In der Praxis aber führt das in curricularer Hinsicht zu Brüchen, denn es ist in didaktischer Hinsicht wie auch mit Blick auf Organisationsentwicklungsprozesse nicht klar – weil bislang auch nicht strukturell eindeutig geregelt –, welcher Prozess wie auf den anderen Einfluss nimmt und welcher letztendlich dominiert. Dies führt zu der Frage, ob die Prüfungsaufgabensätze informell nicht zum heimlichen Curriculum werden und damit indirekt auf das Curriculum der Schule einen starken Einfluss ausüben. Damit einher geht die Frage, ob das nicht zu einer Aushöhlung der Bildungs- und Qualifizierungsziele führt, indem faktisch das als Kompetenz verstanden wird, was auch in der Prüfungsarbeit abprüfbar ist?

1.3 Entwicklung kompetenzbasierter Curricula

In einem System gemischter Input-/ Outputsteuerung muss es Ziel sein, beide Prozesse aufeinander abzustimmen. Mit der Einführung zentraler Prüfungen geht die Einführung kompetenzbasierter Curricula einher, wobei unterschiedliche Kompetenzmodelle zu Grunde liegen.

Auf der Inputseite wird Kompetenz auf das Subjekt bezogen. Möglich sind Kategorien beruflicher Handlungskompetenz als Fach-, Sozial und Humankompetenz oder auch andere Kompetenzmodelle, wie das nach WEINERT, das kognitive Kompetenzen, die in erster Linie das Kriterium der Messbarkeit erfüllen, in den Vordergrund rückt. In vollschulischen Bildungsgängen wird in der Regel unter Beachtung beruflicher Handlungskompetenz stärker auf letzteres Kompetenzmodell Bezug genommen. Die Rahmenlehrplangruppe ist für die Erstellung der curricularen Grundlagen zuständig. Die AufgabenerstellerInnengruppe ist für die Erstellung des Prüfungsaufgabensatz zuständig.

1. Rahmenbedingungen: (Outputsteuerung):

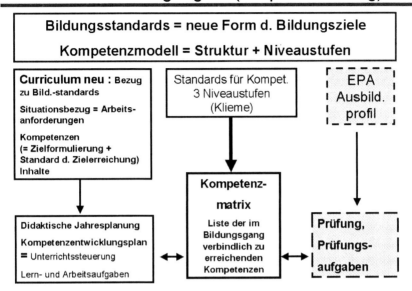

Abb. 2: Curriculumentwicklung und zentrale Prüfungsaufgabenerstellung

In der Systemanalyse wird dabei von einem dualen Kompetenzmodell ausgegangen. Auf der einen Seite stehen die Anforderungen an einen Ausbildungs- oder Bildungsgang in einer Umgebungsstruktur (siehe Abb. 3). Im Kontext vollschulischer Bildungsgänge kann die Umgebungsstruktur als Domäne verstanden werden. Zu klären ist, durch welche Bestimmungsgrößen die Domäne konstituiert wird. Das können einerseits Bündel beruflicher Handlungen sein, was zur Qualifikationsanalyse führt und dem Prinzip der Beruflichkeit folgt, auf der anderen Seite können es vorwiegend wissensbasierte Kompetenzen nach dem Kompetenzmodell von WEINERT sein, wobei sich eine Gliederung in Kompetenzfelder anbietet. Hauptprinzip ist in diesem Fall die Fachlichkeit. Im Übergang hin zu kompetenzbasierten Curricula werden derzeit Gliederungskriterien wie Themenfelder in Analogie zur Lernfelddidaktik, Lerngebiete etc. gewählt. Dabei ist zu klären, wodurch die Kompetenzfelder in horizontaler Abgrenzung zu anderen Fachgebieten und vertikaler Vertiefung bezüglich geforderter Komplexitätsniveaus (Niveaustufen nach KLIEME z.B.) bestimmt werden und wie das Verhältnis zu den Bezugswissenschaften ist. In neu erstellten Rahmenlehrplänen finden sich Gliederungskriterien wie „Lerngebiete" (Bremen) oder „Themenfelder" (Berlin). Eine systematisch eingeführte Kompetenzorientierung mit entsprechenden Unterkategorien ist gegenwärtig kaum in einem Bundesland stringent umgesetzt. Eine so gestaltete Gliederung geht von einigen für den Bildungsgang zentralen und übergeordneten Kompetenzen aus (wie z.B. „mit im Bauwesen üblichen Medien bautechnische Konstruktionen präsentieren"), formuliert Teilkompetenzen als Unterkategorien und ordnet dann Themenfelder mit Fachinhalten zu.

Kompetenz

Duales Niveaustufenmodell:

Umgebungsstruktur (Beschäftigungssystem oder Bildungssystem)	Person (Kompetenz)
Anforderung (Arbeitsanforderung) Arbeits- und Geschäftsprozesse Bildungsziele, Studierfähigkeit	Kompetenzentwicklung lebenslanges Lernen
Kriterien:	
Komplexität, Autonomie, Partizipation, Organisation und Sozialität	Fach-, Sozial-, Human- / Personal- Kompetenz
Strukturelle Reflexivität	Selbstreflexion

_{Lindemann:} HT 2008: Kompetenzstandards 5

Abb. 3: Duales Kompetenzmodell

In der Praxis vollschulischer Bildungsgänge wird dem aus der Allgemeinbildung bekannten Verständnis von Bildungsstandards gefolgt

190

(vgl. DEHNBOSTEL, LINDEMANN 2007), wobei für technische Fächer die sog. EPA (Einheitliche Prüfungsanforderungen) zugrunde gelegt werden. Die EPA gelten genau genommen nur für die gymnasiale Oberstufe, werden aber in Ermangelung neuer Ordnungsgrundlagen einer Systematisierung der Bildungs- und Qualifizierungsziele als Bezugsrahmen angewandt. Die Orientierung an den Strukturelementen der Bildungsstandards kann als neue Form der Bildungsziele für die studienqualifizierenden Bildungsgänge verstanden werden. Wenn die Bildungsministerien mit der Einführung zentraler Prüfungsaufgaben eine Vergleichbarkeit der Abschlüsse erreichen wollen und wenn ferner ein Zugang zu Fachhochschulen und allen Bundesländern gewährleistet werden soll, sind einheitliche Standards und Bildungsziele erforderlich. Bildungsstandards für die technischen Fächer müssen dann enthalten:

1. einheitliche Bildungs- und Qualifizierungsziele für den Bildungsgang,
2. eine Liste verbindlicher Kompetenzen, die erreicht werden sollen und
3. ein Verständnis über die Domäne, also das Lerngebiet, das den Zielen und Kompetenzanforderungen zu Grunde liegt.

Solche Standards liegen bis heute nicht vor. Es ist auch nicht vereinbart, sie in den nächsten Jahren zu entwickeln. Aus diesem Grunde werden die EPA indirekt als Orientierung zu Grunde gelegt.

Entscheidend und handlungsleitend ist der Kompetenzbegriff, der die Basis der jeweiligen kompetenzorientierten Curricula ist. Beruflichkeit, Fachlichkeit und Studierfähigkeit sind die Prinzipien, nach denen die Leitideen der Curricula für vollschulische Bildungsgänge in der Regel (Berlin, Schleswig-Holstein) erarbeitet werden. Es stellt sich die Frage nach der Kompatibilität der drei Prinzipien. In NRW werden, beeinflusst durch die Technikdidaktik, andere Prinzipien zu Grunde gelegt (siehe Beitrag MEIRITZ in diesem Band).

Die folgenden Ausführungen beziehen sich auf den Berliner Ansatz. Nach der Definition von Kompetenzen im Sinne der KMK-Vorgabe in den Dimensionen der Fach-, Sozial- und Humankompetenz wird die Kompetenz in vollschulischen Bildungsgängen auf die Anforderungen an Fachlichkeit und Studierfähigkeit hin präzisiert. Als Leitkategorie für den Rahmenplan wird eine Zieldimension formuliert, die auch die Basis der Prüfungsaufgabenerstellung ist: „Die Zielformulierungen bilden die entscheidende Grundlage für die didaktisch begründete Gestaltung des Lehrens und Lernens an den berufsbildenden Schulen. Sie geben verbindliche Orientierungen über die Qualität der Leistungs- und Verhaltensentwicklung der Schülerinnen und Schüler und sind damit eine wichtige Voraussetzung für die eigenverantwortliche und gemeinsame Vorbereitung des Unterrichts durch die Lehrkräfte. Sie beschreiben die Kompetenzen, die mit diesem Themenfeld und seinen Inhalten bei den Schülerinnen und Schülern gefördert werden sollen und bilden die Grundlage für die Formulierung von Lernerfolgskontrollen und Prüfungsaufgaben" (Sen BJS Berlin, RLP BOS, FOS S. 8) Eine Kompetenzformulierung sieht dann z.b. so aus: „Die Schülerinnen und Schüler erarbeiten aus Grundrissen und Schnitten unter Einsatz verschiedener Methoden die mathematischen Zusammenhänge am statisch bestimmten Träger auf zwei Stützen. Sie ermitteln durch mathematische und grafische Methoden die Auflagerkräfte und die inneren Kräfte. Sie beurteilen Ergebnisse auf Plausibilität" (ebd. S. 15).

Die Leitziele sind als Kompetenzen ausgewiesen und entsprechen in den Formulierungen den Standards für Kompetenzformulierungen: Gegenstand, Verb und Spezialisierung. Den Kompetenzen sind Inhalte verbindlich zugeordnet.

Der Prozess der Erstellung curricularer Ordnungsmittel ist wie folgt zu beschreiben: Aus allgemeinen Bildungszielen, aus Qualifikationsanforderungen und der Anforderung der Studierfähigkeit werden die Leitideen der Rahmenlehrpläne und die Zielformulierungen abgeleitet bzw. gestaltet. Daraus lässt sich dann eine didaktische Jahresplanung ableiten, wobei die Unterrichtssteuerung durch *Kompetenzfahrpläne* bzw. Kompetenzlisten mit zugeordneten Inhalten aus den Themenfeldern vonstatten geht.

1.4 Anmerkungen zur Domäne

Was unter Domäne bzw. Lerngebiet in studienbefähigenden Bildungsgängen zu verstehen ist, ist keinesfalls einheitlich festgelegt oder theoretisch ausreichend begründet. Das Fach Technik, Bautechnik bzw. Holztechnik wurde je nach Bundesland unterschiedlich organisiert. Dem Fach liegen unterschiedliche Verständnisse von einer Domäne zu Grunde. Die präziseste Beschreibung wäre ein Fach Bautechnik oder Holztechnik, um eindeutige wissenschaftliche Disziplinen zuordnen zu können. Damit sind fachsystematische Strukturierungsmerkmale gegeben, ohne darauf jetzt im Einzelnen eingehen zu wollen. Auf der anderen Seite steht das Verständnis eines Faches Technik, das Grundprinzipien technischer Systeme vor dem Hintergrund der damit verbundenen Technik- und Sozialgeschichte aufgreift. Einen solchen Ansatz verfolgt z.B. NRW, wobei Technik in der Beziehung zum Menschen, zur Organisation und Natur verstanden wird. Da die Hochschulzugangsberechtigung allgemein ausgestellt wird, muss die berufsbildende Schule der Bautechnik genauso auf ein Maschinenbaustudium oder eines der Mikrotechnik vorbereiten. Allerdings kommt der Architektur und Bautechnik wegen des Profils der Schulen eine Priorität zu.

Die Domänen unterscheiden sich in ihrer schulischen Gestaltung zwischen den Polen einer Bautechnik/ Holztechnik einerseits und einem breit angelegten Technikverständnis andererseits. So werden in einigen Bundesländern in der BOS/ FOS 12 (Berufsoberschule/ Fachoberschule, Klasse 12) zu je einem Drittel die Bautechnik, die Metalltechnik und die Elektrotechnik unterrichtet (Flächenländer wie Brandenburg, das Saarland u.a. haben aus schulorganisatorischen Gründen oft nur die Möglichkeit, Sammelklassen unterschiedlicher Fachrichtungen zu bilden). Andere Bundesländer, wie auch Berlin, gehen den Weg, ausgehend von einer Domäne allgemeiner gewerblich-technischer Produktionssysteme Schwerpunktbereiche zu bilden. Ein Schwerpunktbereich ist die Bautechnik/ Holztechnik. Das gilt für die Festlegung der Prüfungsbereiche, aus denen Aufgaben gestellt werden, in gleicher Weise. Damit wird auch das zentrale Problem in der curricularen Gestaltung deutlich: Es handelt sich dabei um eine Domäne, der zwei unterschiedliche Fächer bzw. fachwissenschaftliche Disziplinen zu Grunde liegen. Offen ist auch die Frage, wie mit dem Kriterium der Beruflichkeit bei der Festlegung dessen, was Lerngebiet werden soll, umgegangen werden soll.

1.5 Entwicklung zentraler Prüfungsaufgaben

Auf der anderen Seite steht der Prozess der Aufgabenerstellung, womit das Landesinstitut bzw. die Qualitätsagentur des jeweiligen Bundeslandes beauftragt ist. An dieser Stelle wird sichtbar, dass beide Prozesse über die Ebene der Standards bzw. Bildungsziele und Leitziele der Curricula miteinander verschränkt sind, da die in den Rahmenplänen formulierten Zieldimensionen zumindest in Berlin die „…Grundlage für die Formulierung von Lernerfolgskontrollen und Prüfungsaufgaben" bilden.

Es sollte der Prozess der Aufgabenerstellung idealtypisch so gestaltet sein, dass entsprechend der vorgegebenen Bildungsziele zum einen Niveaustufen (nach KLIEME) festgelegt und zum anderen Kompetenzbereiche oder Kompetenzfelder und Kompetenzlisten definiert werden, aus denen Aufgaben zu stellen sind. Da jedoch die Zielebene auf der Seite der Standards (Anforderungsstruktur) bislang nicht präzise beschrieben ist, führt ein solches Verfahren in der Realität zu wenig praktikablen Ergebnissen.

Es geht aber auch noch um ein grundsätzliches Problem: Inwieweit bilden Prüfungsaufgabensätze das an Kompetenz ab, was im Unterricht einem kompetenzorientierten Curriculum folgend vermittelt worden ist. Da sich das Kompetenzkonzept von Prüfungsaufgabensätzen primär auf kognitive, in Aufgaben abprüfbare Kompetenzen bezieht, weiterhin vornehmlich Fachkompetenz in Verbindung mit allenfalls Methodenkompetenz abgeprüft werden kann, treten personale und soziale Kompetenzen in den Hintergrund. Es muss gefragt werden, welche Bedeutung dann noch die „Verhaltensentwicklung der Schülerinnen und Schüler" (Berliner Zielformulierung, s. unten) für eine Leistungsbewertung hat. Der oben angesprochene Verlust an Bildung kann wegen der neuen Verfahrensregeln nicht ausgeschlossen werden.

Da in der Praxis Curriculum und Prüfungsaufgabensätze vor der Klasse und beim Schüler eine einheitliche Gestalt haben müssen, bedarf es pragmatischer Verfahren der Abstimmung. In der Berliner Praxis hat die Lehrerfortbildung zur Qualifizierung der PrüfungsaufgabenerstellerInnen die entsprechenden Verfahren zur Verknüpfung von Curricula und Prüfungsaufgabenerstellung entwickelt. Als Verbindungselement zwischen den Zielformulierungen der Rahmenlehrpläne und den festzulegenden Kompetenzfeldern (je nach Definition auch als Kompetenzbereich bezeichnet) wird eine Kompetenzmatrix erstellt. Diese Kompetenzmatrix wird aus den Rahmenlehrplänen unter Beachtung der Vorgaben der Anforderungen an die Standards (auch die EPA) und die Prüfungsordnung erstellt. Die Matrix ist nicht nur ein Instrument zur Aufgabenerstellung, sondern auch ein Kommunikationsinstrument und letztendlich ein Gegenstand von Aushandlungsprozessen, denn dort wird festgelegt, was geprüft wird und damit auch festgelegt, was gelehrt und gelernt werden muss. Die Kompetenzmatrix wird so tendenziell zum „heimlichen" Lehrplan.

Hier ein Beispiel für eine Kompetenzmatrix. Es wird davon ausgegangen, dass Fach- und Methodenkompetenz in der schriftlichen Prüfungsarbeit geprüft werden. Auch dies eine Setzung, die für die mündliche Prüfung Festlegungen trifft (Berlin, 2006), will man mit der schriftlichen und mündlichen Prüfung das gesamte Spektrum erworbener Kompetenzen prüfen.

Klassen-stufe/ Lernab-schnitt	Kompetenzen	Kompetenz-bereiche		Anforderungs-niveau			Σ	Nr. Prüfungs-aufgabe
		Fach	Meth-ode	I	II	III	Punkte	Aufgaben-satz 1
12/1				5	12	0	17	**A1**
1.Lastan-nahme und Lastver-teilung	1.1 Bestimmung von Eigen- und Nutzlasten einzelner Bauteile (Tabellenwerte)							A1
	1.2 Rechnerische Bestimmung der ständigen und veränderlichen Einwirkungen abhängig von - Bauteilgeometrie - Nutzungsart							A1
	1.3 Lastzusam-menstellung für Teilbereiche der Gesamtkonstruktion							A1
2. Auf-lager- u. Schnittre-aktionen des statisch bestimm-ten Trägers auf zwei Stützen				3	8	0	11	**A2**
	2.1 Berechnung der Auflagerre-aktionskräfte am Träger auf zwei Stützen infolge: - Einzellasten - Streckenlasten - Kombinationen aus Einzel- und Streckenlasten							A2
	2.2 Berechnung und graphische Darstellung der inneren Kräfte und Momente			11	7	0	18	**A3**
	2.3 Beurteilen der Ergebnisse auf Plausibilität							

Abb. 4: Abiturprüfung FOS. Prüfungsraster BAUTECHNIK – HOLZTECHNIK (Stand: 28.02.2006; Entwurf: C. F, E. K, B. S; Schema: Dr. W. Reisse)

In pragmatischer Perspektive orientiert sich die Kompetenzmatrix an den Kompetenzformulierungen der Pläne und an der didaktischen Jahresplanung, greift folglich die Lernabschnitte auf und ordnet die Kompetenzen zu.

Aus der Prozessanalyse und der Analyse der Rahmenbedingungen lassen sich folgende vier Aufgabenbereiche für die Prüfungsaufgabenentwicklung herausarbeiten:

1. Fachdidaktische und kompetenztheoretische Präzisierung der Standards (Kompetenzmodell, Graduierung der Kompetenzen),
2. Erarbeitung von Richtlinien (Aufgabenentwicklung durch wen?), Festlegung des Verfahrens und der Verantwortlichkeiten, Ausarbeitung der Aufgabensätze,
3. Einführung eines Review-Verfahrens (Begutachtung durch wen?),
4. Entwicklung von Bewertungskriterien.

Da die fachdidaktische und kompetenztheoretische Präzisierung nicht oder unzureichend systematisch im Prozess der Erarbeitung von Ordnungsmitteln erfolgt, muss die PrüfungsaufgabenerstellerInnengruppe sich dieses Themas annehmen. Hierzu ist eine Qualifizierung erforderlich.

Die Qualität zentraler Prüfungsaufgabensätze lässt sich erst über Jahre Schritt um Schritt entwickeln. Die Qualität steigt in dem Maße, wie sich auch die Qualifikation der AufgabenentwicklerInnen durch Fortbildung verbessert.

Ein Reviewverfahren ist dringend zu empfehlen, denn anders als bei selbstgestellten Prüfungsaufgaben kann in der zentralen Prüfung nicht durch die Fachlehrer der einzelnen Schulen eingegriffen werden. Unklare Formulierungen in den Prüfungsaufgaben führen zur Verletzung von Chancengleichheit, denn die Prüfung wird ja an unterschiedlichen Orten gleichzeitig geschrieben.

A. Kompetenzorientierung	B. Genauigkeit
1. Repräsentativ für RLP/Prüfungsraster	1. Fachliche Richtigkeit Aufgabenstellung/Lösung
2. Keine oder geringe Überschneidungen zwischen Aufgaben	2. Aufgaben voneinander unabhängig
3. Kontextorientiert	3. Angemessene Zahl Aufgaben (einschl. Teilaufgaben)
4. Authentische Aufgabenstellung/ -bearbeitung	4. Schwierigkeitsniveau angemessen
5. Anforderungsbereiche nach Vorgabe	5. Umfang des Aufgabensatzes angemessen
6. Berücksichtigung Methodenkompetenz	
7. Berücksichtigung relevanter EPA-Kompetenzen	6. Musterlösung mit Bewertungsschema auch für Teillösungen
8. Geeignete Aufgabenformate (keine Aufsätze)	7. Bei Bewertungsschema ggf. auch Wahlpflichtbereiche berücksichtigt
9. Materialorientierung	8. Verständlichkeit Aufgaben (Text, Layout)
10. Rechenanteil angemessen	9. Präzise Aufgabenstellung
	10. Anschauliche Aufgabenstellung (Abbildungen usw.)
	11. Falls erforderlich, zusätzliche Hinweise für Prüfungsteilnehmer
	12. Falls erforderlich, zusätzliche Hinweise für Prüfer

Erläuternde Stichworte:

Die Checkliste sollte nicht nur die Entscheidung über die Aufgabenvorschläge erleichtern. Sie sollte auch dazu beitragen, die Qualität der Aufgaben zu verbessern und die Aufgabenentwickler bei ihrer Arbeit zu unterstützen.

A. Kompetenzorientierung
Wird das Wichtige geprüft?
(Gütekriterium: Validität)
Da bei Prüfungen die in Bildungsstandards und Rahmenlehrplänen beschriebenen Kompetenzen umgesetzt werden sollen, ist dieser Aspekt zentral.

Mit Gütekriterien sind die klassischen Gütekriterien gemeint, die seit vielen Jahrzehnten überall auf der Welt angewandt werden.

1. Repräsentativ für RLP/Prüfungsmatrix
Damit ist gemeint, dass die Aufgaben über den Gesamtbereich der zu prüfenden Qualifikationen gut „streuen" sollen. Eine vollständige „Abdeckung" ist dabei nicht erforderlich, es ist aber zu vermeiden, dass deutliche Schwerpunkte gebildet und dafür andere Bereiche vernachlässigt werden.

2. Keine oder geringe Überschneidungen zwischen Aufgaben
Aus dieser Forderung folgt, dass sich die Aufgaben wenig oder nicht überschneiden hinsichtlich der Kompetenzen, die damit erfasst werden. (.....)

Entwurf erstellt von Dr. W. Reisse, Berlin 04.03.2006

Abb. 5: Checkliste für Aufgabenvorschläge zur einheitlichen Abschlussprüfung FOS/BOS Berlin (Bau-, Elektro-, Metalltechnik)

Damit lassen sich folgende Arbeitsschritte für die Aufgabenerstellung festlegen:

- Fachdidaktische Präzisierung der Standards,
- Domäne festlegen – Zielformulierungen analysieren – Kompetenzmatrix erstellen,
- Definition der Niveaustufen – latentes Kontinuum,
- Erarbeitung von Richtlinien für die Erstellung der Aufgabensätze, Prüfungsordnung beachten,
- Aufgabenentwicklung für Prüfungsaufgabensätze (hier FOS / BOS)
  Parallel: Aufgaben für das Lernen (unterbleibt oft wegen knapper Zeit)
  Aufgabenformate festlegen – Aufgaben entwickeln,
- Pilotvorhaben / Test ähnlicher Aufgaben,
- Qualitätsstandards überprüfen – Begutachtung,
- Normierung der Aufgaben,
- Bewertungskriterien entwickeln und normieren,
- Durchführung – Reflexion und Auswertung.

Eine wichtige Aufgabe der PrüfungsaufgabenerstellerInnen ist die Erstellung und Entwicklung von Qualitätskriterien oder der Umgang mit Qualitätskriterien, sofern diese als Vorgabe bestehen. Das ist aber nicht immer der Fall. Prüfungsaufgabensätze müssen sehr gut formuliert sein, damit SchülerInnen sie verstehen und nicht durch unpräzise Formulierungen oder Ungenauigkeiten abgelenkt werden. Dies ist das wohl schwierigste Problem. Hier sei auf ein ganz wichtiges Kriterium der Nutzung und Abstimmung unterschiedlicher Kommunikationsmedien hingewiesen: Die Kommunikation bzw. Kooperation gewinnt aber noch aus einem anderen Grunde eine hohe Bedeutung. Eine Prüfung in der Bautechnik/ Holztechnik kommt nicht ohne Zeichnungen aus, denn die Informationsgewinnung aus den in der Bautechnik/ Holztechnik üblichen Medien der Kommunikation ist eine zentrale Kompetenz, die immer mit abgeprüft werden muss. Zeichnungen müssen mit dem Text übereinstimmen und fachlich korrekt sein. Sie müssen den Gegenstand der Prüfungsaufgabe präzise beschreiben, ohne dass sich der Prüfling in Details verliert.

Problematisch ist es, wenn mehrere Aufgaben immer wieder auf eine Zeichnung zurückgreifen. Das wird wegen des projekthaften Vorgehens in der Bautechnik immer wieder gerne gemacht, ist auch für die Unterrichtsgestaltung sinnvoll, allerdings für die Prüfung nicht. Im Unterricht soll Kompetenzentwicklung ganzheitlich angelegt sein. In der Prüfung kann so ein Kommunikationsfehler (Ablesefehler/ Zeichnung) zum Folgefehler vieler Aufgaben werden. Dies würde ein wichtiges Kriterium der Prüfungsaufgabengestaltung verletzen. Der Schüler soll aus unterschiedlichen Themengebieten auch unterschiedliche und voneinander unabhängige Aufgaben angeboten bekommen. Der Formulierung von Qualitätskriterien kommt deshalb im Prozess der Aufgabenerstellung eine zentrale Bedeutung zu.

An dieser Stelle sei ein Beispiel für eine Checkliste zur Festlegung der Kriterien angeführt, um einheitliche Abschlussprüfungen zu sichern.

1.6 Zwischenfazit

Auf der Systemebene sind, soweit dem Autor bekannt, in der Umstellung auf kompetenzbasierte Pläne Abstimmungsprozesse zwischen den unterschiedlichen Prozessen der Aufgabenerstellung und Curriculumentwicklung unzureichend organisiert. Das Qualitätsmanagement der Verwaltungen nimmt die veränderten Prozesse an dieser Stelle nur unzureichend in den Blick, die Verwaltungsstrukturen sind in vielen Bundesländern im Umbau begriffen. Die Verantwortlichkeiten zwischen Verwaltung und nachgeordneten Landes- oder Qualitätsinstituten sind zwar festgelegt, aber nicht in einer Weise, dass eine horizontale Kommunikation zwischen den beauftragten Kolleginnen und Kollegen systematisch im Prozess verankert ist. Der systematische Bezug bedeutet, dass z.B. Vereinbarungen über Kompetenzmodelle, Kompetenzlisten, Graduierungen von Kompetenzen, Bedeutung einzelner Kompetenzbereiche, Verbindlichkeit von Inhalten in Themenfeldern usw. zwischen den Vertretern beider Seiten, der Curriculumentwicklung und der Lernergebnisfixierung auf der

Outputseite in einem strukturierten Arbeitsverfahren entwickelt, festgelegt und für beide Seiten verbindlich vereinbart werden. In der Praxis werden die Ordnungsmittel (noch) nicht in einer systematisch abgestimmten Weise aufeinander bezogen.

Eine systematische Prozesssteuerung in der Entwicklung der Ordnungsmittel, die beide Seiten, die Curriculumentwicklung und die Prüfungsaufgabenerstellung aufeinander bezieht, wäre dringend erforderlich. Dazu wäre ein entsprechender Umbau der Abteilungen in den Verwaltungen und nachgeordneten Institutionen ratsam. Welche Aufgabe in diesem System die Fachaufsicht der Schulverwaltung hat, ist nur eine der ungeklärten Fragen. Wie die Koordination in der Verwaltung, den nachgeordneten Landesinstituten und den Meinungsführern an den Schulen im Einzelnen informell geschieht, sei hier nicht weiter diskutiert. Eine Koordination erfolgt, wenn die Systemebene das nicht hergibt, über die Kolleginnen und Kollegen, die in den Gruppen arbeiten und sich absprechen. Die neuen Mittel des Qualitätsmanagements in den einzelnen Bundesländern beziehen sich auf die Einzelschule, leider nicht auf das System der berufsbildenden Schule und ihrer Verwaltungen.

Da, wie oben dargelegt, klar strukturierte, theoretisch begründete und kriterienbezogene Orientierungspunkte, dessen, was das Lerngebiet bzw. Domäne sein soll, im Sinne standardisierter Vorgaben nur unzureichend vorhanden sind, gewinnen informell laufende und in Abstimmungsgruppen geführte Kommunikationsprozesse über das, was Kern des Curriculums und damit auch der schriftlichen Prüfung ist, eine große Bedeutung. Es treten in der Praxis auch in der Festlegung dessen, was zur Domäne „Fach Technik, Schwerpunktbereich Bautechnik/ Holztechnik" gehört und was nicht, Aushandlungsprozesse in den Vordergrund. Diese werden von durchaus qualifizierten Kolleginnen und Kollegen geführt. Den Kolleginnen und Kollegen, meist Fachberater oder Fachbereichsleiter kann zugetraut werden, einen guten fachlichen Überblick über ihr Fach zu haben. Allerdings stellt sich die Frage, ob und inwieweit dort kompetenzbezogene, fachliche Kriterien im Vordergrund stehen und nicht Machtfragen. Beide Seiten sind vorhanden, schließlich geht es für jede berufsbildende Schule in

Zeiten des Rankings und rückgängiger Schülerzahlen auch darum, dass der von der Schule geschickte Kollege möglichst viel des eignen Schulprofils in einer Kompetenzliste unterbringt.

Hier zeigt sich eine Schwäche der Fachdidaktiken: Es bedarf dringend einer konzeptionellen Durchdringung der Domänen für unterschiedliche bau- und holztechnisch geprägte Bildungsgänge. Es bedarf ferner einer Forschung, was an modernen Inhalten und Kompetenzen aufgenommen werden muss. Im Kern geht es darum, ein Domänenverständnis zu entwickeln, das eine auf die Studierfähigkeit bezogene und kompetenzbasierte Curriculumentwicklung ermöglicht. Heute erledigen das erfahrene Schulpraktiker, wobei sie in pragmatischer Perspektive auf ein ausgezeichnetes Erfahrungswissen, auf Eigenfortbildung sowie den Dialog mit der Wirtschaft und der Wissenschaft zurückgreifen können.

Mit den Unzulänglichkeiten in den Grundlagen und Standards für Curricula kommt den PrüfungsaufgabenerstellerInnen eine wichtige Aufgabe der Kommunikation, Koordination und Aushandlung zu, will man nicht riskieren, Ausfälle durch hohe Misserfolgsquoten an einzelnen Schulen zu haben.

2 Qualifikationsanforderungen an AufgabenerstellerInnen

Die Kolleginnen und Kollegen für die Erstellung zentraler Prüfungsaufgaben werden auf Vorschlag der Schulen durch die Landesinstitute benannt. Sie finden sich in einer PrüfungsaufgabenerstellerInnengruppe zusammen. Die neuen Anforderungen an die Qualifikationen der AufgabenentwicklerInnen im Rahmen zentraler Prüfungen ergeben sich aus den unter Punkt 1.5 zentrale Prüfungsaufgabenentwicklung analysierten Aufgabenbereichen und Arbeitsschritten.

Danach müssen AufgabenentwicklerInnen zuerst einen guten Überblick über das Fachgebiet bzw. die Domäne haben und darüber hinaus aber weitere Qualifikationen mitbringen. Die einzelnen Anforderungen lassen sich wie folgt beschreiben:

1. Fachdidaktische Kompetenz:
- Festlegen, welche Kompetenz- und Wissensgebiete mit welchen Prüfungsformaten geprüft werden.
- Guter Überblick über die Domäne: Was gehört dazu, was nicht? Welche Gewichtung ist einzelnen Themenfeldern zuzumessen?
- Werden solche Kompetenzen geprüft, die auch in benachbarten Disziplinen von Bedeutung sind?
2. Techniken und Instrumente der Aufgabenerstellung: AufgabenentwicklerInnen müssen gute Aufgaben gestalten können. Das ist eine sehr langwierig zu erwerbende Kompetenz, denn sie erfordert ein umfangreiches Wissen über Aufgabentypen, Aufgabenformate, präzise Formulierung von Situationen, eindeutige Ausdrucksweisen, viel Erfahrung im Umgang mit Prüfungsaufgaben und vieles mehr.
3. Qualitätsmanagement:
   Das Qualitätsmanagement und insbesondere der Evaluationszyklus muss sicher beherrscht werden, um eine Qualitätsverbesserung in Schleifen erreichen zu können.
4. Kommunikations- und Kooperationsfähigkeit, Kompetenzen der Moderation, Konfliktmanagement

Die AufgabenentwicklerInnen müssen gut kommunizieren und kooperieren können. Sie müssen ferner den Prozess der Aufgabenerstellung systematisch durchführen, dies in einer abgeschlossenen kleinen Gruppe umsetzen und ihre Kommunikation nach außen präzise beschränken, wenn es um die Festlegung und Aushandlung der Kompetenzmatrix geht. Es liegt in der Natur der Sache, dass sie KollegInnen der Begierde sind, von denen alle Informationen haben wollen. Hier gilt es, sich abgrenzen zu können.

2.1 Die Qualifizierung der AufgabenerstellerInnengruppen

Das in Berlin gewählte Modell der Qualifizierung basiert auf den Prinzipien eines Lernens in der Arbeit. Es geht darum, Arbeiten (Prüfungsaufgabenerstellung) und Lernen der Kolleginnen und Kollegen miteinander zu verbinden. Die Arbeit in der AufgabenerstellerInnengruppe wird durch eine systematische Kompetenzentwicklung erweitert. Sie findet in den Aufgabenbereichen statt, die unter Punkt 2 beschrieben sind. Es kann in der Regel davon ausgegangen werden, dass die Kolleginnen und Kollegen, die für die Aufgabenentwicklung vorgeschlagen werden, fachdidaktisch ausgewiesen sind.

Jede PrüfungsaufgabenerstellerInnengruppe wird als ein Entwicklungsprojekt einer lernenden Gruppe begriffen. Dieser Gruppe wird als beigeordnetes Mitglied ein Multiplikator der Fortbildung zugeordnet, mit der Aufgabe, als Mittler zwischen Aufgabenentwicklung und Qualifizierung der Kolleginnen und Kollegen in den Bildungsgängen zu fungieren. Der Multiplikator muss/ sollte die Prozesse der Aufgabenerstellung lernen, um parallel zur Aufgabenerstellung der Prüfungsaufgaben ähnlich gestaltete Lernaufgaben für die Unterrichtspraxis entwickeln zu können. Er qualifiziert die Kolleginnen und Kollegen, die in den studienbefähigenden Bildungsgängen unterrichten. Dies nimmt gleichzeitig den Druck von den PrüfungsaufgabenerstellerInnen. Sie werden – das liegt in der Natur der Sache – von den Kollegen befragt, was denn nun Gegenstand der Prüfung wird.

Lernen in und mit der Gruppe geschieht handlungsorientiert und projekt- bzw. produktorientiert. Der oben beschriebene Prozess der Aufgabenerstellung wird durch Seminare, Workshops und Beratung begleitet.

Ausgehend von einer lernenden Gruppe kommen folgende drei Lernformen zum Einsatz, wobei es im Kern um Beratungs- und Begleitungskonzepte geht:
- Begleitung
- Beratung
- Seminare/Workshops

2.2 Begleitung

Die Begleitung ist prozessorientiert, kontinuierlich, zeitlich unbeschränkt. Sie ist eine aktive Maßnahme und damit handlungsorientiert. Der Begleitende wird mehr oder weniger unbewusst in den Prozess der Aufgabenerstellung eingebunden.

Realisiert wird das in der neu aufgebauten regionalen Fortbildung durch einen Arbeitskreis „Zentrale Prüfungsaufgabenerstellung BOS / FOS". Der Arbeitskreis wird von der Koordination der regionalen Fortbildung geleitet. (Bezeichnung der Lehrerfortbildung in Berlin nach der Neugestaltung des Landesinstitutes – die Lehrerfortbildung wurde ausgegliedert und als eigene Einheit der Schulaufsicht angegliedert.) Hier treffen Vertreter unterschiedlicher AufgabenstellerInnengruppen aufeinander. Wichtigste Lernform ist der systematisch organisierte Erfahrungsaustausch. Dazu gehört die Organisation regelmäßiger Fortbildungssequenzen für den Erfahrungsaustausch, die Einladung von Experten sowie Kolleginnen und Kollegen anderer Bereiche. Die gymnasialen Oberstufen arbeiten seit langem mit den allseits bekannten „Abiturstandards" und haben viel Erfahrung im Umgang damit. Sie vermitteln, wie Erwartungshorizonte unter Beachtung neuer Standards in Fächern wie Pädagogik oder Soziologie formuliert werden.

2.3 Beratung

Sie ist punktuell, zeitlich eingeschränkt und zielorientiert. Sie ist eine reaktive Maßnahme, die auf Nachfrage eingeleitet wird. Sie ist eine bewusste Einbindung des Beratenden in den Prozess der Aufgabenerstellung. In Berlin wurde ein ehemaliger Mitarbeiter des BIBB als Berater eingesetzt. Er ist Spezialist in den Verfahren der Aufgabenerstellung. Ergänzt wird die Beratung durch Schulaufsichtsbeamte, die z.B. den Stand der Erarbeitung von Verwaltungsvorschriften einbringen. Dies ermöglicht der AufgabenerstellerInnengruppe, aktuelle Debatten aus der Verwaltung einzubeziehen.

Beratung kommt aber noch in ganz anderen Kompetenzfeldern zum Einsatz. Das federführende Mitglied der AufgabenerstellerInnengruppe muss ein guter Moderator sein. Es geht – wie oben dargelegt – einzelnen Kolleginnen und Kollegen immer auch darum, die Belange der jeweiligen Schule durchzusetzen. Deshalb müssen sich in einer Reflexionsschleife immer wieder alle im Team mit den verschiedenen Ebenen der Arbeit – wie der fachdidaktischen Sachebene, der Interessengebundenheit der Standpunkte sowie der inneren Logik der Prüfungsaufgabenerstellung – kritisch auseinandersetzen und ihre Arbeit einem Review unterziehen. Keine Bildungsverwaltung kann es sich leisten, durch handwerkliche Fehler zu hohe Durchfallquoten zu riskieren. Die regionale Fortbildung verfügt über einen Arbeitskreis soziale Handlungskompetenz. Die MultiplikatorInnen können für Supervision und Mediation hinzugezogen werden. Oft werden aber auch externe BeraterInnen eingesetzt, um die Prozesse der Teamentwicklung in der AufgabenerstellerInnengruppe zu forcieren.

Weil die Aufgabenerstellung ein hochgradig konfliktreiches Feld ist, kommt der Teamentwicklung in der AufgabenerstellerInnengruppe eine so hohe Bedeutung zu. Es handelt sich um arbeitsbezogenes Lernen. Die Teamberatung ist im Kern eine Teambegleitung, ein Coaching. Es geht dabei zuerst um die Bildung des Teams der AufgabenerstellerInnen mit einem beigeordneten Multiplikator der Lehrerfortbildung. Dies wird in aller Regel von den Schulleitungen und Lehrkräften selbst erledigt und dann dem Landesinstitut vorgeschlagen. Dies sichert die Erarbeitung effizienter Arbeitsstrukturen, die Einführung von Moderationstechniken und Strategien der Konfliktanalyse und -bewältigung. Es geht aber auch darum, in Veränderungsprozessen wie dem der Umstellung auf eine von außen gesteuerte Aufgabenerstellung eine externe Beraterin zu haben, die zuhört und Verunsicherungen produktiv zu bewältigen hilft. Dazu kommen Standardthemen wie die Einführung neuer KollegInnen in das Team etc., was zu Beginn eines neuen Schuljahres immer wieder vorkommt. Die Beratung wird verbunden mit didaktischer und berufspädagogischer Qualifizierung, die in Workshops oder Seminaren vollzogen wird.

2.4 Seminare / Workshops

Sie vermitteln die Konzepte und Verfahren der Prüfungsaufgaben-erstellung. Die Fortbildungen werden mit handlungsorientierten Lernformen angereichert. Zunächst wird neues Wissen und Können präsentiert und diskutiert. Dazu werden Referenten eingeladen. Aktuell wird eine Fortbildungsreihe zu kompetenzorientierten Unterrichtsvorhaben und Bewertungskonzepten durch die Seminarleiter der 2. Phase der Lehrerbildung angeboten.

In den Seminaren geht es um Instrumente und Techniken der Aufgabenerstellung, die Technik der Formulierung guter Ausgangssituationen und vieles mehr. Die Fortbildungen schließen konkrete Projekte ein. Die einzelnen Termine werden mit Phasen eigenständigen Lernens handlungsorientiert gestaltet. Die MultiplikatorInnen sollen aus der Fortbildung mit konkreten Produkten an die Schule zurückkommen. Hier geht es z.B. um die Erarbeitung von Lernaufgaben, die denen der Prüfungsaufgaben in ihrer Struktur ähnlich sind. Ein fühlbarer Nutzen ist wichtig für den Erfolg. Lernen erfolgt handlungs- und produktorientiert.

2.5 Zielgerichtete Kombination der Lernformen

Der zielgerichteten Kombination der drei Lernformen, der Beratung, der Begleitung und der Seminarform kommt eine wichtige Bedeutung zu. Der Erfahrungsaustausch wird nicht nur informell in den Pausen der Seminare oder Arbeitskreise, sondern im Rahmen themengebundener Lernphasen in den Fortbildungsveranstaltungen organisiert. Im Kern geht es dabei immer um die Reflexion vorhandener Strukturen, insbesondere organisatorischer Rahmenbedingungen, sowie um die eigene Rolle bei der Umsetzung erlernter Konzepte bzw. der versuchten Durchsetzung von Partialinteressen einer Schule in der Praxis der Aufgabenerstellung. In diesem Sinne liegt in den Fortbildungen immer auch eine Keimzelle für Lernnetzwerke, die mittlerweile zwischen den AufgabenerstellerInnengruppen recht gut funktionieren. Ein länderübergreifender Informationsaustausch wäre sinnvoll. Möglicherweise wäre das eine Aufgabe, der sich die Bundesarbeitsgemeinschaft für Berufsbildung in den Fachrichtungen Bautechnik, Holztechnik sowie Farbtechnik und Raumgestaltung (BAG Bau – Holz – Farbe) annehmen könnte.

Bei dem hier vorgestellten Ansatz ist zu berücksichtigen, dass die Kolleginnen und Kollegen in Ihrer Ausbildung nicht für die Wahrnehmung vieler der hier beschriebenen Aufgaben qualifiziert worden sind. Das sah die Ausbildung an der Hochschule bisher nicht vor. Es bleibt zu hoffen, dass sich dies in Zukunft ändert.

Literatur

DEHNBOSTEL, P.; LINDEMANN, H.-J. (2007): Kompetenzen und Bildungsstandards in der schulischen und betrieblichen Berufsbildung. In: DEHNBOSTEL, LINDEMANN, LUDWIG: Lernen in der Arbeit, in Schule und Betrieb, Waxmann, Münster, 179-197.

KLIEME, E. et al. (2003): Zur Entwicklung nationaler Bildungsstandards, Eine Expertise, Berlin (http://www.dipf.de/publikationen/volltexte/zur_ entwicklung_nationaler_bildungsstandards. pdf-Datei)

KLIEME, E.; AVENARIUS, H.; BLUM, W. u.a. (2003): Expertise zur Entwicklung nationaler Bildungsstandards. Berlin: BMBF, 224.

KLIEME, E. (2004): Begründung, Implementation und Wirkung von Bildungsstandards: Aktuelle Diskussionslinien und empirische Befunde, in: Zeitschrift für Pädagogik, Heft 5, 625-634.

KMK, Sekretariat der Ständigen Konferenz der Kultusminister der Länder in der Bundesrepublik Deutschland: Handreichungen für die Erarbeitung von Rahmenlehrplänen der Kultusministerkonferenz (KMK) für den berufsbezogenen Unterricht in der Berufsschule und ihre Abstimmung mit Ausbildungsordnungen des Bundes für anerkannte Ausbildungsberufe, Bonn, 15.09.2000.

SEN BJS BERLIN: Rahmenlehrplan für Unterricht und Erziehung in der Berliner Schule, BOS 12 und 13, FOS 12, Fachrichtung Technik, Schwerpunkt: Bautechnik/ Holztechnik, gültig ab Sj 2006/2007.

WEINERT, F. E. (2001): Vergleichende Leistungsmessung in Schulen – eine umstrittene Selbstverständlichkeit, in: WEINERT, F. E. (Hrsg.): Leistungsmessung in Schulen, Weinheim und Basel.

Stefan Angelkotte und Haya Bilgenroth

Entwicklung und Evaluation von Lehr-/ Lernsituationen auf der Grundlage der Ermittlung und Bewertung von Leistungen und Arbeitsergebnissen von Auszubildenden in der Bauwirtschaft

1. Relevanz des Beitrages

Im Folgenden werden in Berufsschulen erprobte Lernsituationen vorgestellt, die individuelles Lernen in Übungs- und Festigungsphasen ermöglichen. Anhand einer vorbereiteten Gesprächsführung mit Auszubildenden werden deren Tätigkeitsfelder in Betrieben und auf Baustellen aufgedeckt. Entsprechende Ergebnisse ermöglichen die Wahrnehmung ihres individuellen Erlebens und bilden die Grundlage einer gezielten Differenzierung und Individualisierung von Arbeitsaufträgen in der Phase des Übens und Festigens. Zielgruppe der in der Ausarbeitung vorgestellten Aufgabenstellungen sind vor allem angehende Maurer im ersten Ausbildungsjahr. Sie befassen sich im Fachbereich Bautechnik im Zusammenhang des Lernfeldes 3 ‚Mauern eines einschaligen Baukörpers' mit dem stofflichen Inhalt ‚Mauerverbände'. Im ersten Teil wird die Relevanz vom Üben und Festigen im Berufsbildungsprozess verdeutlicht. Üben und Festigen ist sinnvoll, wenn Berufspädagogen Arbeitsaufträge auf der Grundlage von Tätigkeitsfeldern Jugendlicher gestalten. Im Anschluss daran werden in Abb. 1 wesentliche Lerninhalte des Lernfeldes 3 veranschaulicht mit besonderem Blick auf diejenigen Inhalte, an denen erarbeitete Aufgabenstellungen angelehnt werden. Anschließend wird der Interviewleitfaden vorgestellt. Es folgen Antwortbeispiele, die das unterschiedliche Erleben von Tätigkeitsfeldern junger Erwachsener in der Bauwirtschaft verdeutlichen. Zum Schluss erfolgt eine

Darstellung der Individualisierung von Arbeitsaufträgen zum Üben und Festigen von Gelerntem anhand zweier Arbeitsaufträge unterschiedlichen Schwierigkeitsgrades.

2. Sinnvolles Festigen durch Üben

Sinnvolles Üben und Festigen von Jugendlichen anzuleiten, bedeutet für Berufspädagogen, das Besondere, das Einzigartige, auch Eigentümliche jedes Auszubildenden in seiner Lebens- und Arbeitswirklichkeit wahrzunehmen und zu bedenken. Dies ist beim Formulieren von Aufgaben mit unterschiedlicher Qualität zu berücksichtigen. Nicht wenige Berufspädagogen stellen Lerninhalte lediglich vor. Der anschließende Lernprozess wird häufig als selbstverständlich angesehen und findet im eng gefassten Lehrplan zu wenig Beachtung. Bereits in der Planungsphase von Unterricht sollten Phasen des Anregens, Motivierens, der Er- und Bearbeitung und des Übens, Festigens, Umsetzens und Anwendens hinreichend berücksichtigt werden (vgl. BÖNSCH 2005, XIf.).

MEYER fordert, dass auf jede Aneignungs- und Erarbeitungsphase eine Übungsphase folgt. Eine Übung soll zuvor Gelerntes festigen, vertiefen und den Transfer in andere Bereiche ermöglichen. Das Können wird ‚ausgebaut' (vgl. 2004, 104). BÖNSCH versteht dagegen unter einer Übung, dass Übende durch Festigen einer bestimmten Fertigkeit diese zunächst ausbilden, dann konkretisieren und erweitern sollen. Die Autoren sind der Auffassung, dass Lernen mit Üben fest verbunden sein muss. Das Üben bestimmter Fähigkeiten kann dem Lernprozess als Voraussetzung dienen. Das Festigen kann aber auch das Ergebnis von bestimmten Misserfolgen von Lerntätigkeit sein. Die Übung ist somit eines von vielen ‚Puzzleteilen', die in ihrer Gesamtheit das vollständige ‚Puzzle', das Lernen, den vollständigen Lernprozess ergeben (vgl. 2005, 48).

MEYER versteht unter ‚intelligenten' Übungsphasen die Berücksichtigung von angemessenen Übungsrhythmen und der dem individuellen Lernprozess angemessenen Aufgabenstellung. Zudem misst er der Ausbildung von Übekompetenz, der Anwendung von Lernstrategien sowie gezielten Hilfestellungen von Lehrenden eine große Bedeutung bei. Freude beim Üben ist das Resultat von Freiwilligkeit, Selbsttätigkeit, Interesse und selbst überprüfbarer Erfolgserlebnisse. Folgen intelligenten Übens haben Auswirkungen auf die Festigung von Fachwissen, die Anzahl von Erfolgserlebnissen, die Entwicklung und den Einsatz von Lernstrategien sowie auf die Entwicklung von metakognitiver Kompetenz (vgl. 2004, 104ff.).

Junge Erwachsene sollen sich aktiv am Unterrichtsgeschehen beteiligen. Lernen und Üben muss von Lernenden selbst geleistet werden. Kein Individuum kann für ein anderes lernen. Diesbezüglich ist von Jugendlichen ein gewisses Maß an Selbsttätigkeit einzufordern. Insofern sind aktivierende Übungsformen zu bevorzugen, bei denen Auszubildende Eingeübtes schriftlich, mündlich oder manuell wiederholen (vgl. BÖNSCH 2005, 31ff.). Für angehende Fachkräfte ist es effektiver, Gelerntes anhand von ‚ganzheitlichen' Aufgaben zu üben und zu festigen, die umfangreiche, strukturierte und aktuelle Zusammenhänge betrieblicher und baustellenähnlicher Arbeitsprozesse beinhalten.

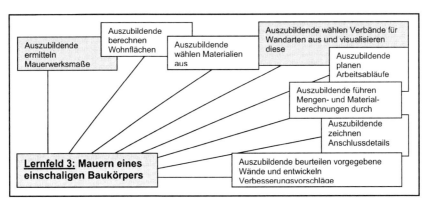

Abb. 1: Inhalte von Lernfeld 3: ‚Mauern eines einschaligen Baukörpers'

3. Ermittlung von Arbeitsprozessen angehender Facharbeiterinnen und Facharbeiter im Betrieb und auf der Baustelle als Ausgangspunkt zur Gestaltung individueller Lehr-/Lernprozesse

Jugendliche werden in der Berufsschule selbst und im Team vor dem Hintergrund berufs- und betriebsspezifischer Arbeitsprozesse tätig. Dabei planen, überprüfen und führen Lernende möglichst selbsttätig Lehr-/Lernprozesse aus. Berufspädagogen müssen über die berufs- und betriebsspezifischen Tätigkeitsprozesse der jungen Erwachsenen, die sie unterrichten, informiert sein, um differenzierte Lehr-/Lernmöglichkeiten gestalten zu können. Das ist wichtig, da der Strukturwandel in der Bauwirtschaft dynamisch ist. Die Dynamik der Bauwirtschaft erfordert von Lehrenden, Räume und Möglichkeiten zum Lehren und Lernen zu gestalten, die Auszubildende mit höchst unterschiedlichen Lernvoraussetzungen und Ansprüchen individuell darin unterstützen, veränderten Anforderungen gerecht zu werden. Das bedeutet veränderte Möglichkeiten der Zusammenarbeit zwischen Lehrenden und Lernenden in ihrem Berufsbildungsprozess.

In der Bauwirtschaft findet aktuell ein tiefgreifender Wandel beruflicher Anforderungen statt. Umstrukturierungen der betrieblichen Organisationsstrukturen, technologische Modernisierung, neue Wettbewerber durch Gesetzesänderungen und Aspekte nachhaltigen Handelns sind einige Elemente, die Prozesse in der Branche charakterisieren (vgl. BÜCHTER 1998, 227f.). Hinzu kommen steigende Ansprüche der Kunden an Beratungsqualität und „Gestaltungsqualität der Formgebung der Produkte" (SCHEMME 1998, 215).

Bei der Gestaltung und Veränderung in der Berufsausbildung spielt die Orientierung an den unterschiedlichen Tätigkeitsfeldern von Jugendlichen in Betrieben und auf Baustellen eine entscheidende Rolle. Mit der Umsetzung des Lernfeldkonzeptes rücken diese Orientierung und somit auch die Auszubildenden selbst in den Mittelpunkt des Betrachters. Die wechselseitige Wahrnehmung von Fähigkeiten und Fertigkeiten und deren Interpretation unterstützt Berufspädagogen, „um zu einer differenzierten gedanklichen Vorwegnahme von

Möglichkeiten der Bildung, der Persönlichkeitsentwicklung von Jugendlichen vorzudringen" (STRUVE 2000, 103). Lernsituationen, die Unterricht an Berufsschulen in Zukunft strukturieren sollen, „sind angelehnt an typische Aufgabenstellungen aus den betrieblichen Arbeits- und Geschäftsprozessen" (KUHLMEIER/MEYSER 2003, 5). Konkrete berufs- und betriebsspezifische Tätigkeiten junger Erwachsener können dann als Basis dienen, wenn eine gedankliche Auseinandersetzung mit der Struktur und den Inhalten der Tätigkeiten stattgefunden hat. Dieses Vorgehen bildet eine unverzichtbare Grundlage, um Lernende im inhaltlich und methodisch gestalteten Berufsbildungsprozess gleichermaßen differenziert fordern und fördern zu können (vgl. STRUVE 2006, 118).

Berufliches Wissen von Jugendlichen ist in Lernsituationen auf berufliche Handlungen ausgerichtet. Gleichzeitig wird Wissen aus dem unmittelbaren Verwendungszusammenhang gelöst, um ein Denken in übergeordneten Zusammenhängen zu fördern. „Es ist nicht möglich (und kaum sinnvoll), betriebliche Arbeitssituationen in der Berufsschule eins-zu-eins abzubilden; dafür ist die Heterogenität der Betriebe und damit der betrieblichen Arbeitssituationen viel zu groß" (BLOY 2002, 17). Lernsituationen in der Berufsschule sind „idealisierte Arbeitssituationen" (KUHLMEIER/MEYSER 2003, 6). „Sie werden zusätzlich pädagogisch gefiltert durch ihre jeweilige Anpassung an die Lerngruppe" (ebd.). Ergebnisse intensiver Gespräche mit Jugendlichen über ihre Tätigkeitsgebiete in einzelnen Betrieben sind Voraussetzung, um individuelle Tätigkeiten von Auszubildenden wahrzunehmen und zu verstehen.

3.1 Intensive Gespräche mit Auszubildenden führen

Beim Gestalten von Lehr-Lernarrangements, speziell beim Formulieren von Aufgaben, die der Festigung von Wissen dienen, werden die aus der Lebens- und Arbeitswelt von jungen Erwachsenen gewonnenen Informationen mit einbezogen. Die täglichen Eindrücke durch Beobachtungen sowie Gespräche im Unterricht und in Pausen sind dabei nicht weniger bedeutsam und bleiben bei der Auseinandersetzung zwischen Berufspädagogen und angehenden Facharbeitern eine wichtige Grundlage.

Die Methode des Interviews bietet sich an, da:

- eine Gesprächssituation mit einzelnen Jugendlichen leicht zu organisieren ist.
- die Daten direkt aufgezeichnet werden können und damit authentisch, nachvollziehbar und reproduzierbar sind.

Die Daten werden in offen geführten Interviews erhoben. Die befragten Auszubildenden antworten frei auf die gestellten Fragen. Um bedeutsame Informationen über Inhalte von Arbeitsprozessen zu gewinnen, lenkt ein Leitfaden Interviewer und Interviewte.

3.2 Darstellung beispielhafter Fragestellungen

Das Interesse des Interviewers ist auf die Inhalte der Arbeitsprozesse (technische, ökonomische, ökologische, soziale) von angehenden Fachkräften gerichtet, die Berufspädagogen genauer kennen sollten, um sinnvolle Aufgaben und effektive Hilfestellungen planen zu können.

Zu den Rahmenbedingungen:
- In welchem Umkreis seid ihr mit eurer Firma hauptsächlich tätig?
- Wie viele Personen arbeiten in deiner Firma?
- Arbeiten in deinem Betrieb ungelernte Kräfte?
- Worauf habt ihr euer Tätigkeitsfeld besonders spezialisiert?
- Wie viele Stunden arbeitest du wöchentlich im Betrieb?

Zu den Arbeitsgegenständen (vgl. KELL 1996, 14):
- In welcher Form arbeitest du an den Aufträgen im Betrieb mit?
- Welche Aufträge hast du bereits selbstständig ausgeführt?

Zu den Werkzeugen:
- An welchen Maschinen arbeitest du im Betrieb bzw. auf Baustellen?

- Wie bist du an die Maschinen herangeführt worden?
- Wie sind eure Baustellenfahrzeuge ausgerüstet?
- Wie lange dauern in der Regel eure Aufträge auf einer Baustelle?

Zu den Kommunikationsmitteln:
- Arbeitest du eher mit Computerzeichnungen oder mit Handskizzen?
- Arbeitest du in deiner Firma am Computer? Warum?

Zu anderen Personen:
- Mit welchen Kunden hattest du intensiven Kontakt?
- Welche Personen stehen dir bei fachlichen und sozialen Fragen zur Seite?

Zu den Zukunftsgedanken:
- In welche Richtung möchtest du dich nach dem erfolgreichen Abschluss deiner Gesellenprüfung weiterbilden?

Auf der Grundlage von Erkenntnissen, die Berufspädagogen mit Hilfe von intensiven Gesprächen über Arbeitsprozesse von Lernenden in Betrieben und auf Baustellen erfahren, wird die Qualität der Aufgaben im Berufsbildungsprozess auf Jugendliche abgestimmt.

3.3 Unterschiedliche Tätigkeitsfelder, konkretisiert an zwei Beispielen

Im Folgenden sind einige Fragen und Antworten aus Gesprächen mit angehenden Fachkräften der Bauwirtschaft dargestellt, um zu verdeutlichen, wie unterschiedlich Tätigkeitsfelder in Betrieben und auf Baustellen ausfallen bzw. von Jugendlichen zum Ausdruck gebracht werden.

Berufspädagoge (im Folgenden ‚Berufspädagoge' = Bp.): *Auf welches Tätigkeitsfeld habt ihr euch im Betrieb spezialisiert?*	
Schüler I (im Folgenden ‚Schüler I' = S. I): *Unser Schwerpunkt liegt auf Altbauten. Wir führen viele Tätigkeiten am Bestand aus.*	Schüler II (im Folgenden ‚Schüler II' = S. II): *Wir sind immer noch stark an Neubauten orientiert. Da ich in einer Firma bin, die auch Maler, Tischler und Dachdecker beschäftigt, bieten wir Häuser als Komplettpaket, und das kommt bei den Kunden gut an.*
Bp.: *In welcher Form arbeitest du an den Aufträgen im Betrieb mit?*	
S. I: *Wir sind meistens zu dritt oder viert, und ich mache die Hilfsarbeiten wie Stemmen, Mischung machen.*	S. II: *Ich bekomme meine Aufträge und Aufgaben zugeteilt, und dann muss ich zusehen, dass ich die erledige.*

Bp.: *Welche Aufträge hast du bereits selbstständig ausgeführt?*	
S. I: *Ich arbeite immer nur zu, um Hilfestellungen zu geben. Selbstständig habe ich noch keinen Auftrag bearbeitet.*	S. II: *Ich mauere schon ganz alleine und lege auch die Verbände fest. Mischungen mache ich selber. Ich verputze schon einiges.*

Bp.: *Arbeitest du eher mit Computerzeichnungen oder mit Handskizzen?*	
S. I: *Wir arbeiten mit Zeichnungen, aber ich habe noch keine eingesehen. Das macht der Polier oder der Altgeselle.*	S. II: *Ich bekomme meistens die Zeichnungen und vor allem die Angaben des Architekten und muss mir dann selber Gedanken dazu machen. Ich gleiche das immer noch mal mit einem Gesellen ab. Zeichnungen lesen fällt mir inzwischen leicht.*

Bp.: *Welche Personen stehen dir bei fachlichen und sozialen Fragen zur Seite?*	
S. I: *Ich kann alle ansprechen, aber meistens sind die schnell genervt, so dass ich nicht zu viele Fragen stelle. Soziale Fragen könnte ich, glaube ich, gar nicht mit den Gesellen klären.*	S. II: *Ich kann bei fachlichen Dingen immer fragen, und die Gesellen unterstützen mich immer. Soziale Fragen würde ich wahrscheinlich nicht mit denen klären. Vielleicht später, wenn wir länger zusammen arbeiten.*

Im Anschluss an diese intensiven Gespräche verfügen Berufspädagogen über Informationen, die dazu beitragen, Inhalte verschiedener

Aufgaben so formen zu können, dass sie auf Jugendliche individuell zugeschnitten sind. Mit diesen Hintergrundinformationen sind sie in der Lage, Lernende ihren Fähigkeiten und Fertigkeiten entsprechend zu fordern und fördern.

4. Darstellung konkreter Arbeitsaufträge (siehe Anhang) zum Üben und Festigen von Gelerntem

Die Antworten der zwei Auszubildenden verdeutlichen, wie unterschiedlich junge Erwachsene Arbeitsprozesse erleben und dass mehrere Arbeitsaufträge formuliert werden müssen, um an die jeweiligen Tätigkeitsfelder von Lernenden anknüpfen zu können. Aus diesem Grund wird im Folgenden die Bedeutsamkeit von qualitativ unterschiedlich formulierten Aufgaben dargestellt und an zwei konkreten Arbeitsaufträgen zum Lernfeld 3 der Bauwirtschaft verdeutlicht.

4.1 Formulierung von Arbeitsauftrag I

Mit der Formulierung des Arbeitsauftrages I werden Jugendliche berücksichtigt, die ähnliche Erfahrungen in Betrieben und auf Baustellen gesammelt haben wie Schüler I, der noch keinen Auftrag selbsttätig bearbeitet hat (vgl. Aussage S. I). Die Auszubildenden werden anhand eines umfassenden Aufgabenangebotes differenziert gefördert und gefordert. Hierfür wird in Einzelarbeit das selbstgesteuerte Lernen am Computer instrumentalisiert. Den jungen Erwachsenen steht in MS Word eine Vielzahl von Aufgaben in Anlehnung an Arbeitsauftrag I zur Verfügung, zwischen denen sie – ihren individuellen Fähigkeiten entsprechend – wählen können. Die Jugendlichen lernen hier motorisch-visuell gekoppelt. Zur Förderung der Sozial- und Personalkompetenz ist das *gezielte* Einsetzen von Schülern für Hilfestellungen denkbar (z.B. in der Rolle Polier, Meister). In naher Zukunft werden sie diese Rollen- und Aufgabenverteilung auf Baustellen zwischen sich als Geselle und ihrem zugewiesenen Polier wiederfinden. Allerdings muss bei der Durchführung dieser Variante sichergestellt sein, dass es sich bei der Rollenwahrnehmung der Poliere um junge Erwachsene handelt, für die der Übungscharakter durch das rein Visuelle ausreicht. Keiner darf vom Lernen ausgeschlossen sein. Mit der Qualität des Arbeitsauftrages wird an die Arbeitswelt von Lernenden angeknüpft, um so vorhandene Kompetenzen Schritt für Schritt zu erweitern.

4.2 Formulierung von Arbeitsauftrag II

Arbeitsauftrag II ist auf angehende Facharbeiter zugeschnitten, die Verbände bereits selbsttätig planen und gestalten (vgl. Aussage S. II). Anhand dieser Aufgabe werden die Jugendlichen aufgefordert, das Wissen um den Lerngegenstand ‚Mauerverbände' mit dem der ‚Maßordnung im Hochbau' zu verbinden. Das beinhaltet die erste Herausforderung für die Auszubildenden. Die zweite Herausforderung liegt darin, dass sie in den bisherigen Übungen ausschließlich Verbandsregeln anwenden mussten (vgl. Arbeitsauftrag I). Bei dieser Aufgabe soll unter Angabe der Horizontalmaße ein passender Mauerverband gefunden werden. Dieser Mauerverband ist im ‚Akkord' (auf Zeit) mit einer vorgegebenen Anzahl von Steckbausteinen nachzubauen, um die Schüler für einen bewussten Umgang mit Zeit und Ressourcen zu sensibilisieren. Durch die Bedingung, dass der Verbrauch der Steine weder über- noch unterschritten werden darf, ergeben sich nur zwei Lösungsmöglichkeiten (Block- und Kreuzverband). Insofern können die jungen Erwachsenen ihre Ergebnisse selbst kontrollieren. Der Realitätsbezug wird bei dieser Aufgabe modellhaft hergestellt, ist aber – dank der Steckbausteine – visuell deutlich zu erkennen. Es erfolgt eine sinnbildlich zu verstehende Übertragung der ‚Baustelle ins Klassenzimmer'. Hier werden Steckbau-Steine zu Mauer-Steinen. Klassenkameraden avancieren zu Arbeitskollegen.

Abb. 2: Erarbeitung des Arbeitsauftrages II (Foto: BILGENROTH 2008)

Durch den Praxisbezug erkennen Jugendliche die Notwendigkeit vielfältigen Wissens um den Lerngegenstand. Anhand dieses Arbeitsauftrages erfolgt eine Verbindung zwischen Arbeitsauftrag, Verbandslösung und Modell und somit eine Verzahnung zwischen praktischem Bezug und theoretischem Handlungswissen (vgl. DIETZ 2002, 147f.). Zudem bewirkt das Arbeiten ‚am Objekt‘ eine gewisse Lernkontrolle, da die Auszubildenden aufgefordert werden, ihr Wissen anzuwenden. Das vollzieht sich nicht immer reibungslos, aber stoffliche Inhalte, die von Problemen, Entscheidungsfällen, Gestaltungs- und Beurteilungsaufgaben ausgehen und zu erarbeiten sind, sind für Lernende bedeutsam (vgl. TULODZIECKI/BREUER 1992, 34). Parallel zur Arbeit am Modell reflektieren die Schüler über ihren Arbeitsprozess, indem sie pro Gruppe auf jeweils ein bis zwei Metaplankarten einen prägnanten Merksatz oder eine treffende Notiz zur Verbandslösung festhalten und präsentieren. Bei dieser Aufgabe lernen die jungen Erwachsenen visuell, auditiv und haptisch.

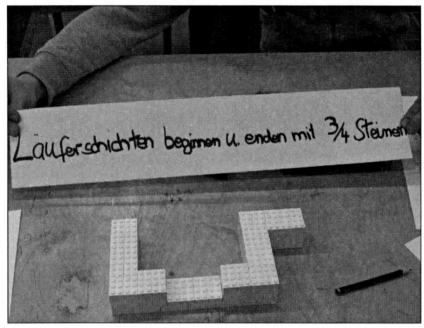

Abb. 3: Merksatz auf einer Metaplankarte (Foto: BILGENROTH 2008)

Die Sinnhaftigkeit der Arbeitsaufträge, die Vielfalt im Medieneinsatz des gesamten Aufgabenspektrums (Computer, Steckbausteine) sowie die spielerisch forcierten Wettbewerbe zwischen Auszubildenden tragen zur Steigerung des Interesses und der Motivation Lernender bei und beeinflussen somit deren Übungsbereitschaft positiv. Übungs-*bereitschaft* ist unerlässlich und nur durch ausreichend vorhandene Motivation und sinnvolle Übungsaufgaben lange aufrecht zu erhalten. Die Notwendigkeit der vertiefenden Aneignung der Bildungs-inhalte muss für Jugendliche erkennbar oder gar offensichtlich sein. Des Weiteren sollte das Ergebnis einer Festigung von Gelerntem für Auszubildende befriedigend sein. Insofern sollten Lehrende bei der

Aufgabenstellung berücksichtigen, Schülern auch kleinere Erfolgserlebnisse zu ermöglichen (vgl. BÖNSCH 2005, 27f.). SPEICHERT erwähnt die im Zusammenhang stofflicher Festigung aufkommende *Freude* am Lernen, wenn junge Erwachsene erkennen, dass sie einen Lerngegenstand durchdrungen haben (vgl. SPEICHERT 1985, 218). Dieses Erlebnis wirkt motivierend auf anschließende Lernprozesse.

Abb. 4: Die fertigen Steckbaustein-Modelle (Foto: BILGENROTH 2008)

5. Fazit

Festigung, Vertiefung von bekanntem Wissen ist neben dem Strukturieren von zu erlernendem Wissen bedeutsam, damit Lernende sich das zu Erlernende *aneignen*. Üben sichert zudem die Dauerhaftigkeit

223

des Erlernten (vgl. STRAKA 2001, 26). Festigung von Wissen bedingt nicht zwangsläufig eine Leistungssteigerung. Es ist in punkto Lerneffizienz empfehlenswert, den Aufgabenumfang und die darin enthaltenen Anforderungen mit dem Lernfortschritt *proportional ansteigen* zu lassen – wie anhand der Arbeitsaufträge I und II verdeutlicht. Durch die Übungs*vielfalt* lernen Jugendliche einen Unterrichtsgegenstand unter mehreren Aspekten kennen; der Lernumfang vergrößert sich (vgl. BÖNSCH 2005, 26f.). ODENBACH bezeichnet den *individuellen Leistungsvergleich* als einen elementaren Übungsimpuls. Der persönliche Leistungsfortschritt liefert den größten Anteil an Lernmotivation. Insofern sollte es Auszubildenden ermöglicht werden, eigene Leistungsfortschritte zu beurteilen (vgl. ODENBACH 1981, 34ff.). POTTHOFF setzt auf das Erlangen von Selbsttätigkeit durch Schüler beim Üben und Anwenden. Das Organisieren von Lernen übernehmen und bewerkstelligen Lernende selbst (vgl. POTTHOFF 1981, 115ff.). Die unterschiedliche Leistungsfähigkeit von jungen Erwachsenen in ihren Lernvoraussetzungen steigt in Klassen an. Aus diesem Grund ist es unerlässlich, eine Differenzierung beim Üben und Festigen von Gelerntem herbeizuführen und Jugendlichen sukzessive zur Selbsttätigkeit zu verhelfen.

Differenzierte Wahrnehmung von Auszubildenden, individuelle Gestaltung von Lernen sowie Ermöglichung der Festigung von Gelerntem setzen ein hohes Engagement von Lehrkräften voraus. Intensive Gespräche mit Schülern sind ein konkretes Instrument, um einen Einblick in die berufs- und betriebsspezifischen Tätigkeiten von jungen Erwachsenen zu bekommen. Auch die problematischen Zukunftsperspektiven vieler Jugendlicher im Bausektor liefern Begründungen, sie zu befähigen, kommende Berufs- und Lebenssituationen sachgerecht durchdacht sowie individuell und sozial verantwortlich zu gestalten.

6. Anhang: Arbeitsaufträge, Lösungsvorschläge

6.1 Arbeitsauftrag I

Name:	Lernfeld 3	
	‚Mauern eines einschaligen Baukörpers'	
Datum:	Mauerverbände	
	Verbandsart: Blockverband 24 cm	

Ermittle zunächst die Wandlänge! Zeichne den Verband in Draufsicht und Ansicht! Entscheide, ob es sich um einen umgeworfenen Verband handelt oder nicht!

Hinweis: Du kannst die Steine kopieren, indem du beim Anklicken die Strg-Taste gedrückt hältst!

Wanddicke: 24 cm   Ansicht

Wandlänge: _____ m = _____ × am   Draufsicht

umgeworfener Verband: ja/nein

Ansicht

5 Schichten

Draufsicht

5. Schicht

4. Schicht

3. Schicht

2. Schicht

1 Schicht

225

6.2 Lösung zu Arbeitsauftrag I

Name:	Lernfeld 3	
	„Mauern eines einschaligen Baukörpers'	
Datum:	Mauerverbände	
	Verbandsart: Blockverband 24 cm	

**Ermittle zunächst die Wandlänge! Zeichne den Verband in Draufsicht und Ansicht!
Entscheide, ob es sich um einen umgeworfenen Verband handelt oder nicht!**

Hinweis: Du kannst die Steine kopieren, indem du beim Anklicken die Strg-Taste gedrückt hältst!

Wanddicke: 24 cm   Ansicht

Wandlänge: 1,1775 m = 9,5 × am   Draufsicht

umgeworfener Verband: ja

Ansicht

5 Schichten

Draufsicht

5. Schicht

4. Schicht

3. Schicht

2. Schicht

1. Schicht

6.3 Arbeitsauftrag II

Name:	Lernfeld 3 'Mauern eines einschaligen Baukorpers'	
Datum:	Arbeitsblatt Maßordnung & Mauerverbände	

Arbeitsauftrag:

1. Ihr bekommt den Auftrag, in eurer Kolonne die unten dargestellte einschalige Außenwand zu mauern. Die Anzahl der benötigten Mauersteine ermittelte der Bauleiter im Vorwege. Jetzt werden sie euch abgezählt auf der Baustelle bereitgestellt. Ihr müsst mit der Menge an Steinen auskommen, denn jede Nachlieferung verursacht unnötige Kosten! Eure Mauer-Steine sind heute Steckbau-Steine.

   ❖ Anzahl der Mauerschichten gesamt = 4 Schichten
   ❖ Brüstungshöhe Fenster = 2 Schichten

   Arbeitet sorgfältig im Akkord. Den Mitarbeitern der schnellsten Kolonne winkt eine Gehaltserhöhung in Form eines „verfrühten Osterhasens"!

2. Formuliert auf dem bereitliegenden Kartenstreifen einen „Merksatz", der euch beim Ausführen eines solchen Arbeitsauftrages eine Hilfe ware!

 Für die Erarbeitung habt ihr **20 Minuten** Zeit.
Viel Erfolg beim Mauern! ☺

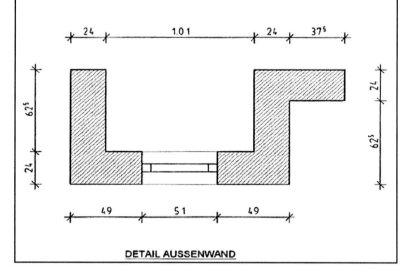

DETAIL AUSSENWAND

227

6.4 Mögliche Lösung zu Arbeitsauftrag II

Name:	Lernfeld 3 „Mauern eines einschaligen Baukörpers'	
Datum:	Arbeitsblatt Maßordnung & Mauerverbände	

Mögliche Lösung zum Arbeitsauftrag (hier: Blockverband):

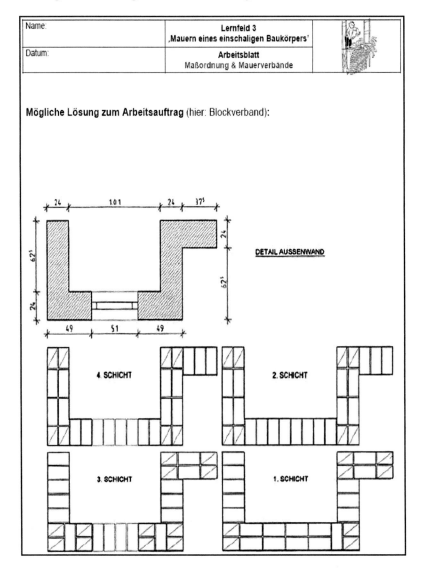

DETAIL AUSSENWAND

Literatur

BLOY, W. (2002): Wissensgesellschaft und Entwicklungstrends der beruflichen Bildung in den bau-, holz- und gestaltungstechnischen Berufen. In: BLOY, W./HAHNE, K./STRUVE, K. (Hrsg.): Bauen und Gestalten im neuen Jahrhundert. Bielefeld, 7-18.

BÖNSCH, M. (2005): Nachhaltiges Lernen durch Üben und Wiederholen. Baltmannsweiler.

BÜCHTER, K. (1998): Strukturwandel und Qualifikationsbedarf in kleinen und mittleren Betrieben – einige ernüchternde Anmerkungen zu einem Klischee. In: Zeitschrift für Berufs- und Wirtschaftspädagogik, 94, H. 2, 227-247.

DIETZ, M. (2002): Entwicklung einer neuen Prüfungsform unter Berücksichtigung der veränderten Rahmenbedingungen im Ausbildungsberuf Maurer/-in. In: BLOY, W./HAHNE, K. /STRUVE, K. (Hrsg.): Bauen und Gestalten im neuen Jahrhundert. Bielefeld, 141-154.

KUHLMEIER, W./MEYSER, J. (2003): Gestaltung von Lernsituationen. In: Berufsbildung H. 79, 4-7.

MEYER, H. (2004): Was ist guter Unterricht? Berlin.

ODENBACH, K. (1981): Die Übung im Unterricht. Braunschweig.

POTTHOFF, W. (1981): Erfolgssicherung im Unterricht. Üben und Anwenden. Mit Beispielen aus der Schulpraxis. Freiburg im Breisgau [u.a.].

SCHEMME, D. (1998): Das Tischlerhandwerk im Spannungsfeld zwischen Industrie, Design und Wissenschaft/Bildungs- und Beschäftigungspotentiale für Frauen? Hrsg.: BUNDESINSTITUT FÜR BERUFSBILDUNG – DER GENERALSEKRETÄR. Bielefeld.

SPEICHERT, H. (1985): Richtig üben macht den Meister. Das Erfolgs-Programm gegen Lernfehler, Verlernen und Vergessen. Reinbek bei Hamburg.

STRAKA, G. A. (2001): Lern-lehr-theoretische Grundlagen der beruflichen Bildung. In: BONZ, B./SCHANZ, H. (Hrsg.): Didaktik der beruflichen Bildung. Berufsbildung konkret, Bd. 2. Baltmannsweiler, 6-30.

STRUVE, K. (2000): Auf der Suche nach sicherem Baugrund. Pädagogische Anforderungen an berufliche Bildung in den Fachrichtungen Bautechnik, Holz- und Kunststofftechnik, Farbtechnik und Raumgestaltung. In: PAHL, J.-P./SCHÜTTE, F. (Hrsg.): Berufliche Fachdidaktik im Wandel/Beiträge zur Standortbestimmung der Fachdidaktik Bautechnik. Seelze-Velber, 95-113.

STRUVE, K. (2006): Inhalte berufspädagogisch-didaktischer Studien/dargestellt am Beispiel der Berufsfelder Bautechnik, Holztechnik, Farbtechnik und Raumgestaltung. In: STRUVE, K./HOLLE, H.-J. (Hrsg.): smartLIFE/ Planung von Berufsbildungsprozessen für angehende Facharbeiter in den Berufsfeldern Bautechnik, Holztechnik, Farbtechnik und Raumgestaltung. Hamburg, 103-128.

TULODZIECKI, G./BREUER, K. (Mitarb.) (1992): Entwurf von Unterrichtskonzepten. In: TULODZIECKI, G./BREUER, K./HAUF, A.: Konzepte für das berufliche Lehren und Lernen. Bad Heilbrunn und Hamburg, 13-59.

Klaus Hahne und Werner Kuhlmeier

Kompetenzentwicklung für nachhaltiges Bauen

1. Einleitung: Aktuelle Aufgaben der beruflichen Fachdidaktik Bau-, Holz- und Farbtechnik im Kontext des Nachhaltigkeitsparadigmas

Der DEUTSCHE BILDUNGSRAT (1970, 245 f.) beschrieb die Aufgaben der Fachdidaktik in der Lehrerbildung für die beruflichen Schulen folgendermaßen: „Die Aufgabe, die Wissenschaft zu elementarisieren und den Unterricht an der Wissenschaft zu orientieren, bezeichnet genau den Auftrag der Fachdidaktik, nämlich so zu lehren, dass der Anschluss sowohl zum Schüler hin als auch zur Forschung hin gewahrt wird." Das Prinzip der Wissenschaftsorientierung ist in der Vergangenheit häufig dahingehend missverstanden worden, dass es sich bei den beruflichen Fachdidaktiken vorwiegend um „didaktisch reduzierte Ingenieurwissenschaften", sogenannte „Abbilddidaktiken", handelte. Dabei wurde übersehen, dass ein wesentliches Merkmal der Fachdidaktiken die Interdisziplinarität ist. Das gilt insbesondere für die beruflichen Fachdidaktiken, die zum einen eine Mittlerrolle zwischen der allgemeinen Didaktik und den Fachwissenschaften einnehmen und zum anderen ihren Fokus nicht nur auf eine Ingenieurwissenschaft, sondern auf verschiedene Fachwissenschaften und vor allem auf die berufliche Facharbeit richten (vgl. KUHLMEIER/UHE 1998, 110 ff.).

Prüft man die Beziehungen zwischen der Fachdidaktik Bau-, Holz- und Farbtechnik, der allgemeinen Didaktik und der Fachwissenschaft in Bezug auf die Trias von Bildung – Arbeit – Technik, so kann man sagen, dass bislang die Beziehungen zur allgemeinen Didaktik und zum Bereich Bildung weitgehend unausgefüllt blieben. Die Beziehungen zur Technik und – soweit vorhanden – zu den entsprechenden technischen Fachwissenschaften waren wesentlich ausgeprägter vorhanden. Ein Bezug zur realen Arbeit der in den Berufsfeldern vertretenen Berufe wurde über den Bezug zum übergreifenden Produkt der Arbeit, dem Bauwerk, hergestellt (vgl. BLOY 1994, 77ff.). Seit der Ausrichtung an den Arbeits- und Geschäftsprozessen der Bauwirtschaft, die mit dem Lernfeldkonzept einherging, kann man von einer Orientierung des Unterrichts an elementaren (Grundstufe) und komplexen praktischen Bauaufgaben (Fachstufe) sprechen. Da sich die Bau- und Ausbauarbeit in den Handwerksberufen zumeist in der Form von auftragsorientierter Arbeit vollzieht, ist hier das Lernen am Kundenauftrag als geeignetes didaktisches Konzept anzusehen (vgl. HAHNE 2000). Die Ausrichtung der Fachdidaktik Bau-, Holz- und Farbtechnik an Bildungsbezügen blieb jedoch bis heute blass und vollzog sich allenfalls über die postulierte Zielkategorie beruflicher Bildung, die berufliche Handlungskompetenz, die zur verantwortlichen Teilhabe in beruflichen, gesellschaftlichen und privaten Situationen befähigen sollte (vgl. KULTUSMINISTERKONFERENZ 1999).

Nimmt man den Auftrag der beruflichen Fachdidaktiken ernst, unter Bezug auf wissenschaftliche Erkenntnisse „Bildung im Medium des Berufes" an den Lernorten zu gestalten und zu evaluieren (vgl. KUHLMEIER 2005; HAHNE 2002), so kann man sich einer Ausrichtung auch beruflicher Didaktiken an gesellschaftlichen „epochaltypischen Schlüsselproblemen" (KLAFKI 1996) nicht verschließen. Dabei stellt sich die Frage, an welchen Forschungserkenntnissen und gesellschaftlichen Orientierungen sich vor dem Hintergrund des Klimawandels und der wachsenden Erkenntnis, dass ein Weitermachen wie bisher angesichts der „Grenzen des Wachstums" (vgl. MEADOWS u.a. 1972) auf dem begrenzten „Raumschiff Erde" nicht mehr verantwortbar ist, eine moderne Fachdidaktik Bau-, Holz- und Farbtechnik (wie auch jede andere Didaktik) auszurichten hat? Die Antwort lautet: An der Leitidee der nachhaltigen Entwicklung! Mit der Leitidee der nachhaltigen Entwicklung wird die Zukunftsfähigkeit gesellschaftlicher, technischer und wirtschaftlicher Entwicklungen unter Beachtung der Erhaltung natürlicher Lebensgrundlagen geprüft.

2. Kompetenzen für eine nachhaltige Entwicklung

Das Konzept der nachhaltigen Entwicklung (sustainable development) wurde vor dem Hintergrund zunehmender Erkenntnisse über beobachtete und prognostizierte menschlich verursachte globale Umweltveränderungen entwickelt. Nachhaltig ist eine Entwicklung, „die den Bedürfnissen der heutigen Generation entspricht, ohne die Möglichkeiten künftiger Generationen zu gefährden, ihre eigenen Bedürfnisse zu befriedigen und ihren Lebensstil zu wählen". So definierte die Weltkommission für Umwelt und Entwicklung unter Leitung der früheren norwegischen Ministerpräsidentin Gro Harlem Brundtland 1987 den Begriff der Nachhaltigkeit (vgl. HAUFF 1987). Kurz gefasst geht es darum, heute nicht auf Kosten von morgen und hier nicht zu Lasten von anderswo zu wirtschaften. Die unterschiedlichen Dimensionen soziale Gerechtigkeit, ökologische Verträglichkeit und ökonomische Leistungsfähigkeit sind gleichrangige Ziele dieses Konzeptes („Dreieck der Nachhaltigkeit").

Das besondere an dieser Dreiecks-Denkfigur ist das, was als „Retinität" bezeichnet wird. Damit ist gemeint, dass diese drei Dimensionen integriert und in ihrer Wechselwirkung gesehen werden müssen und nicht als einzelne, isolierte Säulen. Das lenkt den Blick unweigerlich auf Konflikte und Widersprüche: Was ökologisch ist, ist nicht immer auch ökonomisch, was sozial ist, ist nicht immer ökologisch usw. Diese Widersprüche zu erkennen, sich aktiv in diesen Konflikten zu verhalten und dabei verantwortbare Entscheidungen zu treffen, ist das Ziel einer Bildung für eine nachhaltige Entwicklung. Dieses Ziel wird auch als „Gestaltungskompetenz" bezeichnet. „Mit Gestaltungskompetenz wird das nach vorne zeigende Vermögen bezeichnet, die Zukunft von Sozietäten, in denen man lebt, in aktiver Teilhabe im Sinne nachhaltiger Entwicklung modifizieren und modellieren zu können" (DE HAAN/ HARENBERG 1999, 60). Die Gestaltungskompetenz als oberstes Bildungsziel subsumiert nach dem Orientierungsrahmen „Bildung für eine nachhaltige Entwicklung" der Bund-Länder-Kommission vielfältige Schlüsselqualifikationen wie z.B. die Fähigkeit zum vernetzten und Problem lösenden Denken, die Partizipations-, Team-,

Dialog- und Konfliktlösefähigkeit, Methodenkompetenz und die Fähigkeit zur Selbstorganisation von Lernprozessen (a.a.O., 57).

Berufliche Bildung für eine nachhaltige Entwicklung (BBNE) zielt stärker als die Allgemeinbildung auf das handelnde Eingreifen in materiale Wertschöpfungsprozesse, auf Produkt- und Dienstleistungserstellungen in realen und nicht pädagogisch strukturierten ökonomischen, sozialen und ökologischen Bezügen. Daher kommt hier einer umfassenden Handlungskompetenz für nachhaltige Entwicklung die Priorität zu, die DE HAAN der Gestaltungskompetenz gibt. Dennoch macht es wenig Sinn, berufliche und lebensweltliche Anforderungen scharf zu trennen. Berufliche Bildung muss als Bildung des „ganzen Menschen" immer über dessen reine Beruflichkeit hinausweisen. Gerade im Bereich des durch Werte und Einstellungen geprägten Handels für mehr Nachhaltigkeit werden sich grundsätzlich andere Verhaltensweisen in der Berufswelt gegenüber der Lebenswelt von den Akteuren kaum durchhalten lassen. Prägnant wird diese umfassendere Auffassung von Handlungskompetenz von der KULTUSMINISTERKONFERENZ formuliert: „Handlungskompetenz wird verstanden als die Bereitschaft und Fähigkeit des einzelnen, sich in beruflichen, gesellschaftlichen und privaten Situationen sachgerecht durchdacht sowie individuell und sozial verantwortlich zu verhalten" (KULTUSMINISTERKONFERENZ 1999). Würde man diese Formulierung hinter „Situationen" um den Passus „im Sinne einer nachhaltigen Entwicklung" ergänzen, so hätte man bereits eine prägnante Kompetenzformulierung für eine an der Leitidee der Nachhaltigkeit orientierte Berufsbildung.

Berufliche Bildung für eine nachhaltige Entwicklung zielt auf das Identifizieren und Ausgestalten von Spielräumen beruflicher und lebensweltlicher Handlungssituationen in zunehmender Übereinstimmung mit der Leitidee der nachhaltigen Entwicklung. Damit bezieht sie sich innerbetrieblich auf Verbesserung aller Betriebsabläufe unter Nachhaltigkeitsaspekten, also auf das Energie-, Stoff-, Auftrags- und Verfahrensmanagement sowie die Leitbild-, Personal- und Organisationsentwicklung. Im Hinblick auf den Markt bezieht sie sich auf die Entwicklung und Gestaltung nachhaltiger

Produkte und Dienstleistungen als Herausstellungsmerkmal und Wettbewerbsvorteil für den Betrieb sowie auf nachhaltiges Marketing und Kundenorientierung. Professionelles berufliches Handeln im Sinne nachhaltiger Entwicklung unterscheidet sich u.E. vom normalen fachkompetenten Handeln im Weiteren dadurch, dass die Prinzipien der Nachhaltigkeit, d.h. die inter- und intragenerative Gerechtigkeit, die langfristige Zukunftssicherheit, der partizipative Diskurs unter allen Beteiligten, flexibles Umgehen mit Zielkonflikten und offenen Fragen bei der Identifizierung und Ausgestaltung von Gestaltungs- und Handlungsoptionen mitbedacht werden. Im nachhaltigen beruflichen Handeln sind neben den neuen Anforderungen aber auch die klassischen Berufsbildpositionen in den existierenden Ausbildungsordnungen einzulösen, wie „Arbeitssicherheit, Gesundheitsschutz, Umweltschutz", „selbstständig planen, durchführen und kontrollieren" (vollständige Lern- und Arbeitshandlung) sowie Maßnahmen zur Verbesserung der Qualität der eigenen Arbeit treffen zu können.

Im Unterschied zur „normalen" Fachkompetenz stellen für uns die Gestaltungs- und die Systemkompetenz zwei unverzichtbare Kompetenzbündelungen in einer Berufsbildung für eine nachhaltige Entwicklung dar, die im weiteren mit dem gängigen Kompetenzmodell mit Selbst-, Fach-, Methoden- und Sozialkompetenz (vgl. HAHNE 2007) verbunden werden. Gestaltungskompetenz enthält als Fähigkeit zur Gestaltung von Arbeitsprozessen, -produkten, Dienstleistungen und Schlüsselsituationen im Sinne nachhaltiger Entwicklung fast gleichmäßige Bezüge zu allen Kompetenzen nach der KMK-Auffächerung. Nimmt man z.B. das Kundenberatungsgespräch im Handwerk als eine wichtige Schlüsselsituation, so erhalten Selbst- und Sozialkompetenz eine besondere Bedeutung; gilt es doch überzeugendes Auftreten mit Verhandlungsgeschick und Einfühlen in die Bedürfnisse, Erwartungen und Anforderungen des Kunden angemessen zu verbinden.

Auf die Gestaltungskompetenz sind wir aber auch verwiesen, wenn es darum geht, in widersprüchlichen oder dilemmatischen Situationen partizipative Dialoge mit den Beteiligten zu führen und Lösungen im Sinne von mehr Nachhaltigkeit zu entwickeln. Das soll an einem Beispiel verdeutlicht werden: Eine aktuelle Diskussion wird zur Zeit um die Ziele der CO_2-Einsparung durch Wärmedämmung auf der einen Seite und dem Erhalt des städtebaulichen und baukulturellen Erbes auf der anderen Seite geführt. Die Notwendigkeit der besseren Wärmedämmung im Gebäudebestand ist unbestritten, da der größte Anteil der CO_2-Emissionen derzeit auf das Konto der Gebäudebewirtschaftung geht. Und 77% des Energiebedarfs der Gebäude werden für die Erzeugung von Raumwärme benötigt. Es wird geschätzt, dass sich hier durch bauliche Maßnahmen zur Wärmedämmung über die Hälfte einsparen lässt. Aber rechtfertigt dieses Ziel, dass wir die das Stadtbild prägenden Fassaden ganzer Quartiere hinter konturlosen Wärmedämmverbundsystemen verschwinden lassen? Andererseits ist zu fragen, was uns die schönsten historischen Gebäudefassaden nutzen, wenn wir das Problem des Klimawandels nicht lösen. In solchen Konflikten und Dilemmata müssen Entscheidungen getroffen werden. In der Auseinandersetzung um solche Fragen steckt ein großes Lernpotential im Sinne der geforderten Gestaltungskompetenz.

Bei der Systemkompetenz scheinen Fach- und Methodenkompetenz zu dominieren. Systemkompetenz bezieht sich zunächst auf das Verstehen und nachhaltige Eingreifen in komplexe technische Systeme wie z.B. das Bauprodukt „Haus" in seinen Lebenszyklen, als energetisches System mit den korrespondierenden Bereichen Wärmeerzeugung (Heizungstechnik) und Wärmeerhaltung (Bauphysik) und seinen Teilsystemen wie z. B. die hydraulische und energetische Optimierung von existierenden Heizungsanlagen. Sehr bald wird aber deutlich, dass auch technische Systeme als Teilsysteme sozialer oder gesellschaftlicher Konstrukte aufgefasst werden müssen, weil sie mit Kundenaufträgen bzw. Arbeitsorganisation zusammenhängen. Für das Kurshalten in vernetzen Systemen mit häufig nicht einfach zu entscheidenden Zielkonflikten, Unsicherheiten und Offenheiten sind aber auch klare Werte und Einstellungen als „innerer Kompass" und damit die „Selbstkompetenz" von zentraler Bedeutung. Die Systemkompetenz begründet sich mit der Denk- und Handlungsfähigkeit in vernetzten Systemen und immer komplexer werdenden technischsozialen-ökologischen und ökonomischen Zusammenhängen zu „vernetztem Denken" (vgl. VESTER 1990).

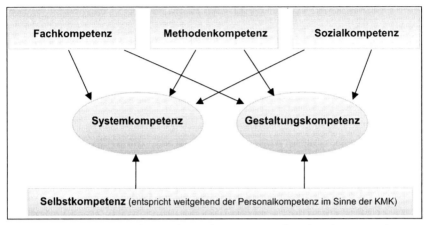

Abb. 2: System- und Gestaltungskompetenz als Fokussierungen im Kompetenzmodell der BBNE (Abb. nach HAHNE 2007)

Die mögliche Minderung an CO_2-Emissionen und die Minderung des Verbrauchs an fossilen Energieträgern durch Energieeffizienz und -suffizienz im „System Gebäude" lässt sich im Bereich der Wärmeerzeugung (Raumwärme und Warmwasser) an der Entwicklung der Heizungstechnik und im korrespondierenden Bereich der Wärmeerhaltung am Weg zum Niedrig- und Nullenergiehaus aufzeigen. Bei der Wärmeerzeugung führt der Weg von konventionellen Heizungskesseln über optimierte Heizungsanlagen mit Brennwerttechnik zu Pellet- und anderen Heizungen, die mit Brennstoffen aus nachwachsenden Rohstoffen CO_2-neutral betrieben werden können, bis zur Kraft-Wärme-Kopplung oder der Wärmepumpe. Solare Warmwasseraufbereitung und die solar unterstützte Raumheizung können besonders in Niedrigenergiehäusern einen weiteren Beitrag zum Klimaschutz leisten. Zukünftig wird vor allem der Kraft-Wärme-Kopplung mit Brennstoffzellentechnologie mit Methan, Biogas oder Erdgas und langfristig vielleicht auch der Brennstoffzellentechnologie mit regenerativ – z.B. solar – gewonnenem Wasserstoff große Bedeutung bei der Energiewende zukommen (vgl. BUNDESINSTITUT FÜR BERUFSBILDUNG 2004). Im Bereich der Wärmeerhaltung geht es parallel zu den Fortschritten in der Wärmeerzeugung unter Einbezug regenerativer Energien entsprechend um ökologisch und bauphysikalisch fundierte Wärmedämm-Verbundsysteme bis zur transparenten Wärmedämmung, Wärmeschutzverglasungen, Winddichtigkeit, kontrollierte Wohnraumlüftung mit Wärmerückgewinnung, sowie um die Orientierung an den Standards von Solar-, Niedrig- und Nullenergiehäusern.

Neben dem Gesamtsystem des Gebäudes gibt es Teilsysteme, deren Optimierung ebenfalls eine besondere berufliche Kompetenzentwicklung voraussetzt. Der Modellversuch „Optimus" steht dafür, wie man durch geschultes Systemverständnis existierende komplexe Heizungsanlagen ohne das aufwendige Auswechseln von teuren Aggregaten durch „hydraulischen Abgleich" energetisch optimieren und zum funktionellen Faktor für Behaglichkeit werden lassen kann (vgl. MÜLLER 2006). Eine Experimentierwand bei der die Fehler, die in den Altanlagen vorkommen, nachgestellt und praktisch behoben werden können (Luft in der Heizung, Geräuschentwicklung, der letzte Heizkörper wird nicht warm, die Heizungspumpe läuft gegen die geschlossenen Thermostate) zeigt, wie im praktischen Experimentieren häufig verlorengegangenes systemisches „Know-how" zum hydraulischen Abgleich zurückgewonnen werden kann. Virtuelle Zugänge auf einer CD-ROM öffnen die „black-box" „Wärmeverteilung in der Haustechnik" und bieten durch das Simulationspotenzial von Multimedia die Möglichkeiten zum virtuellen Experimentieren. Diese Entwicklungen zeigen, wie authentisch experimentelle und virtuelle multimediale Lernangebote zusammenkommen müssen, um die Entwicklung von Systemkompetenz zu fördern. Für die Handwerksfirmen eröffnet sich mit der Anlagenoptimierung eine neue Kundenauftragsposition im neuen Marktsegment nachhaltiger Entwicklung, deren Kundennutzen leicht durch Argumentation zum unnötigen und teuren Energieverbrauch und zu Fehlfunktionen der Altanlage also durch Gestaltungskompetenz herausgestellt werden kann.

3. Nachhaltiges Bauen

Die Gewerke spezifischen oder berufsfeldbreit angelegten Akteurs-konferenzen des BUNDESINSTITUTS FÜR BERUFSBILDUNG in der Vor-bereitung eines Programms einer BBNE zeigten, dass branchenspe-zifische Analysen der energetischen Bezüge, der Stoffstränge, der Arbeitsverfahren und der Arbeitssituationen sowie der erstellten Produkte und Dienstleistungen unter der Leitidee der Nachhaltigkeit eine gute Basis für die Entwicklung von Qualifizierungskonzepten bieten (vgl. BUNDESMINISTERIUM FÜR BILDUNG UND FORSCHUNG 2003). So führten z.b. Akteurskonferenzen mit dem Abbruchgewerbe später zu einer neuen Qualitäts- und Imageverbesserung der Bran-che durch die Schaffung eines neuen anerkannten Ausbildungsbe-rufs „Bauwerksmechaniker/in für Abbruch und Betontrenntechnik". Akteurskonferenzen zur Nachhaltigkeit in der Versorgungstechnik (Gebäudetechnik/ Sanitär-, Heizung- und Klimatechnik) und in der Bautechnik zeigten auf, wie technologische Perspektiven mit der Entwicklung von Kompetenzen in der Aus- und Weiterbildung zu verknüpfen sind, um Bau- und Energiedienstleistungen wie z.B. Be-haglichkeit und Hygiene energieeffizient, Ressourcen schonend und mit möglichst wenig klimaschädlichen Emissionen ökonomisch und sozial vertretbar bereitzustellen.

Nachhaltiges Ressourcenmanagement beim Bauen meint dabei, dass:

- die Ressourcen – soweit nicht regenerierbar – geschont oder durch regenerierbare ersetzt werden, z. B. durch Beachtung der knappen Ressource Boden bei der Bau-Flächenplanung und die Verwendung nachwachsender Baustoffe (Suffizienz).
- die Ressourcenproduktivität erhöht wird, d.h. den Ressourcen-verbrauch und den Energieeinsatz zu minimieren (Effizienz).
- eingesetzte Ressourcen möglichst lange verwendet werden (Verlangsamung des Ressourcendurchflusses indem z.B. durch bauliche Variabilität und Bauqualität eine langfristige Nut-zung des Bauwerks gewährleistet wird) (Permanenz).
- nicht mehr benötigte Ressourcen nicht vernichtet, sondern

wieder aufbereitet werden (Stoffkreisläufe). Die Beachtung des Rückbaus und der Wiederverwertung bzw. Wiederaufbereitung von Baustoffen schon in der Bauplanung wäre ein erster Schritt und fände seine Fortsetzung in der Baustoffsortierung beim Rückbau, um Baustoffrecycling zu ermöglichen.

- Schadstoffe und „Abfälle" die Absorptionskapazität der Umweltmedien (Atmosphäre, Wasser, Boden) nicht überfordern dürfen.

Schon das nachhaltige Ressourcenmanagement beim Bauen verweist über den Bereich der Ökologie hinaus auch auf ökonomische Bezüge. Weitere ökonomische Ziele im Sinne der Nachhaltigkeit sind beispielsweise:

- Erstellungskosten minimieren,
- Betriebskosten minimieren,
- langfristige Nutzung gewährleisten,
- Rückbau- und Entsorgungskosten minimieren.
- In der Dimension „Soziales" sind z. B. folgende nachhaltigkeitsrelevante Aspekte zu berücksichtigen:
- gesunden und preiswerten Wohnraum schaffen,
- komfortabel und nutzergerecht bauen,
- Sicherung von Arbeitsplätzen ,
- Erhaltung der Baukultur.

Die Retinität der Nachhaltigkeitsdimensionen ist auch bei der „Lebenszyklusbetrachtung" von Gebäuden zu beachten. Das heißt, dass alle Phasen im „Leben" eines Gebäudes daraufhin zu untersuchen sind, welche Potenziale im Sinne der Nachhaltigkeitsidee jeweils vorliegen:

- In der <u>Phase der Planung</u> eines Gebäudes werden wichtige Entscheidungen z.B. zu den Werkstoffen oder zur Art der Heizenergieerzeugung getroffen, aber auch der Gebäudegrundriss oder die Ausrichtung nach den Himmelsrichtungen bieten Möglichkeiten zur energetischen Optimierung.
- In der <u>Phase der Bauwerkserstellung</u> (oder auch der Gebäudesanierung) spielt vor allem die Qualität der konstruktiven Ausführung eine Rolle. Hier kommt es z.B. darauf an, Wärmebrücken und Lüftungswärmeverluste zu vermeiden.

- In der <u>Phase der Nutzung</u> sind Betriebskosten gering zu halten und eine bedarfsgerechte Ausstattung sicherzustellen.
- Schließlich ist in der <u>Phase des Rückbaus</u> ein möglichst großer Anteil an Baustoffen wieder zu verwerten. Die Bedeutung des Baustoffrecycling wird deutlich, wenn man sich vor Augen führt, dass 80% des gesamten Abfallaufkommens auf Bauabfälle zurückzuführen ist.

Am Beispiel eines Vergleichs verschiedener Gebäudetypen lässt sich z.B. erkennen, dass es bei einer Berücksichtigung des gesamten Lebenszyklus einen Unterschied gibt zwischen einer maximalen und einer optimalen Einsparung von Wärmeenergiebedarf.

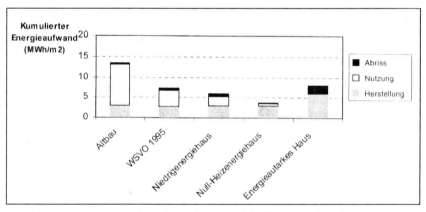

Abb. 2: Gesamtenergieaufwand unterschiedlicher Gebäudevarianten (aus: GRAUBNER/ HÜSKE 2003, 40)

Ein weiterer wichtiger Schwerpunkt auf den Akteurskonferenzen zum nachhaltigen Bauen war das Thema „Vermeiden von Baufehlern und Baumängeln". Der „DEKRA-Bericht zu Baumängeln an Wohngebäuden" hat unlängst festgestellt, dass es hier eine stark steigende Tendenz gibt und die Baumängel in den letzten fünf Jahren um über 100% gestiegen sind. An jedem Wohngebäude werden durchschnittlich Bauschäden im Wert von über 10.000,- € bei der

Herstellung „miteingebaut" (vgl. DEKRA 2008). Das ist sicher nicht „nachhaltig".

Das von der DEUTSCHEN BUNDESSTIFTUNG UMWELT geförderte Projekt „KLuB" (Kooperieren, Lernen und Bauen) hat am Bau-Medienzentrum Düren eine Ausstellung von sogenannten „halben Häusern" als Realobjekten für die Suche nach Baufehlern und Baumängeln zum Ausgangspunkt einer Qualifizierungsoffensive für alle Baubeteiligten gemacht. Als Hauptursache von Baumängeln und -fehlern wurden erkannt:

- mangelnde Kenntnisse der Bauphysik,
- falsche Kombinationen unterschiedlicher Baustoffe,
- mangelnde Ausführung der Verbindungen und der Übergänge von Baukonstruktionsteilen (z.B. Wand-Dach, Boden-Wand, Fenster (Jalousien) und Baukörper usw.,
- die mangelnde Kommunikation, Koordination und Kooperation der Bau- und Ausbaugewerke.

Durch „Baufehler-Rallyes" an den „halben Häusern" und vertiefende mediengestützte Seminare zum Vermeiden von Baufehlern wurde im „KLuB"-Projekt eine Qualitätssteigerung im Sinne nachhaltigen Bauens angestrebt.

Nachhaltiges Bauen geht z.B. im Handlungsfeld des „energieeffizienten Bauens" deutlich über alle in den Berufsfeldern Bautechnik, Holztechnik sowie Farbtechnik und Raumgestaltung vertretenen Berufe hinaus und umfasst auch die versorgungs- und elektrotechnischen Berufe bis hin zur Gebäudeleittechnik. Dies ist die Konsequenz der Betrachtung eines Gebäudes als energetisches System. Das heißt, dass Wärmeerzeugung, Wärmeerhaltung und Wohnraumlüftung einer Gesamtbewertung unterzogen werden müssen. Diesen Gedanken hat erstmals die Energieeinsparverordnung von 2002 aufgegriffen, die Vorgaben für die anlagentechnische Ausrüstung – also die Heizungstechnik – und die bautechnische Konstruktion – also die Wärmedämmung – in einem gemeinsamen Regelwerk zusammenführt (vgl. ENERGIEEINSPARVERORDNUNG 2002). Die prinzipielle Frage bei der Altbaumodernisierung „erst dämmen oder erst die Heizung erneuern?" lässt sich nur entscheiden, wenn man übergreifend und systemisch an die Sache herangeht. Bei der erneuerten und optimierten Heizung kann sich z.b. jede spätere Maßnahme in der Wärmeerhaltung (z.b. durch Dämmung) als Senkung der Vorlauftemperatur und damit als Wirkungsgradverbesserung auswirken. Bei einem gut gedämmten Gebäude ist die nicht optimierte Altheizung zunächst energetisch besonders ineffizient. Aber schon eine einfache hydraulische und energetische Optimierung der Altanlage im gedämmten Gebäude kann dann ohne Auswechseln teurer Komponenten bereits bis zu 20 Prozent zusätzliche Energieeinsparung bringen (vgl. www.optimus-online.de). Vor diesem Hintergrund kann dann die bauliche und energetische Bestandsaufnahme des konkreten Objektes zu einer abgestimmten Reihe von energetischen Verbesserungsvorschlägen durch den Energieberater bzw. den beratenden Handwerker führen.

Zur Zeit richtet sich die öffentliche Aufmerksamkeit überwiegend auf die Anlagentechnik und die Installation von Technologien zur regenerativen Energiegewinnung (Solarthermie, Photovoltaik, Erdwärme). Die energetische Effizienz von bautechnischen Maßnahmen steht häufig erst an zweiter Stelle. Um hier zu optimalen Ergebnissen zu kommen, müssten Unternehmen in der Lage sein, den Kunden gegenüber eine sachliche, neutrale Beratung und eine Kosten-Nutzen-Bilanz aufzustellen. Ergebnisse aus Modellversuchen zeigen, dass hier ein Kompetenzdefizit herrscht. An dessen Aufarbeitung wird aber gerade im Handwerk intensiv durch Weiterbildungsmaßnahmen gearbeitet. Ein „Renner" unter den Fortbildungsangeboten für das Handwerk ist z. B. der/die Gebäudeenergieberater/in. Mehr als 7.000 Handwerker/innen haben sich bereits in Kursen dafür qualifiziert. Wesentliches Motiv für das starke Interesse ist die begründete Erwartung, dass aus einer guten Energieberatung auch entsprechende Anschlussaufträge resultieren dürften. Allerdings wird von manchen befürchtet, dass die Herkunft dieser Berater aus ihrem entsprechenden branchenbezogenem Betrieb ein nicht ganz interessenfreies entsprechendes Beratungsergebnis mit sich bringt: Der Maler empfiehlt die Dämmung, der Heizungsbauer die neue Heizungsanlage. Generell lässt sich aber sagen, dass die umfangreiche Qualifizierung in den Kursen zum Gebäudeenergieberater eine gute Grundlage für eine energetische Bestandsaufnahme von Gebäuden und eine vernünftige Anordnung von Maßnahmen zu ihrer energetischen Verbesserung darstellt. Ob der Einbezug von erneuerbaren Energien in der Beratung einen entsprechenden Stellenwert erhält, hängt von vielen Faktoren ab: Deren Gewichtung in der Schulung, Interessen des Kunden und des Handwerkers, Förderungsbedingungen etc.

Mit dem Begriff der „Energiedienstleistung" wird u.E. eine übergeordnete nachhaltige Betrachtungsperspektive gewonnen, die ökologische, soziale und ökonomische Sichtweisen in hohem Maße verbindet. Es ist nicht abstrakt zu fragen, wie viel Energie der Mensch braucht, sondern welche Energiedienstleistung er benötigt, und dann ist zu fragen, mit welchem energetischen, ökonomischen, ökologischen und sozialen Aufwand diese Energiedienstleistung bereitgestellt werden kann. So kann die Energiedienstleistung „behagliche Raumtemperatur" sowohl in schlecht gedämmten Räumlichkeiten mit veralteter Heizungstechnik unter hohem Ölverbrauch und viel Emissionen bereitgestellt werden als auch in gut gedämmten Gebäuden mit intelligenter Heizungstechnik und dem Einbezug der erneuerbaren Energien. Noch fehlt aber eine systemische Ausrichtung an einem Denken in Energiedienstleistungen in den Fortbildungsangeboten des Handwerks.

4. Kompetenzvermittlung in der Aus- und Weiterbildung

Berufsbildung für nachhaltige Entwicklung kann keine ausschließliche Sache von Instruktions- und Vermittlungsprozessen sein. Sie setzt die Befähigung zum selbstständigen Planen, Durchführen und Kontrollieren im Sinne des Konzeptes der vollständigen Handlung voraus und bedarf spezifischer aktivierender Lernkonzepte und -arrangements. Wie immer bei der Einführung neuer komplexer anspruchsvoller Zielsetzungen in der Berufsbildung ist eine gezielte Sensibilisierung und Weiterbildung des Aus- und Fortbildungspersonals von entscheidender Bedeutung.

Schon die oberflächliche Betrachtung der Problem- und Inhaltsbereiche nachhaltigen Bauens wirft Fragen auf: Welche Kompetenzen sollen in der Aus- und Weiterbildung welcher beteiligten Akteure – das reicht vom Stadtplaner über Architekten und Bauingenieure bis zum Bau- und Ausbau-Facharbeiter – erworben werden und in welchen Lehr-/ Lern- und Arbeitsarrangements kann sich dieser Kompetenzerwerb vollziehen?

Aus der berufspädagogischen und der fachdidaktischen Perspektive ist insbesondere zu fragen: Wo liegen die besonderen Anforderungen an die Baufacharbeiter in Bezug auf ein nachhaltiges Bauen? Gibt es eine prinzipiell neue Qualität der Aufgaben und Anforderungen auf der Ebene der Gesellen und Facharbeiter?

Nach u.E. gibt es vielleicht keine grundsätzlich neuen Anforderungen, aber doch eine erkennbare Verschiebung der Qualifikationsanforderungen:

Als Hauptursache von Baumängeln und -fehlern wurden erkannt:

- Es geht um eine bessere Kenntnis spezieller konstruktiver Detaillösungen, um z.B. Luftdichtheit sicherzustellen oder Wärmeleitungsverluste zu vermeiden.
- Dabei ist auch der Grad an Sorgfalt und Qualität und damit auch an Eigenverantwortung gestiegen.
- Es werden Kenntnisse und Fähigkeiten zur Verarbeitung ökologischer Werkstoffe benötigt.
- Die Organisation von Prozessabläufen beim Bauen im Bestand erfordert eine reibungsarme Gestaltung der Schnittstellen mit anderen Gewerken.
- Für die jeweils spezifische Bausituation müssen passende, individuelle Lösungen gefunden werden.
- Schließlich spielt auch das Verständnis der „Nachhaltigkeitsphilosophie" eine Rolle für ein problem- und kundenorientiertes Handeln.

Die Kompetenzanforderungen, die sich aus dem Leitziel der nachhaltigen Entwicklung für die Bauberufe ergeben, sind äußerst komplex. Die berufliche Bildung der Facharbeiter steht vor der Herausforderung, eine andere, weiter gefasste Sichtweise auf das

Bauwerk zu werfen (z. B. Betrachtung eines Gebäudes als energetisches System, Berücksichtigung des Lebenszyklus), andere Prioritäten bei den Inhalten zu setzen (z. B. stärkere Berücksichtigung von nachwachsenden Werkstoffen, ihren Eigenschaften und Verarbeitungsweisen) und auch neue, zusätzliche Fachinhalte aufzugreifen (z. B. energetische Gebäudestandards, regenerative Energietechniken). Hier besteht die Gefahr, dass die berufliche Erstausbildung durch die Menge und die Komplexität dieser Aspekte überfrachtet werden könnte. Ein „lebensbegleitendes Lernen", wie es u.a. von der EUROPÄISCHEN KOMMISSION postuliert wird, gewinnt daher auch im Kontext der Berufsbildung für nachhaltige Entwicklung eine besondere Bedeutung.

Die berufliche Weiterbildung der Facharbeiter ist in der Regel berufsspezifisch organisiert. Träger der Weiterbildung sind vor allem berufsständische Vereinigungen, wie die Handwerksinnungen, die ein spezielles Bildungsangebot für ihre jeweilige Klientel bereithalten. Im Sinne eines nachhaltigen Bauens sind jedoch breit angelegte, Gewerke übergreifende und systemisch orientierte Weiterbildungsmaßnahmen angezeigt. Hier gilt es die bereits vielfältig angebotenen, aber bislang isolierten Weiterbildungsmaßnahmen zunächst zu erfassen, Schnittstellen auszuloten und berufsübergreifende Bezüge herzustellen. Ein Beispiel für einen konstruktiven Umgang mit dieser Situation und für eine zukunftsorientierte Weiterbildung ist die „Fortbildungsinitiative Handwerk und Energieeffizienz", die von der HANDWERKSKAMMER HAMBURG unlängst gestartet wurde. Zu dieser Initiative haben sich fünf Weiterbildungsträger aus unterschiedlichen Gewerken zusammengeschlossen, die aufeinander abgestimmte und kombinierbare Weiterbildungsmodule zum energieeffizienten Bauen entwickeln werden, um auch die Kooperation und Kommunikation der daran beteiligten Handwerker untereinander zu fördern. Gleichzeitig sollen auch die Weiterbildungsbereitschaft und die Kundenberatungskompetenz der Handwerker gestärkt werden (vgl. HANDWERKSKAMMER HAMBURG 2007).

5. Entwicklung von Fach- und Beratungskompetenz durch Lernen am Kundenauftrag als Beispiel eines Lernarrangements für Gestaltungskompetenz

Es ist in der fachdidaktischen Diskussion unstrittig, dass zum Erwerb beruflicher Handlungskompetenz solche Lernsituationen besonders geeignet sind, die das berufliche Handeln zum Ausgangspunkt des Lernens machen. Kompetenzen entwickeln sich am besten in Lernsituationen, die den beruflichen Anforderungssituationen in der Arbeit möglichst ähnlich sind. Das bedeutet, dass reale oder realistische berufliche Arbeitsaufgaben bearbeitet werden sollten. Und dies sind in den drei Berufsfeldern Bautechnik, Holztechnik sowie Farbtechnik und Raumgestaltung vor allem Kundenaufträge, zum Beispiel zur energieeffizienten Sanierung eines bestehenden Gebäudes. Im auftragsorientierten Lernen ist eine Vielzahl von Entscheidungen zu treffen, zum Beispiel zu den eingesetzten Werkstoffen, zur Art der Konstruktion oder zum Ablauf der Arbeitsprozesse. Außerdem müssen diese Entscheidungen auch dem Kunden gegenüber kommunikativ begründet und vertreten werden. Damit sind die wesentlichen Aspekte, die für den Erwerb von System- und Gestaltungskompetenz erforderlich sind, nämlich Komplexität der Aufgabe und Entscheidungsspielraum bei den Lösungen gegeben.

Damit jeder Kundenkontakt des Handwerkers aktiv für Vorschläge zur Energieeinsparung und zum Einbezug erneuerbarer Energien genutzt wird, muss der Handwerker auch zum „Mundwerker" werden, kann er doch im Kundenauftrag nur das verkaufen und einbauen, was er vorher beraten hat. Das vom BUNDESINSTITUT FÜR BERUFSBILDUNG und der „FORSCHUNGSGRUPPE PRAXISNAHE BERUFSBILDUNG" an der Universität Bremen entwickelte Konzept des auftragsorientierten Lernens stellt hier geeignete Lernarrangements zum Lernen im und am Kundenauftrag in der Aus- und Weiterbildung an allen Lernorten vor (BUNDESINSTITUT FÜR BERUFSBILDUNG 2003). Im Zentrum steht dabei der Kundenauftrag mit seinen Phasen als vollständige Lern- und Arbeitshandlung. Im Modellversuch „LENE" (Lernfeld nachhaltige Energietechniken im Handwerk) wurde das

Konzept des Lernens am Kundenauftrag mit sinnvollen Variationen in verschiedenen Lerneinheiten verwirklicht (http://www.modellversuch-lene.de/doc/0300_ueberblick.html). Oberstes Ziel war dabei die integrierte Entwicklung von fachlich-technischem „Know-how" und wirtschaftlicher und sozial-kommunikativer Beratungskompetenz. Die Einheiten wurden an fünf nordhessischen Berufsschulen, in der Jugendwerkstätte Felsberg und an überbetrieblichen Berufsbildungsstätten kooperativ entwickelt und erprobt.

Jede Lerneinheit beginnt mit einer Kundenanfrage z. B. nach den Möglichkeiten des Einbaus einer solarthermischen Anlage. Die Auszubildenden informieren sich (auch durch Internetrecherche) zu dem Thema. In der zweiten Phase, der Erkundung, untersuchen die Auszubildenden solarthermische Anlagen und befragen die Betreiber und ggf. die installierenden Betriebe. In der dritten Phase, „Experimente", ermitteln die Auszubildenden experimentell grundsätzliche Funktionen solartechnischer Komponenten. Die vierte Phase, „Installation", befähigt die Auszubildenden eine solarthermische Anlage mit ihren Komponenten auf dem (Übungs)-Dach zu installieren, mit der Haustechnik zu verbinden (Speicher, Pumpen, Regelung etc.) und in Betrieb zu nehmen. In der fünften Phase geht es nun um das „Planen und Dimensionieren einer solarthermischen Anlage" aufgrund der Kundenanfrage und der spezifischen baulichen Gegebenheiten. Unter Hinzuziehung von Simulationsprogrammen und netzgestützten Produktinformationen von Herstellern wird die Anlage projektiert und ein Angebot erstellt. Erst jetzt – als Ergebnis des auftragsorientierten Lernprozesses – kommt als sechste Phase die Kundenberatung. Die Auszubildenden üben die Präsentation ihres Angebotes (z.B. als illustrierte Angebotsmappe) und die erfolgreiche Führung des Kundengespräches. Diese Abwandlungen des Auftragslernens im schulischen Lernfeld oder im überbetrieblichen Lehrgang stellen gute Beispiele für die Entwicklung von Fach- und Gestaltungskompetenz dar (vgl. Abbildung 3).

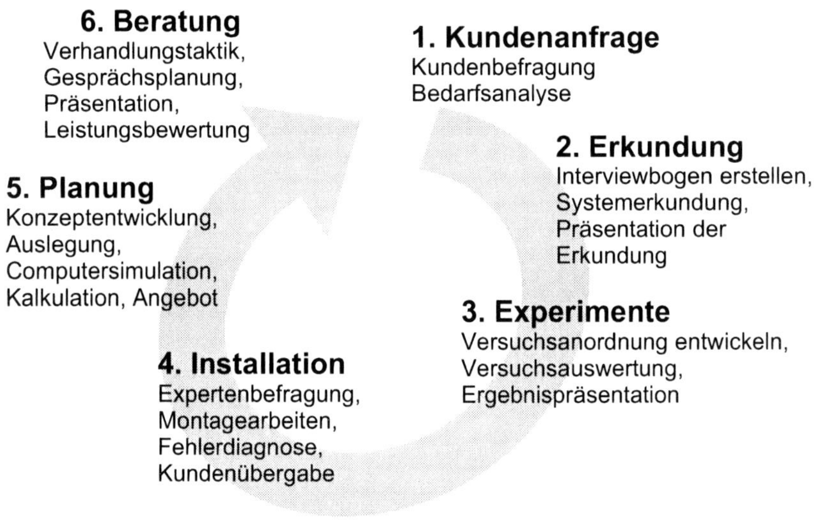

6. Beratung
Verhandlungstaktik,
Gesprächsplanung,
Präsentation,
Leistungsbewertung

1. Kundenanfrage
Kundenbefragung
Bedarfsanalyse

2. Erkundung
Interviewbogen erstellen,
Systemerkundung,
Präsentation der
Erkundung

5. Planung
Konzeptentwicklung,
Auslegung,
Computersimulation,
Kalkulation, Angebot

3. Experimente
Versuchsanordnung entwickeln,
Versuchsauswertung,
Ergebnispräsentation

4. Installation
Expertenbefragung,
Montagearbeiten,
Fehlerdiagnose,
Kundenübergabe

Abb. 3: Modellversuch LENE – Lernen am Kundenauftrag mit dem Ziel der Entwicklung von Fach- und Beratungskompetenz

Literatur:

BLOY, W. (1994): Fachdidaktik Bau-, Holz- und Gestaltungstechnik. Hamburg.

BUNDESINSTITUT FÜR BERUFSBILDUNG (Hrsg.) (2003): Auftragsorientiertes Lernen im Handwerk. CD-ROM, Konstanz.

BUNDESINSTITUT FÜR BERUFSBILDUNG/ INITIATIVE BRENNSTOFFZELLE (Hrsg.) (2004): Brennstoffzellen in der Haustechnik. Empfehlungen zum Informations- und Qualifizierungsbedarf bei Einführung der Brennstoffzellentechnik in Handwerk und Ausbildung. Konstanz.

BUNDESMINISTERIUM FÜR BILDUNG UND FORSCHUNG (2003): Erste bundesweite Fachtagung Berufsbildung für eine nachhaltige Entwicklung. Bonn.

BUND-LÄNDER-KOMMISSION (Hrsg.) (1998): Bildung für eine nachhaltige Entwicklung. Orientierungsrahmen. Materialien zur Bildungsplanung und Forschungsförderung, Heft 69, Bonn.

DE HAAN, G./HARENBERG, D. (1999): Bildung für eine nachhaltige Entwicklung. Materialien zur Bildungsplanung und Forschungsförderung, H. 72, Bund-Länder-Kommission, Bonn.

DEKRA (Hrsg.) (2008): Zweiter DEKRA-Bericht zu Baumängeln an Wohngebäuden. Saarbrücken.

DEUTSCHER BILDUNGSRAT (Hrsg.) (1970): Strukturplan für das Bildungswesen. Stuttgart.

ENERGIEEINSPARVERORDNUNG (2002) – Verordnung über energiesparenden Wärmeschutz und energiesparende Anlagentechnik bei Gebäuden vom 1. Februar 2002.

GRAUPNER, C./HÜSKE, K. (2003): Nachhaltigkeit im Bauwesen. Grundlagen – Instrumente – Beispiele. Berlin.

HAHNE, K. (2000): Was bedeuten Kunden- und Dienstleistungsorientierung für die Weiterentwicklung des auftragsorientierten Lernens im Handwerk? In: BLOY, W./HAHNE, K. / UHE, E. (Hrsg.): Fachtagung Bau/Holz/Farbe – Von den Gewerken zur ganzheitlichen Dienstleistung. Neusäß, 23-46.

HAHNE, K. (2002): Lernortübergreifende Perspektiven einer Berufsfelder-Didaktik Bau-, Holz- und Gestaltungstechnik in der Wissensgesellschaft. In: BLOY, W./HAHNE, K./STRUVE, K. (Hrsg.): Bauen und Gestalten im neuen Jahrhundert. Herausforderungen an berufliche Bildung. Bielefeld, 19-39.

HAHNE, K. (2007): Benötigt Berufsbildung für nachhaltige Entwicklung ein erweitertes Verständnis von Kompetenzentwicklung? In: Berufsbildung in Wissenschaft und Praxis, H. 5, 13-17.

HANDWERKSKAMMER HAMBURG (2007): Konzept: Fortbildungsinitiative „Handwerk und Energieeffizienz" im Rahmen des Klimaschutzkonzeptes 2007 – 2012 des Senates. Unveröffentlichtes Manuskript. Hamburg.

HAUFF, V. (Hrsg.) (1987): Unsere gemeinsame Zukunft. Der Brundtland-Bericht der Weltkommission für Umwelt und Entwicklung. Greven.

KLAFKI, W. (1996): Neue Studien zur Bildungstheorie und Didaktik – Zeitgemäße Allgemeinbildung und kritisch-konstruktive Didaktik. Weinheim, Basel, 5. Auflage.

KUHLMEIER, W./ UHE, E.: Fachdidaktik Bau-, Holz- und Gestaltungstechnik. In: BONZ, B./ OTT, B. (Hrsg.): Fachdidaktik des beruflichen Lernens, Stuttgart, 103-132.

KUHLMEIER, W. (2005): Berufliche Fachdidaktiken zwischen Anspruch und Realität. Baltmannsweiler, 2. Auflage.

KULTUSMINISTERKONFERENZ (1999): Handreichungen für die Erarbeitung von Rahmenlehrplänen der Kultusministerkonferenz (KMK) für den berufsbezogenen Unterricht in der Berufsschule und ihre Abstimmung mit Ausbildungsordnungen des Bundes für anerkannte Ausbildungsberufe. Bonn.

MEADOWS, D./ RANDERS, J./ BEHRENS, W. (1972): Die Grenzen des Wachstums – Bericht des Club of Rome zur Lage der Menschheit. München.

MÜLLER, W. (2006): Dringend optimierungsbedürftig: Ausbildung und Weiterqualifizierung zur Auslegung und Abstimmung von Heizungsanlagen im Bestand. In: SPÖTTL, G./ KAUNE, P./ RÜTZEL, J./ (Hrsg.): Berufliche Bildung – Innovation – soziale Integration. Dokumentation der 14. Hochschultage Berufliche Bildung 2006. CD-ROM, Bielefeld.

VESTER, F. (1990): Leitmotiv vernetztes Denken. Für einen besseren Umgang mit der Welt. München.

Hans-Jürgen Holle

Energieeffizientes, nachhaltiges Bauen in der Aus- und Weiterbildung – Stand und Perspektiven einer Lernortkooperation in Hamburg

1. Problemlage: Qualifizierungsbedarfe und Zielstellung

Die Notwendigkeit, Energieeffizienz von Gebäuden wesentlich zu steigern, ist unumstritten (aktuell z.B. TIEFENSEE 2007; LÜTKE DAL-DRUP 2007). Das „nachhaltige Bauen" ist der Rahmen dafür (vgl. HOLLE/ LUND 2007). Den Schwerpunkt bildet das Bauen im Bestand. Die erste Voraussetzung dafür ist die Qualifizierung der planenden Architekten und Ingenieure. Dies wird in gewissen Teilen bereits geleistet und wurde verstärkt in die neuen Curricula aufgenommen. Weiterbildungsmaßnahmen von Architekten- und Ingenieurkammern sowie anderen Weiterbildungsträgern führen dieses Anliegen in die Breite der Fachöffentlichkeit.

Diese Qualifizierungsaktivitäten sind eine notwendige, jedoch nicht hinreichende Bedingung für den Erfolg des energetisch optimierten Bauens. Die Realisierung auf den Baustellen erfordert eine wesentlich höhere Qualität der Facharbeit und des Gewerke übergreifenden Arbeitens. Energieeffizienz steigernde Baumaßnahmen werden nur dann wirksam, wenn es gelingt, wissenschaftlich-technische Lösungen nicht nur in die Architekten- und Ingenieurplanung, sondern vor allem – und das ist die zweite, entscheidende Voraussetzung – in die Baudurchführung, also in die Arbeitsprozesse auf den Baustellen, sicher einzuführen. Ein typisches Beispiel ist der fachgerechte Einbau wärmebrückenfreier und luftdichter Konstruktionen. Er erfordert eine hohe Ausführungsqualität im Detail sowie neue Regelungen bei den Gewerkeschnittstellen.

Das Ziel ist es also, eine Qualitätssicherung in der Bauausführung durch geeignete Formen und Mittel der Aus- und Weiterbildung in den Baugewerken zu erreichen.

2. Stand in Hamburg

Durch den Aufbau des „Zentrums für zukunftsorientiertes Bauen" (ZzB), eines Kompetenzzentrums im Ausbildungszentrum Bau Hamburg (AZB) in den Jahren 2003 bis 2007, ist hierfür die materielle Basis geschaffen worden. Zur Eröffnung und Verleihung der Bezeichnung „Kompetenzzentrum" durch das BUNDESINSTITUT FÜR BERUFSBIL-DUNG am 10. Oktober 2007 konnte Bilanz gezogen werden: Gestützt durch die Förderungen des KOMZET-Programms des BMBF und des EU-INTERREG III B–Programms „smartLIFE" wurde sowohl das Gebäude selbst, eine Industriehalle aus den 1970er Jahren, energetisch saniert als auch 1:1-Gebäudemodelle entworfen, konstruiert und gebaut (vgl. STEIN 2007; HOLLE 2005).

Die Merkmale des ZzB-Gebäudes wie die wärmedämmende Gebäudehülle mit einer Minimierung der Wärmebrücken einschließlich des Fußboden- und Dachbereichs sowie die Photovoltaik-Anlage mit vier Vergleichsvarianten sind an verschiedenen Stellen beschrieben (vgl. HOLLE 2004; Homepages gem. Literaturangaben). Die Gebäudemodelle folgen einer Typologie der Baualter, beginnend bei gründerzeitlichen Wohn- und Gewerbebauten über Gebäude der 1950er und 1970er Jahre bis hin zu Neubaustandards im Holzrahmenbau, im Passivhausbau als Mauerwerksbau und im Skelett/Glas-Büro- und Gewerbeneubau.

Basierend auf einer Konzeption im Jahre 2003 wurden beginnend mit den Entwürfen der Hauptmodelle im Jahr 2004 angehende Berufsschullehrer der Bautechnik kontinuierlich einbezogen. Mit Entwurfsvarianten für das erste Modell im Holzrahmenbau und mit Entwürfen für alle anderen Modelle folgend wurden im Rahmen von Projektseminaren der Hochbaukonstruktion und -gestaltung, fachwissenschaftlich-fachdidaktischen Lehrveranstaltungen sowie von Staatsexamensarbeiten entsprechende Entwurfs- und Konstruktionsunterlagen geschaffen.

Die Realisierung erfolgte über die abgestimmte Werkplanung im AZB und zum großen Teil unter Einsatz von Auszubildenden, die gemeinsam mit ihren Ausbildungsmeistern und den Studierenden eingesetzt wurden. Nur durch die enge Zusammenarbeit mit der Staatlichen Gewerbeschule für Bautechnik und den zuvor genannten Partnern war diese spezifische Art der Durchführung möglich.

Ab 2005 wurden in der Lernortkooperation in kontinuierlicher studentischer Arbeit dann Lehr-Lern-Situationen in Abstimmung mit dem Bereich Berufsfelddidaktik der Universität Hamburg bearbeitet.

„Tandems" von Fachlehrern und Ausbildungsmeistern fungierten als „Auftraggeber", die Studierenden als „Auftragnehmer". Produziert wurden Lehr-Lern-Situationen beispielsweise auf folgenden Gebieten:
- Anschlüsse von zweischaligem Mauerwerk
- Scheibenmodell für Wandaufbauten
- Bewehrungsanschlüsse bei Betonbauteilen
- Verbindungen von Holzkonstruktionen
- Verlegen von Natursteinen.

3. Erfahrungen

1:1-Gebäudemodelle mit offen gelegten Schichtungen und Verbindungen sind ein geeignetes Mittel, energetisch optimiertes Bauen für Auszubildende und für Weiterbildungsaktivitäten „begreifbar" zu machen (vgl. NOSKE 2008).

Dabei wirkt das Bauen im Bestand als zweckmäßiger Schwerpunkt.

Die praktische Zusammenarbeit in „Tandems" ist grundlegend für den Qualifizierungserfolg in der Lernortkooperation.

Die Ausarbeitung von Lehr-Lern-Situationen und ihre Anwendung durch Studierende technischer Lehrämter ist ein wesentlicher Baustein zur Umsetzung. Nachhaltiges Bauen kann auf diese Weise mit nachhaltigem Lernen verbunden werden – inhaltlich differenziert sowohl auf der Ebene des Studiums der Gewerblich-Technischen Wissenschaften als auch auf der Ebene der Berufsausbildung. Die Kombination von Visualisierung und Lernen bereichert den Unterricht.

Eine Reihe von Problemen ist aber vorhanden:

Die Instandhaltung und Aktualisierung ist ein aufwändiger Prozess.

- An diesen Modellen sind „Aktionen" nur begrenzt durchführbar. Informationsterminals helfen hier ein Stück weiter, ersetzen aber nicht reale Handhabungen.
- Die Ablauforganisation zwischen mehreren Kooperationspartnern ist zeitaufwändig und z.T. störanfällig.

4. Perspektiven

Zunächst sind die Pflege der Kooperationsbeziehungen und die Kontinuität beim Erarbeiten von Lehr-Lern-Situationen als fester Bestandteil des technischen und erziehungswissenschaftlichen Studiums angehender Gewerbelehrer zu nennen.

Die Verstetigung des aufgebauten Netzwerkes und die Verbreiterung auf mögliche Partner in der Nordregion ist ein zukünftiges Ziel.

Eine Komplettierung durch „Satellitenmodelle", die einzelne technische Details (z. B. Knotenpunkte), neue technische Entwicklungen, aber auch Funktionsmodelle bzw. Baukästen zeigen, ist – neben der Modellpflege, Instandhaltung und Weiterentwicklung – erforderlich.

Die Aufarbeitung und Dokumentation erarbeiteter Unterlagen bedarf einer wesentlichen organisatorischen Erweiterung. Eine dazu begonnene Schriftenreihe soll konzentriert fortgeführt und eine multimediale Plattform genutzt werden.

Gewerkekooperationen sollen weiter ausgebaut werden. In der künftigen Masterphase des Studiums soll diese Lernortkooperation für das geplante „Kernpraktikum" genutzt werden.

Mit diesen Ergebnissen und Erfahrungen der ersten Etappe der Lernortkooperation ist eine Basis für weiteres Handeln gegeben. Grundlage war und ist die Bereitschaft aller Kooperationspartner in Schule, Ausbildungszentren und Universitäten sowie die Kontinuität ihrer Bemühungen.

Literatur

HOLLE, H.-J. (2004): Überblick zum Hamburger Vorhaben. Kongresstagungsband „Regenerative Energien und nachhaltige Stadtentwicklung". Hamburg.

HOLLE, H.-J. (2005): Gebäudemodelle als Lehr- und Lernmittel im Maßstab „1 zu 1". Mitteilungsblatt der Bundesarbeitsgemeinschaft Bau/Holz/Farbe H. 1, 11-12.

HOLLE, H.-J./ LUND, E. (2007): Nachhaltiges Bauen bedingt nachhaltige Bildung. Berufsbildung in Wissenschaft und Praxis, H. 5, 40-43.

LÜTKE DALDRUP, E. (2007): Anforderungen an das Bauen von Morgen. Symposium „Zukunft Bauen und Planen" am 18.01.2007 in München.

NOSKE, C. (2008): Neue Lernmethoden zur Motivation der Auszubildenden in Unternehmen. Wirtschaft und Berufserziehung, H. 1, 18-22.

STEIN, B. (2007): Learning through models. In: Danube University Krems/Austria. Teaching Sustainability – Theory, Methods, Best practice.

TIEFENSEE, W. (2007): Energieeffizientes Bauen als Impuls für Qualität und Innovation beim Bauen und Modernisieren. Kongress des BMVBS am 15./16.01.2007 in München.

Julia Gillen und Matthias Schönbeck

Qualitätsmerkmale von ausbildungsbegleitenden Hilfen im Handwerk

1. Einleitung

Zu den zentralen Schlüsselbegriffen der Debatte um eine moderne berufliche Bildung gehören in jedem Fall die Begriffe der Benachteiligtenförderung einerseits und der Förderung von Beschäftigungsfähigkeit andererseits. Jedoch erfahren die ausbildungsbegleitenden Hilfen (abH) der Bundesagentur für Arbeit in dieser Diskussion eine geringe Bedeutung und auch die Frage nach der Qualität dieser Maßnahmen wird weder bildungspolitisch noch wissenschaftlich gestellt bzw. diskutiert. Dies verwundert, wenn man bedenkt, dass spätestens seit der Novellierung des Berufsbildungsgesetzes die Qualitätsdiskussion in der beruflichen Bildung wieder neu belebt wurde. Das Interesse richtet sich dabei insbesondere auf eine umfassende und systematische Betrachtung der Qualitätssicherung in der Berufsbildung (vgl. BUNDESMINISTERIUM FÜR BILDUNG UND FORSCHUNG 2008, 108ff.). Dabei hatte der Deutsche Bundestag erst kürzlich noch einmal ausdrücklich die zentrale Bedeutung der Qualitätssicherung in der beruflichen Aus- und Weiterbildung unterstrichen und die Bundesregierung dazu aufgefordert, alle an der Berufsbildung Beteiligten dabei zu unterstützen, die Praxis der Qualitätssicherung weiterzuentwickeln und ihnen geeignete und praktikable Instrumente zur fortlaufenden Qualitätssicherung und zum Qualitätsmanagement zur Verfügung zu stellen.

Insofern scheint es notwendig, die Frage nach der Qualität beruflicher Bildung auch für den Bereich außerschulischer und außerbetrieblicher Maßnahmen zu stellen. Ziel des vorliegenden Beitrags ist es, das Kernkonzept von abH-Maßnahmen zu charakterisieren, Qualitätsmerkmale zu erarbeiten und die Interdependenz dieser

Merkmale zu beleuchten. Dazu werden im Folgenden zunächst das Konzept der ausbildungsbegleitenden Hilfen sowie der Begriff der Qualität in der beruflichen Bildung allgemein und in abH-Maßnahmen fokussiert. Anhand von Ergebnissen einer empirischen Untersuchung können dann die Qualitätsmerkmale von abH-Maßnahmen weiter differenziert und innere Abhängigkeiten herausgearbeitet werden.

2. Das Konzept der ausbildungsbegleitenden Hilfen

Die Berufsausbildung sozial benachteiligter und lernbehinderter Jugendlicher wurde bis 1982 durch das Benachteiligtenprogramm des BUNDESMINISTERIUM FÜR BILDUNG UND WISSENSCHAFT gefördert. Seit 1988 erfolgt die Benachteiligtenförderung durch die BUNDESANSTALT FÜR ARBEIT im Rahmen des Ausbildungsförderungsgesetzes, das 1998 als Drittes Buch in das Sozialgesetzbuch (SGB III) eingeordnet wurde. Bereits Ende der 1970er Jahre hat das BUNDESINSTITUT FÜR BERUFSBILDUNG (BIBB) zahlreiche Modellversuche zur Berufsausbildung benachteiligter Jugendlicher entwickelt und begleitet. Die gewonnenen Ergebnisse wurden in die konzeptionelle Gestaltung eines Benachteiligtenprogramms eingebettet, das u.a. in der Fördermaßnahme „ausbildungsbegleitende Hilfen" (abH) endete.

Die Förderung durch die abH ist nicht an den vorherigen Besuch einer Berufsvorbereitungsmaßnahme gebunden. Sie versteht sich vielmehr als eine begleitende Maßnahme, die die Berufsbildung im Dualen System unterstützt und über betriebs- und ausbildungsübliche Maßnahmen hinausgeht. Angesprochen sind Jugendliche in einer betrieblichen Erstausbildung sowie Lernbeeinträchtigte und sozial benachteiligte Auszubildende. Zusammenfassend lassen sich die Ziele der abH mit fünf Stichpunkten zusammenfassen:

- Beitrag zum Ausbildungserfolg,
- Verringerung von Ausbildungsabbrüchen,
- Begleitung des Übergangs von einer überbetrieblichen Ausbildung in die betriebliche Berufsausbildung,

- Erhöhung der Integrationsquote in den ersten Arbeitsmarkt und
- Stabilisierung von Ausbildungsverhältnissen.

Ein wesentlicher Ansatz des Konzeptes ist die zielgruppenspezifische Orientierung. Ausgangspunkt der Hilfen ist der zusätzliche Förderbedarf der Jugendlichen aufgrund ihrer persönlichen, schulischen und sozialen Konstellation. Dabei gelten Maßnahmen als förderfähig „[…] die eine betriebliche Ausbildung in einem nach dem Berufsbildungsgesetz, der Handwerksordnung oder dem Seemannsgesetz staatlich anerkannten Ausbildungsberuf im Rahmen eines Berufsausbildungsvertrages nach dem Berufsbildungsgesetz unterstützen und über betriebs- und ausbildungsübliche Inhalte hinausgehen (ausbildungsbegleitende Hilfen)." (SGB III, § 241).

Mit dieser Konzeption verfolgen die abH formell einen subjektorientierten Ansatz, der in drei zusammenhängenden Bereichen verwoben ist (vgl. Abbildung 1).

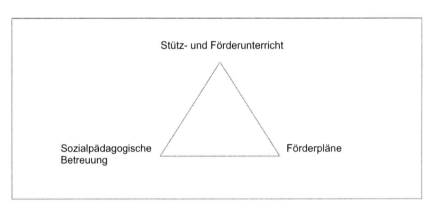

Abb. 1: Konzeptionelles Dreieck der abH

Stütz- und Förderunterricht

Die Jugendlichen kommen aus unterschiedlichen Zielgruppen mit verschiedenen Problemlagen und Wünschen. Auszubildende mit erheblichen Defiziten im Grundlagenwissen bedürfen einer längerfristigen motivierenden Lernförderung bei gleichzeitiger Unterstützung der aktuellen fachlichen Anforderungen. Dagegen benötigen Jugendliche, die vor ihrer Zwischen- oder Abschlussprüfung stehen, eine intensiv gebundene Förderung.

Der Stütz- und Förderunterricht muss sich an den zeitlichen Möglichkeiten der Jugendlichen orientieren. Wenn diese nicht vom Betrieb freigestellt werden, finden die Kurse nach der Schule oder Arbeit in der Freizeit statt. Für die Jugendlichen stellt diese Praxis eine zusätzliche Belastung dar. Nach einem anstrengenden Schul- oder Arbeitstag verringern sich die Aufnahmefähigkeit und die Konzentration auf theoretische Lerninhalte.

Hinzu kommt, dass aufgrund von ökonomischen Bedingungen häufig Auszubildende verschiedener Gewerke gemeinsam unterrichtet werden. Bestimmte fachliche Probleme, die sich aus den Lernfeldern und nicht nur aus rein mathematisch-naturwissenschaftlichen Lerninhalten (Fächern) ergeben, können dadurch nur am Rande gelöst werden. In der Folge bedeutet diese Praxis auch die Reduzierung der Probleme auf allgemeinbildende Kernfächer wie Mathematik, Deutsch oder naturwissenschaftliche Grundlagen und die Aussparung bestimmter gewerksspezifischer Zusammenhänge.

Förderpläne

Stützlehrer müssen den Unterricht von den zeitlichen Möglichkeiten der Auszubildenden ausgehend unter fachlichen und gruppendynamischen Aspekten organisieren und anbieten. Insbesondere die individuelle Förderplanung unterscheidet die abH von vergleichbaren Bedingungen in der Berufsschule. Sie stellen dagegen eine Vernetzung berufsspezifischer, allgemeinbildender und sozialpädagogischer Merkmale dar, die auf folgenden Säulen ruht (vgl. HIBA 1999):

- Systematisches Erfassen von Informationen über jeden Teilnehmer hinsichtlich seiner persönlichen Entwicklung und seines schulischen und beruflichen Werdegangs,
- Festlegung von Förderschwerpunkten und Zielen zusammen mit den Teilnehmern und im Team der Mitarbeiter der Fördereinrichtung,

- permanente Reflexion über Prozess, Erfolg und Probleme der Förderung,
- Auseinandersetzung mit Erfolgen und Hindernissen sowie Veränderung der Förderpraxis.

Erstellt und angepasst werden die Förderpläne durch mehrere Phasen. Ein erstes Gespräch zwischen Stützlehrer und Sozialpädagoge mit dem Jugendlichen hat sondierende Ziele mit formalen Inhalten (Beratung des Jugendlichen über Ausbildungsmöglichkeiten, Beschäftigung und Ziele der abH sowie die erste Analyse von Motivation und Interessen des Jugendlichen). Damit die Teilnehmer und die Mitarbeiter sich gegenseitig kennenlernen, findet im Anschluss daran eine sog. „Probephase" statt, in der dann durch fortschreitende Gespräche in einem weiteren Abschnitt die spezifischen Voraussetzungen der Jugendlichen geklärt werden. Die gewonnenen Ergebnisse werden gemeinsam besprochen, ausgewertet und subjektive Förderschwerpunkte aufgestellt. Anhand dieser Schwerpunkte werden die Lernvorgänge geordnet und in eine zeitliche Reihenfolge gestellt, die dann gemeinsam mit den Teilnehmern überprüft und evtl. verändert wird. Der Förderplan wird regelmäßig dokumentiert, um die Lernerfolge und die Kompetenzentwicklungen der Jugendlichen beurteilen zu können (vgl. HEIDELBERGER INSTITUT FÜR BERUF UND ARBEIT 1999).

<u>Sozialpädagogische Betreuung</u>
Dem Konzept der abH liegt eine sozialpädagogisch betreute Berufsausbildung zugrunde, deren Ansatz von einer zielgruppenspezifischen Orientierung ausgeht. Schnittstelle der sozialpädagogischen Arbeit ist die Vermittlung zwischen subjektiven psychosozialen Entwicklungslinien des Jugendlichen und den Anforderungen, die an eine berufliche Ausbildung gestellt werden. Für die Sozialpädagogen, Lehrer und Auszubildenden sind die Problemlagen der Jugendlichen nicht immer leicht zu identifizieren, da ihre Ursachen sich in einem mehrdimensionalen Spektrum bewegen.

Probleme im Bereich der *Fachkompetenz* liegen in kognitiven, emotionalen und motivationalen Bereichen. Dazu zählen beträchtliche Schwächen im Grundlagenwissen, fehlende Lernmethoden,

Konzentrationsmängel und fehlende Abstraktionsfähigkeit. Defizite in der emotional-motivationalen Dimension sind beispielsweise Versagensangst, geringe Frustrationstoleranz, Lernblockaden, fehlende Eigeninitiative und mangelndes Durchhaltevermögen. Hinzu kommen motorische Unruhe und mangelndes Koordinationsvermögen.

Im Bereich der *sozialen Kompetenz* liegen die Probleme der Jugendlichen einerseits in Schwierigkeiten mit dem betrieblichen Alltag und den klassischen Arbeitstugenden, wie Pünktlichkeit, Ordnung und Zuverlässigkeit. Andererseits umfassen sie Probleme im Umgang mit anderen Menschen und beinhalten mangelnde Konfliktbewältigungsmöglichkeiten, Kontaktschwierigkeiten, resignative und aggressive Tendenzen sowie fehlende Einordnungsbereitschaft.

Neben Problemen in diesen Kompetenzbereichen verfügt eine Vielzahl der Teilnehmer über sprachliche Defizite. Nicht nur Jugendliche mit Migrationshintergrund, sondern auch eine Reihe deutscher Auszubildender besitzen Lese- sowie Verbalisierungsschwierigkeiten und haben Probleme beim Verfassen schriftlicher Texte.

Die zugrunde liegende Idee von Qualität in den abH beruht auf der Zusammenführung dieser drei Aspekte während der Fördermaßnahme. Damit die Qualität anhand dieser drei Bereiche erschlossen werden kann, soll nachfolgend eine Annäherung an den Qualitätsbegriff in der abH gefunden werden.

3. Qualität in der abH

Qualität ist ein Begriff, mit dem subjektive Merkmale ausgedrückt werden können, der aber in seiner Definition nicht eindeutig zu verorten ist. Wenn von Qualität die Rede ist, so sind häufig zunächst intuitiv entwickelte Merkmale wie „Eigenschaft", Güte" oder „Beschaffenheit" gemeint. Bezieht sich der Begriff auf materielle Produkte, wie Maschinen, PKW oder Möbel, so können relativ schnell klare Ergebnisse und Vorstellungen darüber erzielt werden, was Qualität sei (vgl. GONON 2006, 422).

In sozialen (Lern-)Prozessen gestaltet sich eine begriffliche Findung wesentlich schwieriger. Allein die Frage, welche qualitativen Kriterien im Unterricht erfasst werden können, stößt auf unterschiedliche Aussagen. Die Ursachen liegen zum einen darin, dass die Kriterien subjektiv unterschiedlich aufgestellt werden können, zum anderen auch in der Unterscheidung begrifflicher Ausprägungen. Sie kommt dort zur Geltung, wo die Qualitätsmerkmale angewendet werden (vgl. HEIDEGGER 2006, 416):

- *Input*-Eingabe (personale und materielle Ressourcen, wie Lehrer, Auszubildende, Lehrpläne, Medien usw.),
- *Prozess* (Lernprozesse, Abstimmung der Förderpläne auf die Voraussetzungen der Jugendlichen),
- *Output*-Wirkung (Lernerfolgsergebnisse, Bestehen der Prüfung) und
- *Outcome*-Ergebnis (Integration in das Berufsleben und in die Gesellschaft, persönliche Erfolge, langfristige Kompetenzentwicklung).

Mit diesen vier Merkmalen lässt sich die Qualität in beruflichen Bildungsprozessen an verschiedenen Stationen des Lernens verorten. Entscheidend für die Ausrichtung der Qualitätssicherung ist die Beachtung der Gleichgewichtigkeit aller Merkmale, wobei der *Outputorientierung* aufgrund ihrer Messbarkeit eine erhöhte Bedeutung zukommt (vgl. GONON 2006, 428).

Ausschlaggebend für die Diskussion um Qualität in der abH ist jedoch nicht nur die Orientierung am Lernerfolg des Jugendlichen, sondern am längerfristigen Ziel, der Integration in den ersten Arbeitsmarkt. Damit dies unter dem Aspekt Qualität gelingen kann, sind aus Sicht der gesamten Fördermaßnahme drei Kenngrößen zu beachten:

- Erfolg
- Effizienz
- Subjektorientierung.

Qualität lässt sich zunächst an dem Prozentsatz der Jugendlichen messen, die ihre Ausbildung mit Hilfe der abH erfolgreich beendet haben.

Die Güte wird damit als ein messbares Instrument angesehen, was zunächst als folgerichtig erscheint. Die Qualität der Outputorientierung „[...] bezieht sich dabei auf curriculare, non-curriculare und cross-curriculare Wirkungen des Bildungsprozesses" (GONON 2006, 428). Sie ist mit dem formalen Qualifikationsabschluss der erste Schritt in die weitere Kompetenzentwicklung des Jugendlichen. Dabei scheint die Erfolgsorientierung dem Wunsch der Jugendlichen und des Ausbildungsträgers Recht zu geben. Denn durch den Erfolg werden sämtliche Mittel der Maßnahme gerechtfertigt. Das Qualitätsmerkmal Erfolg ist also eingelöst, wenn der Jugendliche seine Ausbildung erfolgreich absolviert und seine Ausbildungs- und Beschäftigungsfähigkeit nachweislich gefördert wurde.

Auf den zweiten Blick erscheint jedoch die alleinige Konzentration auf das Merkmal Erfolg die Frage der Qualität von abH-Maßnahmen zu verkürzen. Denn mit gezielten Prüfungs- und Trainingsmaßnahmen lässt sich auch ein Erfolg in Form einer erfolgreichen Zwischen- oder Abschlussprüfung erzielen. Nicht wenige Bildungsträger nutzen dementsprechend eine Art Trainingsmaßnahme um ihre „Erfolgsquote" zu erhöhen. Mag dieses zahlenmäßige Spiel aus betriebswirtschaftlicher Sicht effizient sein, so darf das natürlich nicht mit der Brille des kurzfristigen Erfolgs auf den Schultern der künftigen Facharbeiter und Gesellen ausgetragen werden. Somit ist auch die Effizienz einer abH-Maßnahme als ein Qualitätsmerkmal zu werten. Das Qualitätsmerkmal der Effizienz kann dann als eingelöst gelten, wenn der Bildungsträger die abH in einem ausgewogenem Verhältnis von Aufwand und Nutzen gegenüber den Teilnehmern vertritt, ohne dabei den Erfolg im Sinne einer nachhaltigen Förderung von Ausbildungs- und Beschäftigungsfähigkeit zu vernachlässigen.

Und hier kommt das dritte und nachhaltigste Merkmal hinzu: Subjektorientierung. Dabei ist die maßgebliche Frage nicht, was sich pädagogisch in Schulen mit Förderungsmaßnahmen machen lässt, sondern wie es zu bewerkstelligen ist, dass Menschen es wollen, ohne dass das „Wie" ihren Willen schon wieder aufhebt (vgl. BEGEMANN 1997, 34ff.). Die Sichtweise der Stützlehrer und Sozialpädagogen muss also vom Jugendlichen ausgehen und muss Situationen schaffen, die von ihm anerkannt und angenommen werden. Das heißt, der Jugendliche muss sich mit der Situation möglichst vielfältig auseinandersetzen. Es geht jedoch nicht darum, die Situationen dem Jugendlichen „schmackhaft zuzubereiten", sondern seine eigene Motivation dahin zu bringen, dass er von den Stützlehrern, Sozialpädagogen und der jeweiligen Institution mit seinen Problemen Anerkennung und Zuspruch erntet (vgl. ebd.). Das Qualitätsmerkmal Subjektorientierung ist also eingelöst, wenn die Maßnahmen die Kompetenzentwicklung der Jugendlichen tatsächlich voranbringen und ein selbstgesteuertes motiviertes Lernen fördern.

Nun lässt sich die Qualität anhand der drei Kriterien wie folgt zusammenfassen: Zunächst geht es um die erfolgreiche Beendigung der Ausbildung und die Förderung von Ausbildungs- und Beschäftigungsfähigkeit. Sie ist das Leitziel der abH. Mit ihr werden Wege für die weitere Kompetenzentwicklung des Jugendlichen geebnet. Weiterhin geht es aber auch nicht ohne die Ausdifferenzierung der Effizienz des Bildungsträgers. Es mag schlechthin eine ökonomische Größe der Qualität sein, sie ist aber auch aufgrund des zur Verfügung stehenden Personals und der sachlichen Mittel zu verantworten. Und schließlich hat die Subjektorientierung einen entscheidenden Einfluss auf die persönliche Weiterentwicklung des Jugendlichen: Nur durch den individuellen Zuschnitt der Maßnahme mit Hilfe der Förderpläne können Motivation zum Lernen gefördert und bestehende Defizite abgebaut werden.

Abb. 2: Qualität im Konzept der abH

Ausgehend von der Klärung, welche Qualitätsmerkmale für abH-Maßnahmen im Allgemeinen anzulegen sind, kann im Folgenden eine spezifische Maßnahme auf diese Merkmale hin untersucht werden.

4. Das Hamburger Modellprojekt

Das Azubi-Förderprojekt „Ausbildungsbegleitende Hilfen der Berufsausbildung im Hamburger Handwerk" stellt eine Unterstützungsmaßnahme für Jugendliche im Rahmen der beruflichen Erstausbildung in Hamburg dar und ist mit den oben beschriebenen Maßnahmen ausbildungsbegleitender Hilfen vergleichbar. Es richtet sich somit ebenfalls an Lernbeeinträchtigte und sozial benachteiligte Ausbildungssuchende und Auszubildende. Das Azubi-Förderprojekt ist ein

Modellprojekt, das vom Europäischen Sozialfonds, der Behörde für Wirtschaft und Arbeit in Hamburg und der Agentur für Arbeit gefördert wird. Ziel ist es, „die Abbrecherquote in den Ausbildungsberufen der beteiligten Gewerke zu minimieren und die Integrationsquote in den ersten Arbeitsmarkt zu erhöhen" (vgl. BILDUNGSZENTRUM ELEKTROTECHNIK o.J., 1). Dazu wird ausgehend von fünf Hamburger Innungen eine gewerksspezifische Nachhilfe in den theoretischen sowie auch in den praktischen Bereichen angeboten und diese mit sozialpädagogischer Unterstützung verbunden.

Das Modellprojekt wurde im September 2006 und wiederholt im August 2007 wissenschaftlich evaluiert. Die Evaluation des Azubi-Förderprojektes war darauf ausgerichtet, das zugrunde liegende pädagogische Konzept und die drei wesentlichen Teile des Konzepts (Stütz- und Förderunterricht; teilnehmerbezogene (sozialpädagogische) Betreuung; Förderpläne) zu untersuchen. Die Grundlagen dafür bildeten die Projektskizze (Bildungszentrum Elektrotechnik o.J.) und der Projektantrag (Bietergemeinschaft Hamburger Handwerk o.J.) einerseits sowie vorausgehende und begleitende Expertengespräche mit den Initiatoren, mit Stützlehrern und Sozialpädagogen andererseits. Der Schwerpunkt der Evaluation lag auf der Erhebung der theoretisch-fachlichen Förderung und der sozialen Unterstützung der Teilnehmer. Ziel war es, durch die Befragung der Teilnehmer und der beteiligten Betriebe eine Einschätzung zur Qualität der ausbildungsbegleitenden Hilfen zu erhalten und Aussagen über mögliche Verbesserungsaspekte zu entwickeln.

Methodisch wurde einerseits ein teilstandardisierter Fragebogen eingesetzt, der an 127 teilnehmende Auszubildende ausgegeben wurde. Außerdem wurde ein Kurzfragebogen an die Betriebe versandt, in denen die Auszubildenden des Azubi-Förderprojekts beschäftigt sind. Die Fragebögen wurden in Zusammenarbeit mit projektverantwortlichen Personen bei den fünf Bildungsträgern der Innungen entwickelt. Die Verteilung der Fragebögen an die Teilnehmer und ihre Rückführung erfolgte durch die beteiligten Bildungsträger. Als weiterer Befragtenkreis wurden zudem die Betriebe, aus denen die Teilnehmer kommen, zu ihrer Einschätzung des Azubi-Förderprojekts hinzugezogen. Es wurden 59 Fragebögen an die Innungen zurückgeschickt, was einer hohen Rücklaufquote entspricht.

5. Qualität im Hamburger Modellprojekt – empirische Ergebnisse

Angelehnt an die oben herausgearbeiteten Qualitätsmerkmale Erfolg, Effizienz und Subjektorientierung werden im Folgenden zunächst die Ergebnisse der Untersuchung schlaglichtartig dargestellt.

Bezüglich des Erfolgs des Modellprojekts und der Frage, welchen Beitrag das Modellprojekt an der Förderung der Ausbildungs- und Beschäftigungsfähigkeit der Jugendlichen leistet, hat die Untersuchung gezeigt, dass ein wesentlicher Anspruch des Azubi-Förderprojekts darin besteht, Ausbildungsabbrüche zu vermeiden und benachteiligte Auszubildende in ihrer Ausbildung zu unterstützen. Dieser Anspruch wird – wie die Gesamteinschätzung der Teilnehmer bestätigt – weitgehend eingelöst. So bestätigen 83% der Teilnehmer, dass sie durch das Azubi-Förderprojekt ihre Ausbildung weiterführen und beenden wollen, während 64% der Teilnehmer einen Abbruch in Zukunft ausschließen bzw. in der Vergangenheit von einem Abbruch abgehalten wurden.

Auch bezüglich der Prüfungsunterstützung, die als ein Indikator für die Förderung von Ausbildungsfähigkeit angesehen werden kann, hat die Untersuchung ergeben, dass nach Einschätzung von 92% der Teilnehmer die Arbeit im Azubi-Förderprojekt ihre Prüfungsvorbereitung signifikant unterstützt. 66% haben zugestimmt, dass über die fachliche Förderung hinaus auch Maßnahmen gegen Prüfungsangst ergriffen werden und 50% bestätigen, dass speziell ihre persönlichen Bedürfnisse zur Prüfungsvorbereitung beachtet werden. Der Förderplan wird von 67% der Teilnehmer als hilfreich bei der Prüfungsvorbereitung angesehen. Ebenso wie in der Beurteilung des Stütz- und Förderunterrichts wünschen sich auch in der Prüfungsvorbereitung 75% der Teilnehmer einen höheren Praxisanteil. Als Maßnahmen zur Prüfungsvorbereitung werden vor allem theoretische Inhalte geübt, aber auch Simulationen von schriftlichen und mündlichen Prüfungsteilen vorgenommen. 45% der Teilnehmer bestätigen, dass sie auch bei der Anmeldung zur Prüfung durch das Azubi-Förderprojekt unterstützt wurden.

Als weiterer Indikator für die Förderung von Ausbildungsfähigkeit kann der hohe Anteil (9%) von Jugendlichen im ersten Lehrjahr angesehen werden. Dies weist darauf hin, dass einige Auszubildende schon seit Ausbildungsbeginn im Azubi-Förderprojekt gefördert werden. Wie die Expertengespräche der Evaluation einerseits und die Ergebnisse der Betriebe andererseits zeigen, wird die Teilnahme am Azubi-Förderprojekt für leistungsschwache Jugendliche von den Betrieben zum Teil als Einstellungsvoraussetzung benannt. Weitergehend weisen Vertreter der Betriebe darauf hin, dass sie leistungsschwache Jugendliche insbesondere aufgrund der Unterstützung durch das Azubi-Förderprojekt einstellen und somit seit Bestehen des Projekts neue Ausbildungsplätze geschaffen haben.

Ein letztes Merkmal für den Erfolg des Modellprojektes stellt die enge fachliche Zusammenarbeit zwischen Projekt und Betrieben dar. Die enge Verbindung der beteiligten Projektpartner ermöglicht eine funktionierende Lernortkooperation und den Austausch sowohl in inhaltlichen wie in teilnehmerbezogenen Fragen.

Als zweites Qualitätsmerkmal wurde oben die Effizienz ausgewiesen. Hier lassen sich zwei Indikatoren anführen. Zum einen stellt sich bezüglich der Effizienz die Frage, wie weit die Maßnahme zur Weiterentwicklung der Auszubildenden beiträgt. Hier zeigt sich, dass der überwiegende Anteil der Betriebe bestätigt, dass eine fachliche und persönliche Kompetenzentwicklung der Teilnehmer durch das Modellprojekt vorangetrieben wird. Darüber hinaus bestätigen 79% der Betriebe, dass die Auszubildenden durch das Projekt angemessen betreut werden.

Als weiterer Indikator für die Effizienz des Modellprojektes ist der hohe Grad an Vernetzung zwischen Innungen sowie den Innungen und Ausbildungsbetrieben zu nennen. Über die netzwerkartige Kooperation der Projektträger wird die Zusammenarbeit der beteiligten Handwerksinnungen organisiert, intensiviert und über die

Projektbezüge hinausgehend verbessert. Außerdem zeigt sich, dass die Ansiedlung des Azubi-Förderprojekts im Bereich der Innungen bzw. ihnen angegliederter Bildungsträger die Verbindung zwischen den ausbildenden Institutionen (Betrieb, Berufsschule, Azubi-Förderprojekt) und damit die Vernetzung und Lernortkooperation unterstützt, was insbesondere durch die befragten Betriebe bestätigt wird. Sinnvoll erweist sich, dass die Funktion der Innungen als besondere Vertrauenspartner der Betriebe hier auch für die Qualität von beruflicher Ausbildung nutzbar gemacht wird. Die durch die Anlage des Azubi-Förderprojekts betroffenen Berufs- und Handwerkszweige können somit eine gewerksspezifische Form der Förderung ihrer Auszubildenden in Anspruch nehmen, die weit über eine fachtheoretische Unterstützung hinausgeht.

Das Azubi-Förderprojekt vereint damit ein gewerksspezifisches Angebot für die Auszubildenden mit einer gewerblich übergreifenden, flächendeckenden Organisationsstruktur. Die Projektanlage ermöglicht insofern, wie die vorliegende Evaluation verdeutlicht, für die teilnehmenden Auszubildenden, die beteiligten Betriebe und die kooperierenden Innungen eine enge fachliche Zusammenarbeit und eine Verbesserung von Ausbildungs- und Beschäftigungsfähigkeit, die letztlich auch dem Ausbildungs- und Arbeitsmarkt der Stadt Hamburg zugute kommen.

Als drittes und letztes Qualitätsmerkmal für abH-Maßnahmen wurde oben schließlich die Subjektorientierung von abH-Maßnahmen herausgearbeitet. Als Indikator der Subjektorientierung ist zunächst der Grad an fachlicher Expertise der Lehrkräfte anzusehen, die es ihnen ermöglicht die Teilnehmer individuell zu fördern. Dabei stellt der Stütz- und Förderunterricht ein zentrales konzeptionelles Element der Unterstützungsleistung für die Teilnehmer durch das Azubi-Förderprojekt dar. Er ist darauf ausgerichtet, „die allgemeinbildenden und fachtheoretischen Ausbildungsinhalte zielgruppengerecht zu vermitteln und andererseits den Teilnehmern neue Lernmöglichkeiten zu eröffnen" (Bietergemeinschaft Hamburg Handwerk o.J., 2).

Ein weiterer Indikator für Subjektorientierung ist die Förderung fachpraktischer Fähigkeiten. Die am Azubi-Förderprojekt beteiligten

Innungen bzw. ihre Bildungsträger verfügen über vollständig einge-
richtete Werkstätten (vgl. BIETERGEMEINSCHAFT HAMBURGER HAND-
WERK o.J., 4) und können somit auch fachpraktische Unterrichtsinhalte
in das Azubi-Förderprojekt einbringen. Mit dieser Ausstattung können
die Innungen ein breiteres und umfassenderes Angebot als andere
Träger von ausbildungsbegleitenden Hilfen machen. Dabei hat sich
zum einen gezeigt, dass insbesondere Praxisbeispiele (78% der Teilnehmer) dazu genutzt werden, um den Praxisbezug herzustellen und
fachtheoretische Inhalte zu erklären. Zum anderen ergab sich, dass
durch die besondere Ausstattung auch fachpraktische Fertigkeiten
geübt werden können, die für die Zwischen- oder Gesellenprüfung von
Bedeutung sind und im Betrieb nicht erworben werden können (77%
der Teilnehmer). Trotz der guten Ausstattung und der offensichtlich
positiv bewerteten praktischen Bezüge im Stütz- und Förderunterricht,
äußern immer noch 65% der Teilnehmer den Wunsch nach einer Aus-
weitung des Praxisbezugs und der Förderung fachpraktischer Fähigkeiten. Dies kann zum einen darin begründet sein, dass die Teilnehmer
ihre praktischen Fähigkeiten als besonders wichtig für die eigene Ausbildung bzw. Beschäftigungsfähigkeit ansehen. Möglich ist aber auch,
dass praktische Inhalte bei den Teilnehmern positiver besetzt sind als
Theorieunterricht und aus diesem Grund verstärkt gewünscht werden.
Diese Ergebnisse zur Gestaltung des Stütz- und Förderunterrichts zeigen somit, dass die methodisch-didaktische Anlage des Unterrichts im
Azubi-Förderprojekt von der überwiegenden Mehrheit der Teilnehmer
sehr positiv aufgenommen wird und dass er eine sinnvolle Ergänzung
zu schulischen und betrieblichen Lernangeboten darstellt.

Diese Ergebnisse vertiefend wurde in der Untersuchung zudem der
Frage nachgegangen, inwieweit bzw. durch welches Verhalten die im
Unterricht eingesetzten Lehrpersonen auf die lernförderliche Atmosphäre Einfluss nehmen. Insgesamt werden die Lehrpersonen als fach-
theoretisch und fachpraktisch sehr kompetent eingeschätzt. So zeigen die Ergebnisse, dass z.B. 81% der Teilnehmer bei den Lehrern eine
gute Kenntnis der Berufspraxis erkennen und dabei 90% ebenfalls
die Förderung von Fachtheorie im Vordergrund sehen. Zudem wird
ihnen eine überaus wertschätzende Haltung (88% der Teilnehmer)

gegenüber den Teilnehmern bescheinigt, die durch die Anerkennung für die Lernbereitschaft der Teilnehmer (83% der Teilnehmer) und Zeit für den einzelnen Teilnehmer (91% der Teilnehmer) sowie durch eine individuelle Stärkung der persönlichen Fähigkeiten (71% der Teilnehmer) unterstützt wird. Es zeigt sich weiterhin, dass sich die Konzeption des Azubi-Förderprojekts, ein Angebot zu machen, welches sich durch eine enge Zusammenarbeit mit den Berufsschulen (62% der Teilnehmer) und den Betrieben (54% der Teilnehmer) auszeichnet, für die überwiegende Mehrheit der Teilnehmer als sinnvoll und förderlich erweist. Diese Ergebnisse lassen jedoch vermuten, dass die Teilnehmer über die Intensität der Kooperation zwischen dem Azubi-Förderprojekt und den Betrieben oder Berufsschulen keine eindeutigen Angaben machen können. So zeigt sich in der Befragung der Betriebe, dass 88% eine enge Verbindung zu den Innungen und Bildungsträgern wahrnehmen.

Der Stütz- und Förderunterricht zeichnet sich insofern durch mehrere konzeptionelle und didaktisch-methodische Vorteile aus, wobei den eingesetzten Lehrpersonen, ihrer Haltung und Kompetenz eine besondere Bedeutung zukommt und sie eine hohe Subjektorientierung ermöglichen.

Neben der Förderung von fachtheoretischen und fachpraktischen Kenntnissen der Teilnehmer steht auch die Förderung der Schlüsselqualifikationen und fachübergreifenden Kompetenzen im Fokus des Azubi-Förderprojekts. Dieser Bereich ist der teilnehmerbezogenen (sozialpädagogischen) Betreuung zuzuordnen, die darauf abzielt, „eine individuelle Grundstabilität des einzelnen Teilnehmers bei Problemlagen herzustellen" und dazu die Förderung von „beruflichen und sozialen Kompetenzen" (BIETERGEMEINSCHAFT HAMBURGER HANDWERK o.J., 8) gleichermaßen anstrebt.

Insofern wurde in der Befragung zu diesem Arbeitsschwerpunkt des Azubi-Förderprojekts die Förderung von Schlüsselqualifikationen und sozialen Kompetenzen besonders fokussiert. Es wurde hinterfragt, inwiefern die Teilnehmer mit Anforderungen im Azubi-Förderprojekt konfrontiert werden, die auf die Förderung von diesen Kompetenzen ausgerichtet sind. Dazu zeigt sich folgendes Bild: Nach Einschätzung von 71% der Teilnehmer werden zentrale Schlüsselqualifikationen (s. folgende Abbildung) im Azubi-Förderprojekt gefördert. Ein besonderes Augenmerk liegt dabei auf der Förderung von ordentlichem Arbeiten (78% der Teilnehmer), Selbstständigkeit (82% der Teilnehmer), Pünktlichkeit und Zuverlässigkeit (jeweils 81% der Teilnehmer).

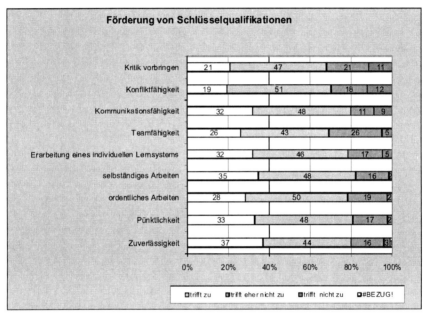

Abb. 3: Förderung von Schlüsselqualifikationen

Mit der Fokussierung dieser Fähigkeiten werden Bereiche gefördert, die im beruflichen Handeln allgemein und besonders in handwerklich geprägten Branchen eine zentrale Bedeutung für die Beschäftigungsfähigkeit der Teilnehmer haben. Angesichts des Sachverhalts, dass in einigen der befragten Berufsgruppen (z.B. bei den Elektronikern) in der Gesellenprüfung bereits eine projektorientierte Form der Prüfung angewandt wird, sind die geförderten Schlüsselqualifikationen wie Kommunikationsfähigkeit, Kritik vorbringen oder Kritik annehmen auch für die Prüfungsvorbereitung von besonderer Bedeutung.

Ein weiteres Indiz für die Subjektorientierung des Hamburger Modellprojektes besteht darin, dass spezifische Problemlagen der Teilnehmer aufgegriffen werden und die Teilnehmer – unabhängig von schulischen oder betrieblichen Zusammenhängen – bei der Bearbeitung dieser Probleme unterstützt werden. Hier richtete sich die Untersuchung darauf, ob die Teilnehmer wahrnehmen, dass ihnen in spezifischen Problemlagen geholfen werden kann. Es ergab sich, dass die Teilnehmer insbesondere eine Unterstützung bei schulischen Problemen (81%), bei Problemen mit ihrem Meister oder Ausbilder (79%) und im Umgang mit Kollegen (70%) wahrnehmen. Unterstützung bei Bewerbungen erkennen 66% der Teilnehmer, während 66% der Teilnehmer darüber hinaus einschätzen, dass sie selbst mit Hilfe der teilnehmerbezogenen (sozialpädagogischen) Betreuung ausdauernder und stabiler in ihrer Ausbildung geworden sind. Auch diese Ergebnisse verweisen somit darauf, dass im Azubi-Förderprojekt ein wesentlicher Beitrag zur Ausbildungs- und Beschäftigungsfähigkeit der Teilnehmer geleistet und zur Vermeidung von Ausbildungsabbrüchen beigetragen wird.

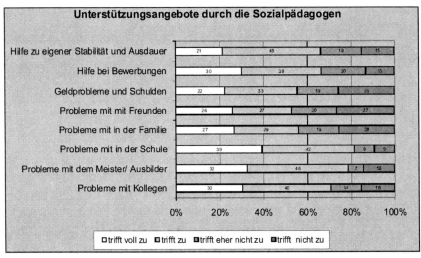

Abb. 4: Unterstützungsangebote durch Sozialpädagogen

Schließlich kann auch der Einsatz des Förderplans als Indikator für die Subjektorientierung des Modellprojekts angesehen werden. Der individuelle Förderplan stellt ein zentrales Instrument der pädagogischen Arbeit im Azubi-Förderprojekt dar. Er ist darauf ausgerichtet, „anhand der festgestellten Kompetenzen und Schlüsselqualifikationen den Ausbildungs- und Entwicklungsprozess für den Einzelnen individuell zu planen" (BIETERGEMEINSCHAFT HAMBURGER HANDWERK o.J., 15). Insofern wird in der Befragung auch ermittelt, welche Unterstützung die Teilnehmer durch dieses Instrument erfahren.

Hier hat sich ergeben, dass der Förderplan den Teilnehmern zeigt, was sie bereits gut können (69%) und erreicht haben (73%). Damit ist er also einerseits ressourcenorientiert und hebt die Stärken des Einzelnen hervor, wodurch eine Bestärkung der Teilnehmer erreicht wird (70%). Andererseits gibt der Förderplan eine Orientierung über die Herausforderungen, an denen die Teilnehmer in ihrer Ausbildung arbeiten müssen (81%) und informiert sie darüber, wie sie an diesen Entwicklungsfeldern arbeiten können (71%). Insgesamt wird von durchschnittlich 70% der Teilnehmer eingeschätzt, dass sie durch den Förderplan unterstützt werden. Diese Ergebnisse deuten darauf hin, dass der Förderplan als sinnvolles Unterstützungsinstrument der pädagogischen Arbeit von den Teilnehmern wahrgenommen wird und dieses im Rahmen des Azubi-Förderprojekts durch die Teilnehmer bestätigt wird.

6. Zusammenfassung

Die drei Qualitätsmerkmale Erfolg, Effizienz und Subjektorientierung werden somit im Hamburger Modellprojekt auf spezifische Weise gefüllt. Zusammenfassend zeigt sich dabei, dass sich die drei Kriterien nicht isoliert voneinander betrachten lassen, sondern vielmehr ein ausgewogenes Verhältnis aller drei Kriterien herrschen muss, um eine positive Gesamteinschätzung einer abH-Maßnahme zu ermöglichen, da keines der drei ausgewiesenen Qualitätsmerkmale für sich alleine eine umfassende Aussage über die Qualität der Maßnahme zulässt.

Das Bild eines ausgewogenen Verhältnisses lässt sich zudem auf die Organisation und die Kooperation der Lernorte übertragen. So zeigt sich zusammenfassend, dass die Qualität der untersuchten abH-Maßnahme auch dadurch entsteht, dass die beteiligten Lernorte Bildungsträger, Betrieb und Berufsschule eine enge Kooperation entwickelt haben und sie dadurch im Sinne der Förderung der Jugendlichen erfolgreich, effizient und subjektorientiert miteinander kooperieren können. Besonders zeigt sich diesbezüglich, dass die Ansiedlung des Azubi-Förderprojekts im Bereich der Innungen bzw. ihnen angegliederten Bildungsträgern für die ausbildenden Institutionen (Betrieb, Berufsschule, Azubi-Förderprojekt) verbindend wirkt und damit die Vernetzung und Lernortkooperation unterstützt werden, was insbesondere durch die befragten Betriebe bestätigt wird. Sinnvoll erweist sich, dass die Funktion der Innungen als besondere Vertrauenspartner der Betriebe hier auch für die Qualität von beruflicher Ausbildung nutzbar gemacht wird.

Zudem hat sich in der Untersuchung ergeben, dass der ganzheitliche Ansatz einer Förderung von fachlichen, sozialen und personalen Kompetenzen der Jugendlichen gerade anlässlich der Entwicklungsbedarfe der Einzelnen angemessen ist. Eine ausschließliche Förderung der fachlichen Defizite würde der Bedarfslage der Jugendlichen nicht umfassend gerecht werden.

Abschließend ist die besondere Qualität der Maßnahme darin zu sehen, dass die durch die Anlage des Azubi-Förderprojekts betroffenen Berufs- und Handwerkszweige eine gewerksspezifische Form der Förderung ihrer Auszubildenden in Anspruch nehmen können. Dieser Zusammenhang unterstützt die berufsspezifische Differenzierung in der Praxis und Theorie beruflicher Bildung und bestätigt die These, dass die zunehmende Zusammenlegung der Berufsfelder insbesondere in der wissenschaftlichen Bearbeitung, den spezifischen Problemlagen und Inhalten der einzelnen Berufsfelder nicht gerecht werden kann.

Literatur

BEGEMANN, E. (1997): Lebens- und Lernbegleitung konkret. Bad Heilbrunn.

BIETERGEMEINSCHAFT HAMBURGER HANDWERK (o.J.): Projektantrag: Modellprojekt des Hamburger Handwerks – Ausbildungsbegleitende Förderung bei der Berufsausbildung im Hamburger Handwerk. Unveröffentlichtes Dokument. Hamburg.

BILDUNGSZENTRUM ELEKTROTECHNIK (o.J.): Projektkurzbeschreibung. Unveröffentlichtes Dokument. Hamburg.

BUNDESMINISTERIUM FÜR BILDUNG UND FORSCHUNG (2008): Berufsbildungsbericht – Vorversion. www.bmbf.de/de/berufsbildungsbericht. php (15.04.2008)

GONON, P. (2006): Partizipative Qualitätssicherung. In: RAUNER, F. (Hrsg.): Handbuch Berufsbildungsforschung. Bielefeld, 421-435.

HEIDEGGER, G. (2006): Evaluationsforschung. In: RAUNER, F. (Hrsg.): Handbuch Berufsbildungsforschung. Bielefeld, 411-421.

HEIDELBERGER INSTITUT FÜR BERUF UND ARBEIT (HIBA) (1999): Förderpläne. www.foerderplan.de (31.03.2008).

SOZIALGESETZBUCH III (2008): Drittes Buch: Arbeitsförderung. Fassung vom 16.5.2008.

Autorinnen und Autoren

ANGELKOTTE, Stefan: Studienreferendar an der Beruflichen Schule des Kreises Stormarn in Ahrensburg

BAABE-MEIJER, Sabine Dr.: Vertretung der Professur Berufliche Fachrichtungen Bautechnik, Holztechnik sowie Farbtechnik und Raumgestaltung/ Berufliche Didaktik an der Technischen Universität Dresden

BILGENROTH, Haya: Studienreferendarin an der Staatlichen Gewerbeschule Bautechnik Hamburg

BÜNNING, Frank Privatdozent, Dr. habil: Wissenschaftlicher Mitarbeiter am Lehrstuhl für Fachdidaktik, Institut für Berufs- und Betriebspädagogik der Otto-von-Guericke-Universität Magdeburg

GILLEN, Julia Dr.: Vertretung der Professur Berufliche Fachrichtungen Bautechnik, Holztechnik sowie Farbtechnik und Raumgestaltung/ Berufliche Didaktik an der Technischen Universität Dresden

GÖTTSCHE, Frauke Dr.: Oberstudienrätin für Farbtechnik und Raumgestaltung, Berufskolleg des Rhein-Sieg-Kreises, Hennef

HAHNE, Klaus Dr.: Wissenschaftlicher Mitarbeiter am Bundesinstitut für Berufsbildung in Bonn

HOLLE, Hans-Jürgen Prof. Dr.: Hochschullehrer für angewandte Bautechnik, Holz- und Kunststofftechnik, Farbtechnik und Raumgestaltung an der Technischen Universität Hamburg-Harburg

JENEWEIN, Klaus Prof. Dr.: Lehrstuhl für Fachdidaktik technischer Fachrichtungen, Institut für Berufs- und Betriebspädagogik, Otto-von-Guericke-Universität Magdeburg

KUHLMEIER, Werner Prof. Dr.: Hochschullehrer mit dem Schwerpunkt Didaktik der Holz- und Kunststofftechnik, Universität Hamburg, Sektion Berufliche Bildung und Lebenslanges lernen

LINDEMANN, Hans-Jürgen Dr.: Koordinator der Lehrerfortbildung am landeseigenen Institut (LISUM) Berlin

MEIRITZ, Egbert: Stellvertretender Schulleiter des Berufskollegs Werther Brücke Wuppertal, Lehrbeauftragter für Fachdidaktik Bautechnik an der Bergischen Universität Wuppertal

MEYSER, Johannes Prof. Dr.: Hochschullehrer an der Technischen Universität Berlin, Institut für Berufliche Bildung und Arbeitslehre, Fachgebiet Fachdidaktik Bautechnik, Vermessungstechnik und Landschaftsgestaltung

RICHTER, Konrad J.: Schulleiter am Berufskolleg des Rhein-Sieg-Kreises, Hennef

ROß, Tobias: Wissenschaftlicher Mitarbeiter der Fachhochschule Münster, Institut für Berufliche Lehrerbildung

SCHÖNBECK, Matthias: Wissenschaftlicher Mitarbeiter am Institut für Berufliche Fachrichtungen Bautechnik, Holztechnik sowie Farbtechnik und Raumgestaltung/ Berufliche Didaktik an der Technischen Universität Dresden

SONNTAG, Holger: Schulleiter der marcel-breuer-schule, Oberstufenzentrum Holztechnik Berlin

STRATER, Tim Dr.: Studienrat am Berufskolleg des Rhein-Sieg-Kreises, Hennef